中国出版家丛书

ZHONGGUO CHUBANJIA CONGSHU

Zhongguo Chubanjia
Ye Zhishan

中国出版家

叶至善

柳斌杰 主编　　刘耀辉 著

国家出版基金项目

NATIONAL PUBLICATION FOUNDATION

人民出版社

出版说明

　　出版不仅仅是一个充满竞争的商业领域，同时，它也深深打上了"文化"和"思想"的印记。在这个文化场域中，交织着多种力量的动态关系，通过出版物的呈现和出版活动的开展，描绘了一个时代的文化风貌；而回旋折冲于其间者，则是那些幕后活跃、台前无闻的各类出版人。他们自喻"为他人做嫁衣裳"，事实上，却是国家文化传承和历史记录的主要担当者，有出版发展的参与人和见证者甚至称他们所起的作用为保存民族记忆的千秋大脑。虽然扼据出版要津之地，却少见自家行当的人物传记出版。本丛书是第一次规模化地为这个群体中的杰出者系列立传，从一个人到一群人的出版事功中，折射出近代以降出版业的俯仰变迁，同时也见证着出版参与时代文化思想缔构及其背后深广的社会历史内容。那些曾经彪炳于时的出版人，一方面安身于这个行业，以其敏锐犀利的时代洞察力，在市场、经营与创意中躬行实践，标领乃至规划了这个行业的发展，并使之成为国民经济的一个重要门类；另一方面又在"安身"之外，显现出面向社会的公共性关怀与"立命"的超越性关怀，从职业而志业的追求中，服务于民族解放、思想启蒙与文化进步的社会性经营，书写了出版人生的风采、风骨与风流。

本丛书所传写的 30 余位出版人，均为活跃于 20 世纪并已过世的出版前辈。中国古代也曾涌现了陈起、毛晋等出版大家，只是未纳入本书的传主范围。丛书在体例上，有单人独传与多人合传之分，但这并不必然意味着对传主出版贡献及其历史地位的轻重判别，许多情况下的数人合传，乃因于传主史料的阙如而不得已的选择，某些重要出版人如大东书局总经理沈骏声、儿童书局创办人张一渠等，也囿于同样情形而未能列入本丛书的传主名单，殊觉憾事。虽说隐身不等于泯灭，但这个行业固有的幕后特征多少带来了出版人身份上的隐而不显、显而不彰。本丛书的出版，固然是想通过对前辈出版事迹的阐幽发微、立传入史，能让同样为人做嫁衣者的当今出版人不至于觉得气类太孤，内心获得温暖，并昭示后来者在人生目标上，在家国情怀上，在出版境界上，追步于前贤，自觉立起一面促人警醒自鉴的镜子；同时更希望通过一个个传主微历史的场景呈现，让更多的人认识到出版在产业之外，更是一项薪火相传的社会文化事业，它对时代文化的接引与外度，使其成为一种任何人都不可忽视的"势力"，在百余年来的社会发展进程中，发挥了不可替代的作用。

故此，我们推出这套"中国出版家丛书"，以展示中国文化创造者的风采，弘扬他们的优良传统和崇高的职业精神，发掘出版史史料，丰富出版史研究和编辑史研究。

"中国出版家丛书"编辑委员会
人民出版社编辑部
二〇一六年四月

目 录

前　言

　　叶至善（1918—2006），笔名于止，别署至善，江苏苏州人，著名编辑家、出版家、作家、社会活动家。

　　叶至善出身于书香门第、文学世家，父亲是著名作家、教育家、出版家叶圣陶。他少年时代即开始跟父亲学习写作和编辑，历任开明书店编辑，中国青年出版社编辑，中国少年儿童出版社（以下简称"中少社"）首任社长、总编辑兼《中学生》主编，中国青年出版社、中少社编审委员会副主任，开明出版社社务委员会主任、名誉社长，主持编辑了《叶圣陶集》、《少年百科丛书》、《中国历史小丛书》、《中国历史故事集》、《儿童自然科学丛书》等丛书，著有散文集《花萼》、《三叶》、《花萼与三叶》、《未必佳集》、《我是编辑》、《父亲的希望》、《舒适的旧梦》、《为了纪念》，科学家传记小说集《梦魇》，科普小品集《竖鸡蛋和别的故事》，科幻小说《失踪的哥哥》、《到人造月亮去》、《没头脑和电脑的故事》等，以及人物传记《父亲长长的一生》。其科学家传记小说集《梦魇》获全国第二届优秀科普作品奖一等奖、第二届宋庆龄儿童文学奖二等奖,科幻小说集《失踪的哥哥》获第二次全国少年儿童文艺创作评奖二等奖,科普小品集《竖鸡蛋和别的故事》获上海优秀科普读物奖一等奖、全国第三届优秀科普作品奖荣誉奖。

叶至善还是一位杰出的社会活动家。他是全国政协第二至五届委员,第六至九届常委,第六、七届副秘书长;自 1979 年起先后出任中国民主促进会第六届中央常委,第七至九届中央副主席,第十、十一届中央名誉副主席;曾担任中国民主青年联合会第一、二届常务理事,中国出版工作者协会第一届理事、第二届副主席、名誉顾问,中国编辑学会顾问,中国科普作家协会第一届副理事长、第二届副理事长、第三届理事长、第四届名誉理事长,中国和平统一促进会常务理事,国家教委全国中小学教材审定委员会委员等。

叶至善的著作和所编辑的作品多次斩获国家级重大奖项,他本人也因在多个领域所作出的贡献而屡获表彰。1992 年,叶至善荣获第六届宋庆龄樟树奖,这是中国妇幼事业界的最高奖项。1996 年,叶至善荣获中国出版工作者协会首届伯乐奖。2004 年,叶至善荣获中国出版界最高奖——中国韬奋出版荣誉奖。2008 年,已逝世两年多的叶至善以其为新中国少儿科普事业发展所作出的卓越贡献,与袁隆平、钱学森、华罗庚、茅以升、邓稼先、钱三强、竺可桢、李四光、王选一起,荣膺"中国十大科技传播优秀人物"称号。

虽然在多个领域都做出了足可名世的成绩,但叶至善最看重的还是编辑身份,毕生以"我是编辑"为荣。1998 年,叶至善 80 寿诞前夕,为了感谢他对我国少年儿童出版事业作出的巨大贡献,祝贺他在半个多世纪里取得的编辑业绩,中少社决定为他举办祝寿仪式,并建议他编一本书,交由中少社出版。叶至善婉拒了祝寿仪式,但同意出本集子，随即花了一个半月的时间，赶编了《我是编辑》一书。这本书收入叶至善 20 多年中写下的 100 篇文章，计 30 万字，以写作和发表的时间为序，翔实地记述了一位老编辑"认真、勤奋、诚恳、谦虚、好学、多思"的编辑作风，终身献身编辑工作的不懈努力，既以其洞见为向来被讥为"为他人作嫁"的编辑职业正了名，更以其实绩为一大批从事编辑工作的后来人提了气、鼓了劲。应该说，这本书直接影响了一代编辑的成长，至今仍被看作引领青年编辑入行的度人金针。在这本书的封面上，叶至善专门附上了自己写的一首《蝶恋花》："乐在其中无处躲。订史删诗，元是圣人做。神见添毫添足叵，点睛龙起点腮破。信手丹黄宁复可？难得心安，怎解眉间锁。句酌字斟还未妥，案头积稿又成垛。"当朋友问起为何以"我是编辑"为书名时，叶至善回答说："我这辈子，其他都是虚的，编辑是实的。"①

80 岁的叶至善是这样说的，一生也是这样做的。叶至善的女儿叶小沫回忆道："父亲十几岁就跟着爷爷学习写作，22 岁开始跟着爷爷学做编辑，过世那年他 88 岁，算起来做编辑做了整整 66 年。他这一辈子为孩子们写了许多好的科普文章，编辑了许多好的期刊和图书，自己创作了许多文笔流畅、情感真挚的散文和文学作品。父亲做编辑总是把读者放在第一位，把作者放在第一位，他所做的一切都是在为读者和作者服务。父亲热爱自己的编辑工作，就是在不得不放下笔的那一刻，对编辑这一行，他依然有着太多未尽的心愿，依然有着太多的恋恋不舍。在编辑同行里，凡和父亲一起工作或有过交往的

---

① 参见海飞：《叶至善：金子般的老编辑》，《中国青年报》2006 年 3 月 20 日。

人，都会受到他的感染，佩服他鲜明的编辑主张、聪慧的编辑理念、精到的编辑业务和良好的编辑道德。"①

正是因为终其一生对编辑事业如此矢志不渝，叶至善身后被誉为"金子般的老编辑"②，"一位勤勉善思的出版家、编辑家"③，"一个一生咬文嚼字的人"④。

追溯这位一代编辑名家的成长过程，我们会发现，家世家风对叶至善的影响可谓深入骨髓。设若有机构组织票选 20 世纪中国父慈子孝的楷模，那么文化界想来是要首推叶圣陶、叶至善父子的。叶圣陶高寿，活到 94 岁，使得叶至善自出生起一直到 70 岁都能日承庭训。在某种意义上，叶至善可以说是父亲叶圣陶践行"做人教育"结出的一枚硕果，他的成功在在印证了父亲的教育思想的成功。叶圣陶曾自豪地说他和夫人胡墨林的结合是"中了头彩的婚姻"⑤——诚然如此，不光夫妻琴瑟和谐，二人孕育的三个孩子也都非常有出息：长子叶至善自不必说，女儿叶至美任职于中国国际广播电台，是知名的作家、翻译家，次子叶至诚曾任大型文学刊物《雨花》主编，是资深的编剧、编辑家、作家。

作为那个时代的新女性，生于 1893 年的胡墨林出身于商人世家，自幼得以跟随姑姑接受新式教育，后考入北京女子高等师范学校。毕业后她先是到南通女子师范学校任教，与叶圣陶结婚后随丈夫到苏

---

① 叶小沫：《父亲叶至善最后的那些日子》，《民主》2016 年第 8 期。

② 海飞：《这个金子般的老编辑——作文为叶至善老先生送行》，《民主》2006 年第 4 期。

③ 于友先：《勤精诚朴　臻于至善——怀念叶至善先生》，《中国新闻出版报》2006 年 3 月 23 日。

④ 楚山孤：《叶至善：一个一生咬文嚼字的人》，《编辑学刊》2006 年第 4 期。

⑤ 参见叶至善：《中了头彩的婚姻——叶圣陶与夫人胡墨林》，同心出版社 2008 年版。

州、上海等地，先后做过教员、上海各界妇女联合会文书等工作，并协助叶圣陶做了二十多年的编辑工作。新中国成立后，胡墨林先后在人民教育出版社、人民文学出版社担任校对科科长，于1957年春天因病逝世。① 当时，叶圣陶担任教育部副部长兼人民教育出版社社长、总编辑。客观地看，从出生到母亲逝世的39年中，叶至善所生长的家庭，是一个纯粹的编辑出版工作者的家。叶至善后来曾回忆说："我生长在这样一个编辑家庭里，从小看惯了编辑工作。"② 这个家庭的男主人和女主人有着共同的志趣，一生中所从事的主要工作都是编辑出版，他们对编辑工作有着饱满的热情和高度的尊重，在自己的专业领域内都取得了骄人的成绩。这对他们的长子叶至善的成长产生了决定性的影响。

　　说到家世家风对叶至善的影响，除了叶圣陶夫妇，我们还必须提及著名教育家、语文学家、出版家和翻译家夏丏尊。他是叶至善的岳父。抗战前，夏丏尊和叶圣陶两家同住上海虹口熙华德路汾安坊3号，过从甚密。这期间，夏、叶二人合写了《文心》一书，在《中学生》上连载，很受读者欢迎。后来朱自清为该书作序，说了一段风趣的话："本书写了三分之二的时候，丏尊、圣陶做了儿女亲家。他们决定将本书送给孩子们做礼物。"时为1934年。到1939年，叶至善和夏满子才在四川完婚。订婚后不久，叶家就带着夏满子离开上海去了苏州，后又因抗战爆发内迁到了四川。夏丏尊始终挂念着女儿

---

　　① 关于胡墨林的生平事迹，山西教育出版社1997年出版的《叶圣陶日记》中多有记述。另可参见叶至善：《我的母亲》，《出版史料》2007年第1期。
　　② 叶至善：《编辑工作的回忆——在科普报刊座谈会上的发言》，载叶小沫、叶永和编：《叶至善集·编辑卷》，开明出版社2014年版，第146页。

女婿，曾多次写信给他们，既关心他们的生活，也时常指导他们为人处世。比如，1942 年 9 月 14 日，夏丏尊在写给叶至善、夏满子的信中说道："我有一句老话告诉你们，叫做'知难不难'。知写字之难者，是会写字的人，知弹琴之难者，是会弹琴的人，知吃饭难者，是能吃饭的人。少爷、小姐不能稼穑，也就不知稼穑之艰难了。你们知'难'，是好的，但望能再多知道些。"① 受到岳翁这样的谆谆教导，叶至善自然会深受触动。

家世家风对叶至善的影响，最集中的体现是直接左右了他对职业的选择。早在 1931 年，年仅 13 岁的叶至善就写出了《喜雨》、《头发的故事》等佳作，而且一口气写了 14 篇。到 40 年代，在父亲的好友宋云彬、朱自清的鼓励下，叶至善和叶至美、叶至诚一起出版了被他们自己称为"作文本"的《花萼》、《三叶》② ，一时洛阳纸贵，文坛称庆。1938 年夏，叶至善因患伤寒而没能参加中央大学的入学考试，隔年考进了国立中央技艺专科学校的农产制造科，毕业后曾在四川成都中央工业社、中央大学医学院、大有农产制造厂工作过，1944 年起，又先后任教于四川省广汉县立中学、成都蜀华中学。到了 1945 年 7 月，叶圣陶开始主编《开明少年》月刊，忙不过来，几位朋友就劝他让叶至善辞去教员的工作，转而入职开明书店，帮父亲做编辑工作。就这样，叶至善正式走上了编辑之路，直到 2006 年逝世前夕仍

---

① 方继孝：《烽火连三月家书抵万金——抗战时期夏丏尊写给女儿的书信》，《收藏》2012 年第 15 期。

② 《花萼》出版于 1943 年，《三叶》出版于 1949 年，前者由桂林文光书店出版，后者由上海文光书店出版。后合为《花萼与三叶》，由生活·读书·新知三联书店于 1983 年 9 月出版。

在编编写写，算起来整整做了 61 年编辑。①

到 1952 年，《开明少年》停刊了，叶至善转任《中学生》月刊主编。当时办期刊的编辑都得是多面手，而且经常被迫自己动笔，不光是编后记、编者按、文章注释等辅文不能不写，很多时候还要负责补白，"如果某篇文章后面留下一块空白，咱们编辑就得写一篇短文补上"，"有时候，期刊缺了一篇非有不可的文章，急切却找不到作者，咱们编辑就被逼上梁山，非得自己写不可"。② 凡此种种，可见叶至善一开始正是为了编辑好《开明少年》月刊，才走上了少儿科普文学的创作道路。后来，他又创办了新中国第一本少儿科普期刊《我们爱科学》，并兼任主编，写得就更勤更多了，"长的短的算起来总有几百篇"③。

1956 年，中少社成立，叶至善被任命为社长兼总编辑。他带领同事们编辑出版了《小蝌蚪找妈妈》、《宝船》等为小朋友所喜闻乐见的幼儿文学读物，《割掉鼻子的大象》、《活孙悟空》、《布克的奇遇》、《大鲸牧场》等科学幻想故事集，《勇敢地挥动马刀》等儿童诗集，以及《小兵张嘎》、《宝葫芦的秘密》、《大林和小林》、《小布头奇遇记》等脍炙人口的儿童文学读物，还策划推出了《少年百科丛书》、《中国历史故事集》等少年知识读物，为广大少年儿童提供了一大批优秀的精神食粮。

---

① 叶至善曾在多个场合说过自己是 27 岁正式开始编辑生涯。叶小沫则认为父亲的编辑生涯应自其 22 岁跟随叶圣陶学做编辑开始算起，如此则叶至善从事编辑工作的时间为 66 年。参见叶小沫：《父亲叶至善最后的那些日子》，《民主》2016 年第 8 期。

② 叶至善：《编辑工作的回忆——在科普报刊座谈会上的发言》，收入《我是编辑》一书，转引自叶小沫、叶永和编：《叶至善集·编辑卷》，开明出版社 2014 年版，第 149 页。

③ 叶小沫、叶永和编：《叶至善集·科普卷·编后记》，开明出版社 2014 年版，第 420 页。

就在这个时期，叶至善动笔写了《失踪的哥哥》、《到人造月亮去》等几篇科学幻想小说，在当时起到了很好的示范作用。之所以会去写科幻作品，是因为叶至善有着这样的观念："我做编辑有个主张，要编哪个方面哪个形式的东西，最好自己先写一写，先试一试，尤其在搞什么新点子的时候。"① 不过，叶至善很快发现，小读者读过之后往往是记住了故事而忘记了科学，导致自己通过科幻小说教会学生知识的想法落空了，于是就放弃了这类作品的创作。② 直到"文革"结束后的 1979 年，叶至善才得到机会释放心中积累的创作热情，决心以另一种文体重返科普创作之路。这次他尝试以短篇小说的形式给青少年介绍古今中外杰出的科学家，原本计划至少写二三十位，但是由于种种原因，四年间只写就了《梦魇》、《夕照》、《诀别》、《祈求》、《权利》5 篇。这 5 篇作品每一篇都堪称精品，其中尤以《梦魇》所传达出的科学精神最为发人深省、引人深思，因而接连荣获科普大奖。1988 年，叶至善应中少社之邀，出版了科普作品选集《竖鸡蛋和别的故事》。1990 年，叶至善被选为中国科普作家协会理事长。在他的任期内，协会各项工作稳步发展，全国的科普创作也蒸蒸日上，达到了一个新的高度。

都说编辑是杂家，叶至善尤其喜欢"杂拌儿"。除了在少儿科普领域笔耕不辍，叶至善还写过许多散文、序跋、图书广告、成语故事、历史故事等，甚至还曾根据清代小说《镜花缘》改写了一本《海外奇游记》。这里重点说说叶至善晚年在新诗评介、《红楼梦》评论、

---

① 叶至善：《关于〈失踪的哥哥〉的自白》，收入《我是编辑》一书，转引自叶小沫、叶永和编：《叶至善集·编辑卷》，开明出版社 2014 年版，第 66 页。

② 参见吴岩：《叶家三代：故事和之外的故事》，《博览群书》2010 年第 5 期。

古诗新唱等方面所作的探索。

受五四新文化运动的影响，叶至善向来提倡青少年多读新诗。1986 年，叶至善撰述的《诗人的心》由中少社出版，书中选择了刘大白、胡适、徐志摩等新中国成立前的大诗家的代表作和郭小川、楼适夷等新中国成立后的名诗人的代表作，总计 30 人 30 首，逐篇进行了认真的介绍和中肯的分析，以引导青少年读者体会诗人的心，从而提高鉴赏能力和精神境界。

1985 年，叶至善开始写作《一个编辑读〈红楼梦〉》，将自己多年来反复读过多遍的《红楼梦》从语言文字研究的角度进行解读。到 2000 年 6 月间，统共写成了 9 篇文章。[①] 作者在题记中说："题目既平且直，这个编辑就是我。为什么不用'我'，而要标明'编辑'？因为一则，编辑是我的职业，我已经干了四十年，打算还干下去。编辑无非咬文嚼字，于是来了个'二则'。二则，说明我读《红楼梦》，不过是咬文嚼字而已。咬嚼似有所得，我居然也'欣然忘食'，陪父亲喝酒的时候跟父亲说，在办公室里跟朋友们说。他们听了都怂恿我写下来，可能因为他们也是编辑吧。……自知无甚高论，不过就文字论文字，多则一节一段，少至一个词儿一个标点，总之跳不出咬文嚼字的圈子。写下来不为别的，还是为当编辑练基本功。"其间折射出的态度仍是编辑本位一贯的谦卑，而这些文章其实颇富新见，很值得红学研究界重视。

叶至善从小爱好音乐，上中学时就喜欢唱弘一法师创作的歌曲。

---

① 　关于《一个编辑读〈红楼梦〉》系列文章，叶小沫、叶永和编《叶至善集·编辑卷》收入了《大太监戴权》等 8 篇文章，另有一篇《关键的第三回》未收入。该篇写成于 2000 年 6 月 28 日，刊于《出版史料》2008 年第 3 期。

到了晚年，从来没有系统学习过音乐的叶至善决定将中国古诗词配上外国名曲，来供喜好唱诵古诗词的人们歌唱。1995 年 11 月，经过一再筛选与修订，叶至善编成了《古诗词新唱》一书，由开明出版社出版，引发了很好的社会反响。①

叶至善的一生，是为编辑的一生。在生命的最后时期，他仍以惊人的毅力为父亲编辑了《叶圣陶集》皇皇 26 卷。1986 年，江苏教育出版社准备为叶圣陶出文集，叶至善、叶至美、叶至诚兄妹三人一起承担这一庞大的编辑工程。作为与叶圣陶相知相随的长子，叶至善承担了主要的工作。1987 年，江苏教育出版社出版了第一版前 4 卷，直到 1994 年，25 卷本的《叶圣陶集》才全部出版完结。该书甫一出版即赢得一片称誉，荣获了当年的国家图书奖。叶至善以其对父亲叶圣陶的敬爱和对编辑出版工作的热情，为世人呈现了一部质量极高的文集。2001 年，江苏教育出版社决定推出新版的《叶圣陶集》，叶至善不顾身体不适，耗费近两年的时间把 25 卷文集重新校对和修改一过，又花费一年时间创作了 36 万字的《父亲长长的一生》，收入"传记和索引"卷，作为《叶圣陶集》的第 26 卷，为后世研究叶圣陶留下了宝贵的资料。叶小沫回忆说："父亲一辈子做编辑，作为叶圣陶的儿子，他的后半生编辑出版了爷爷的许多书，其中最大的工程就是 26 卷本的《叶圣陶集》。从第一版到再版，花去了他 12 年的时间。他的这些工作，不光是对爷爷一生的作品进行了收集和整理，还为后人了解、认识和研究叶圣陶留下了详实的史料。爷爷是五四新文化运动的参与者和实践者，他的一生反映和代表了那个时代知识分子关于

---

① 参见邵燕祥：《跟叶至善一起唱古诗词》，《文汇报》2009 年 7 月 6 日。

文学、教育、编辑出版的思想和主张。《叶圣陶集》是很有文学和历史价值的文献。"[1]

由于终日伏案，积劳成疾，在完成《叶圣陶集》编辑工作后不久，2006年3月4日，叶至善逝于北京。

叶至善出生于民国初年，一生中经历了旧中国军阀混战、抗日战争、解放战争的洗礼，体验过新中国社会主义初期建设与改革开放后日新月异的发展，而能始终安守书桌，以笔墨实践编辑，以书香传递科学，不仅传承了父亲叶圣陶的教育思想，还将其编辑思想和文艺思想融汇贯彻到自己的文学创作与编辑工作中，取得了彪炳青史的不凡业绩。他的一生是平淡而坚实的一生，是讲求科学的一生，更是书香相随的一生。

叶至善逝世后，时任全国人大常委会副委员长、民进中央主席的许嘉璐曾这样深情地赞颂他："站在他面前，再远离奢华的人也会怀疑自己是不是有些浮躁了。"[2]

笔者衷心希望读到本书的朋友们，能够借此走进叶至善先生那旷远阔美、丰饶柔润的世界，从而像许嘉璐所期待的那样，"知道并永远记住这位在编辑岗位上淡泊名利、默默耕耘了一生的老人"[3]。

---

① 叶小沫：《父亲叶至善最后的那些日子》，《民主》2016年第8期。

② 许嘉璐：《静静的追思——叶至善先生纪念集序》，《出版史料》2008年第1期。该文同时收入吴道弘、商金林主编：《得失塞翁马　襟怀孺子牛——怀念叶至善先生》，开明出版社2008年版。

③ 许嘉璐：《静静的追思——叶至善先生纪念集序》，《出版史料》2008年第1期。该文同时收入吴道弘、商金林主编：《得失塞翁马　襟怀孺子牛——怀念叶至善先生》，开明出版社2008年版。

第一章

弹彻江南好①

一、生于书香世家

1918 年 4 月 24 日，正当江南春好，24 岁
的叶圣陶第一次当了爸爸，在苏州城里的一家
私营产科医院，叶夫人胡墨林诞下了长子。

叶圣陶彼时在甪直镇上的吴县第五小学当
教员。因一向崇尚真、善、美，他便给长子取
名至善，又取了个小名叫小墨，因为大家都说
这孩子长得像母亲胡墨林。

叶家祖上曾经是很阔的，道光年间在苏州
城里开了一爿生猪行，每天都能进出几十头肥

---

① "弹彻江南好"，引自叶至善：《菩萨蛮·听〈春江花月夜〉》，载叶小沫、叶永和编：
《叶至善集·创作卷》，开明出版社 2014 年版，第 543 页。

猪。不承想太平军打过来时，半条街的产业都被一把火烧了个精光，原本人丁兴旺的叶家也就四散了，后来重返故里的叶家子孙只有叶至善的祖父叶仲济及其堂弟叶朝缙。家道既已没落，没奈何，叶仲济给大儒巷的吴家当起了账房先生，叶朝缙则到另一位乡绅家当起了教书先生。

叶圣陶生于 1894 年 10 月 28 日，幼时即十分聪明。当时叶仲济已是 47 岁，老来得子，自是爱如珍宝，尽心抚育教养。而叶朝缙因夫人不能生养，也把希望寄托在叶圣陶身上。叶圣陶原名叶绍钧，字秉臣，这名与字都是叶朝缙给起的。1907 年，叶圣陶考入苏州草桥中学。在这所新式模范学校里，他请沈绥成先生为自己取了"圣陶"的号。①

叶圣陶夫人胡墨林原是杭州人，字翰仙，生于 1893 年 7 月 13 日。胡家祖上在杭州开古董店。与叶家的生猪行命运全然不同，正是在太平军时期胡家发了财。胡墨林祖父过世之前，把古董店交给两个徒弟去经营，让儿子也就是胡墨林的父亲去读书，走科举的道路。可他书没读多少，天天三朋四友，在西湖边上喝酒赋诗。其夫人生下长女胡墨林后，不几年就过世了，胡父便续了弦。这位后母进门后便要给胡墨林裹足。胡墨林的二姑母听到侄女痛得直喊，赶过来把缠脚布扯了个粉碎。后母说："这双大脚嫁不出去，谁养她一辈子！"二姑母说："你不养我养！"转身把胡墨林拽到自己房里，从此照料着她，一直到她长大，自北京女子高等师范学校毕业后嫁给叶圣陶。

而叶圣陶与胡墨林能够结为令世人艳羡的神仙眷侣，也是拜这位二姑母所赐。

---

① 参见叶至善：《对〈"圣陶"的来历〉的更正》，《小学语文教师》1982 年第 4 期。

胡墨林有三位姑母，二姑母名叫胡铮子，曾留学日本，归国后一直在女子学校教国文。她的三妹夫计硕民是一介寒士，跟王伯祥、王彦龙是好友。王彦龙可能跟胡家沾点儿亲，因此胡铮子偶尔会去他家走动。王伯祥、王彦龙、叶圣陶以及顾颉刚则都是草桥中学的同窗好友。

1912 年 2 月初，王彦龙下帖子请王伯祥、顾颉刚、叶圣陶等同学吃喜酒。去吃喜酒要准备贺礼，所谓"秀才人情纸半张"，顾颉刚便集宋明词句，作了一副长联，叶圣陶则填了首《贺新郎》，然后顾用楷书抄上叶词，叶用小篆写了顾联，送到了王彦龙家里。到 2 月 9 日开宴，胡铮子和计硕民一起去了。胡铮子看到挂在粉墙上的立轴和对联，激赏不已，就问王伯祥："你这两位同窗都有家室了吗？"王伯祥回答说："颉刚去年小年夜娶的亲，还没听说叶家有什么动静……"过了两天，王伯祥和顾颉刚就来叶家说亲了，说女方由姑母做主，什么彩礼都不要。又说这位姑母待侄女在大同女学堂毕了业，就带她去北京念女师，婚事可以等两年再谈。叶仲济夫妇听了，很是欢喜，就问叶圣陶的意见。叶圣陶当时只说但凭二老做主，其实并没把这件事放在心上。十几年后，他回忆起与胡墨林的结合，在《过去随谈》一文中说自己是"在无意中中了个头彩"。的确，原本是全凭父母做主，婚后却发现两个人的脾性、生活习惯等都非常相契，这在那盲婚哑嫁的年代真不啻"中了头彩"。①

1915 年春天，叶圣陶去了上海，经好友郭绍虞介绍，进商务印书馆办的尚公学校当教员。第二年放暑假，他一回到家，叶仲济就含

---

① 关于叶圣陶与胡墨林的婚姻生活，可参见叶至善：《中了头彩的婚姻——叶圣陶与夫人胡墨林》，同心出版社 2008 年版。

笑跟他说道："亏得你回来了。女家昨天托媒人伯祥来，说你媳妇在北京毕了业，跟她二姑母一同接下了南通女子师范的聘书，过了假期就去上课。女家说：赶在开学前把婚事办了吧。我和你母亲，还有你外祖母都说这样也好。你二十二，不算小了，媳妇比你还大一岁。"于是就赶紧张罗起来。

结婚以后，夫妻俩分散在两地当教员，写信、等信就成了萦绕在他们心窝的两件头等大事。这样直到第二年暑假，他们才把蜜月旅行给补上。这次旅行的目的地是杭州，两人携手去了西湖，游览了雷峰塔等，还本着"要谢谢在冥冥之中替他们着力的月老"的心，专门去了雷峰塔下白云庵右首边的月下老人祠，虔诚地求了张签，签条上写着"维熊维罴，男子之祥"——第二年，他们就生下了长子叶至善。

二、幼承庭训

小墨的出生，为这个家庭增添了许多欢乐，家里人都非常喜欢他。最见于形色的莫过于他的祖父叶仲济。每当有亲戚朋友来，老爷子都会把小墨抱出来给他们看，还说："你是知道的，我四十七才生的儿子，没指望还能抱上孙子。"[1]那时候叶仲济虚岁已过七十，牙齿都掉得差不多了，晚上常用蒸猪脑下酒。小墨还没断奶，疼爱孙子的

---

[1] 叶至善：《父亲长长的一生》，载叶小沫、叶永和编：《叶至善集·传记卷》，开明出版社2014年版，第26页。

他就吩咐说："买猪脑就带条脊筋，一起蒸了喂给小墨吃。"①脊筋就是脊髓，一条要一个铜板。买来做好了，他就把孙子抱在膝上，用筷子把脊筋掐成小段，一点一点地喂给孙子，常常把手边温好的酒都放凉了。

小墨过完周岁整10天，五四运动在北京爆发了。早在1916年年初，叶圣陶已应新设立的吴县第五高等小学之聘，自上海到了甪直，投身于小学教育改革。当他获知五四运动爆发的消息，正想要行动起来声援北京学生，却接到了妻子发来的父亲病危的电报，于是只得赶回苏州。

5月底，叶仲济辞世。叶圣陶办完父亲的丧事后，不久即举家迁到甪直。原来吴县第五高等小学校长吴宾若已跟叶圣陶说定，暑假后即聘胡墨林为该校女子部教员兼预备班的主任。

自1919年夏开始，小墨在人杰地灵的甪直住了三年。这三年里，母亲胡墨林一直陪伴着他。父亲叶圣陶则于1920年夏离开甪直，先后辗转于上海中国公学、浙江第一师范、北京大学等校任教。77年后，叶至善还能回忆起儿时的感觉，并常想起留在记忆深处的一句话："姆妈，拍拍我，我困！"②

1922年4月，有孕在身的胡墨林临产之前，叶圣陶匆匆辞去北大的教职，返回了甪直。1922年仲夏，叶圣陶把家搬进了苏州城的大太平巷。

叶圣陶于1919年11月写成了《小学教育的改造》一文，申论自

---

① 叶至善：《父亲长长的一生》，载叶小沫、叶永和编：《叶至善集·传记卷》，开明出版社2014年版，第26页。

② 叶至善：《舒适的旧梦》，载叶小沫、叶永和编：《叶至善集·散文卷》，开明出版社2014年版，第364页。

己的教育理念："儿童的各种举措哪里为了什么未来的效益和功利？他们头脑里无所凭借，几曾忽然订出个预计表，而后才有举措？逢到疑难当前，他们只想去弄明白，去应付，所以他们只管自己玩弄，抚摩，观察，试验，在成人看来也许觉得可笑，而他们却有无上的乐趣。他们从解决疑难得到了快乐，就欢呼跳跃，继续练习。因为对任何事物都有兴趣，他们就肯练习，新的经验就逐渐增多了。这是真的效益和功利。"

一个父亲拥有这样先进的教育理念，无疑是他的孩子们的福气。作为叶圣陶的长子，叶至善当然是最大的受益者。从叶圣陶的文字当中，我们可以发现小墨的成长过程中充满了爱与快乐。

在叶圣陶写于 1920 年 8 月 12 日的小说《伊和他》中，"伊"就是胡墨林，"他"就是小墨。这篇小说其实是当天的纪实：吃过晚饭，胡墨林抱着小墨在窗口数天上的星星，忽然飞来一只蜻蜓，小墨便将握在手中的玻璃镇纸扔出去打蜻蜓，蜻蜓当然没打着，那沉重的玻璃球落下来，打在了胡墨林的左眼角上；妈妈痛得流泪了，把脸埋在孩子胸前，孩子也吓傻了，双手捧起妈妈的脸，看到她的眼角又肿又紫，忍不住"哇"的一声大哭起来，满脸都蒙上了泪水；妈妈却吻着他的额角，脸上现出了满足的微笑。这篇小说虽全是白描，却生动地写出了母亲对孩子的疼爱，在当时引发了很好的反响，一度被选进国文课本。

而小墨的可爱，也激起了叶圣陶内心深处的诗情，使他在短短三天里就写出了两首诗。第一首题为《儿子和影子》[①]，写于 1920 年 11

---

① 该诗收入叶圣陶：《时间集》，载叶至善、叶至美、叶至诚编：《叶圣陶集》第 8 卷，江苏教育出版社 2004 年版，第 60—61 页。

月 7 日，发表于《文学旬刊》第 9 期。第二首题为《拜菩萨》①，写于
11 月 9 日，发表于《文学周报》第 9 期。

77 年后，叶至善曾就《拜菩萨》回忆道："小诗中的'儿'就是
我，'爹'就是我父亲。那时我才两岁半。大概父亲带我去寺院里玩
儿，我看到了烧香拜佛，回家就效学着做起游戏来。"②

另外，叶圣陶写于 1921 年 1 月间的诗歌《成功的喜悦》③所描摹、
称赞的也是当时才两岁九个月的小墨。由这首小诗可知，叶圣陶虽非
常疼爱小墨，但并不溺爱，懂得该放手的时候放手，让孩子发展自己
去闯的本能，锻炼奋发的潜力。他不主张把孩子抱上凳子，出发点在
于不愿阻挠孩子追求"意志的自由"，意在让孩子去充分享受"成功
的喜悦"。

叶圣陶写于 1921 年 12 月 9 日的小说《地动》中的小主人公也是
比照着小墨的样子写的。叶圣陶曾回忆说，那时小墨每天吃过晚饭都
要缠着他讲故事，他便随口编，小墨却听得津津有味，都当成真的。
有一天，故事才开了个头，地面忽然震动起来，把故事打断了。第二
天晚上，小墨照例摇着他的膝盖，央父亲"再讲一个"。叶圣陶于是
说："好，今天就讲地动。有个地方有一座高塔，高得能碰着云。有一
天地动了，动得比昨天厉害多了。高塔不停摇晃，倒下来摔成六段。
有个匠人看见了，觉得挺可惜，提了一大桶浆糊，把塔一段接一段粘

---

① 该诗收入叶圣陶：《时间集》，载叶至善、叶至美、叶至诚编：《叶圣陶集》第 8 卷，
江苏教育出版社 2004 年版，第 62 页。

② 叶至善：《骄傲的石像》，载叶小沫、叶永和编：《叶至善集·编辑卷》，开明出版社
2014 年版，第 207 页。

③ 该诗收入叶圣陶：《时间集》，载叶至善、叶至美、叶至诚编：《叶圣陶集》第 8 卷，
江苏教育出版社 2004 年版，第 63—64 页。

起来。太阳落山，那座高塔又站在老地方了。"小墨听得出了神，可是不满足，还要父亲"再讲一个"。在一旁的母亲向着小墨，也说"再讲一个吧，就讲地动时候的一个小孩"。题目都有了，父亲只好再讲一个："有一天地动，也比昨天厉害，屋里的东西全在地上打起滚来。有个孩子在场上玩，也身不由主打起滚来。他滚过了昆山，滚过了上海，再滚过去就是大海了。海面又平又滑，他滚得格外快了，滚过了大海，滚到了外国，才让一座高墙挡住。这时候来了一个人，看到他躺在墙边，就把他拾起来放在上衣口袋里。那个人回到家里，吃了晚饭，看他的报，写他的信，读他的书，后来解开上衣要睡了。孩子在口袋里大声喊，那个人才想起口袋里还有拾来的孩子，把他取了出来，问他喊个什么。孩子说：'我还没吃饭，我要我的母亲……'"听到这儿，小墨眼眶里含满了泪水。叶圣陶接着往下讲："那个人对孩子说：'你的家远着呐。饭，我给你吃；母亲呢，隔几天再回家去看吧。'"小墨哭得伤心透了，退到了母亲身边。孩子见不着母亲，这样可怕的事儿，小墨从来没想过。母亲抱起小墨，亲着他说："你的母亲在这里呢！"却没有用，小墨哭得气都喘不过来了。于是父亲的故事不得不草草收场："那个人对孩子说：'你要马上回去也可以，先唱一支歌谢谢我。'孩子唱了一支《种田牛》，唱得真好听。那个人就拿了一张邮票贴在孩子的额角上，带他到邮局去一寄，邮差当天夜里就把他送到了家。母亲站在大门口等着他哩，把他搂在怀里，娘儿俩都快活得要酥了。"故事到这里有了个圆满的结局，可小墨还是抽抽噎噎地哭个没完。①

① 参见叶至善：《父亲长长的一生》，载叶小沫、叶永和编：《叶至善集·传记卷》，开明出版社 2014 年版，第 31—32 页。

　　那时叶至善还很小，要不是有这篇小说，叶至善对这件事怕是没有一丝儿印象了。倒是故事里那孩子唱的《种田牛》，叶至善记了一辈子："一只种田牛，站在田横头，拉起犁头，'格支格支'走。""格支格支"是牛踩在水田里的声音。叶至善长大后，每当想起这支儿歌，眼前就会浮现出孩提时的温馨一幕："母亲唱着这歌儿，父亲弯着腰，两只胳膊背在身后，拉住我的双手，按着拍子，一步一摆朝前走；我这个犁头就一步一摆跟在后头，跟着母亲唱。在角直，母亲教我唱会了多少支歌呀，至今还能唱全的，数来不满五支了。"①

　　而在"尽力的教育"方面，叶圣陶也堪称做父亲的楷模。据叶至善的弟弟叶至诚回忆，有一次叶圣陶让他递一支笔，他就随手递过去，不想把笔头交在了父亲手里，叶圣陶于是教育他说："递一样东西给人家，要想着人家接到手方便不方便，一支笔，是不是脱下笔帽就能写；你把笔头递过去，人家还要把它倒转来，倘若没有笔帽，还要弄人家一手墨水。刀子剪子这一些更是这样，决不可以拿刀口刀尖对着人家。把人家手戳破了呢?!"这番话叶至诚记了一辈子，从那之后，他递任何东西给别人，总是注意这一点，就连报纸书本也是让人家接到手就能看。就小事进行教育，还可以举出开关房门的例子："冬天，我走出屋子没把门带上，父亲在背后喊：'怕把尾巴夹着了吗?'次数一多，不必再用这么长的句子，父亲只喊：'尾巴，尾巴！'就这样渐渐养成了我冷天进出屋子随手关门的习惯。另外，父亲还告诫我开关房门要想到屋里还有别人，不可以砰的一声把门推开，砰的

---

　　① 叶至善：《父亲长长的一生》，载叶小沫、叶永和编：《叶至善集·传记卷》，开明出版社 2014 年版，第 32 页。

一声把门带上，要轻轻地开，轻轻地关，我也从此遵循到现在。"①

据叶至善的幼子叶永和回忆，叶圣陶曾说过："我想，'教育'这个词，往精深的方面说，一些专家可以写成著作，可是就粗浅方面说，'养成好习惯'一句话也就说明了含义。"②

在叶圣陶写于 1923 年 1 月 28 日的小说《孤独》中，那个调皮的小孩也是以小墨为原型的。小说写一位孤独的老人，气喘吁吁地在寒风中逛荡了一天，也没有谁想到该给他些安慰。在回住所之前，他买了个橘子，想逗逗邻居的孩子，希望这孩子能唤他一声，没想到小家伙调皮，不肯叫他一声，而是硬夺过他手里的橘子，剥开来就吃，使得老人这个小小的愿望也落了空。小墨上小学时，老师在上课时讲到了《孤独》这篇小说。他回家后和母亲说起来，母亲才说："你小时候就是这样蛮不讲理，真叫我拿你没办法。"这时的小墨已长大了，为此很是自责了一番。其实，顽童是不该以成人的道理来规训的，我行我素是他们的特权。叶圣陶深谙这一点，在小说中并没有批评这个孩子的意思，想来在生活中就更是会给予孩子以充分的理解与尊重了。

除了以上见于叶圣陶作品中的成长记录，叶至善在其散文、传记作品中也对自己的幼年生活进行了回忆，其中不乏有趣的生活点滴。

叶至善小时候，父亲叶圣陶曾经教他唱过一首儿歌《青蛙》。③

---

① 叶至诚：《几件小事——记父亲叶圣陶》，载《至诚六种·忆儿时》，人民文学出版社 2010 年版。

② 叶永和口述、毛予菲采访整理：《叶永和忆祖父叶圣陶——爷爷在饭桌上的教育经》，《环球人物》2017 年第 23 期。

③ 参见叶至善：《把儿歌也动员起来》，载叶小沫、叶永和编：《叶至善集·编辑卷》，开明出版社 2014 年版，第 9 页。这支儿歌收入沈心工：《心工唱歌集》，文瑞印书馆 1937 年版。

这支儿歌是曾留学日本的音乐教育家沈心工为小学生创作的学堂乐歌，在民国时期曾传唱一时。它引发了小至善养蝌蚪的兴趣。叶家搬家到上海后，"住在闸北仁馀里和景云里的那些年，每到初夏的夜晚，还能听到远处传来的阵阵蛙鸣。穿街走巷的卖金鱼担子就带卖蝌蚪，一个铜子儿五条。我就买三四个铜子儿的，饲养在瓦钵里，喂它们一些米饭粒，看它们到底是怎么变的。结果让我看出了一个破绽：原来蝌蚪的尾巴越缩越短，最后终于消失，没有'尾与体自分离'那回事儿。我兴冲冲地告诉了父亲，父亲着实夸奖了我几句。"①

1921年秋，叶圣陶受朱自清之邀到浙江第一师范任教，在这里开始写起了童话。当时郑振铎创办了《儿童世界》，由商务印书馆出版，因是周刊，催稿很急。叶圣陶出手很快，常常一天就是一篇。而在甪直的小墨已知道想父亲了，天天缠在母亲身边念叨："爹爹还不回来！爹爹还不回来！"到1922年年初，学校放寒假了，叶圣陶回到了甪直。除了一大堆好吃的，他还特意给小墨带回好几本《儿童世界》。② 在那个时代，能在幼年时代读到当时最为优秀的儿童刊物，整个甪直镇，恐怕也只有小墨。显然，这得归功于他有个在中国儿童文学史上具有开创之功的童话家父亲。

1923年年初，叶圣陶进入商务印书馆工作，举家迁到了上海。当时商务印书馆的编辑部设在宝山路的"涵芬楼"里，叶至善常常在

---

① 叶至善：《儿时唱过的歌》，载叶小沫、叶永和编：《叶至善集·散文卷》，开明出版社2014年版，第167页。

② 参见叶至善：《父亲长长的一生》，载叶小沫、叶永和编：《叶至善集·传记卷》，开明出版社2014年版，第44页。

放学后去那里等父亲下班,让父亲带他去夏令配克大戏院看电影。①

1923年9月,好友郭绍虞又一次帮叶圣陶介绍了一个教职,这次是去福州协和大学教新文学。叶圣陶感到盛情难却,便向商务印书馆请了四个月的假,离沪南下。

叶圣陶走后没几天,小墨便闯了个大祸。有一天下楼吃晚饭,小墨只顾着逗妹妹,没想到一步踏空,一骨碌滚向楼底,左额角直砸在梆硬的水泥地上……第二天,胡墨林带小墨去了东方医院。医生在伤口上敷了一方涂满黄色油膏的纱布,又给他缠了一头纱布条,把他打扮得像个印度巡捕。他们回到家里,正好碰见郑振铎从他们的邻居王伯祥家出来。见了小墨,一把拉住:"小墨,你成了红头阿三了。"小墨调皮地纠正道:"不对,我是白头阿三。"此时郑振铎快要做新郎官了,于是胡墨林插话说:"郑先生的喜事,只好不带他去了。"郑振铎却说:"去,去,所有的小囡统统去。小墨,到时候我要点名的:白头阿三来了没有?你就大声喊:到!"后来,胡墨林就去百货商店买回一团红毛线,给小墨打了顶红帽子。等到郑振铎结婚那天,小墨戴上帽子去了。

12月初,叶圣陶从福州回了上海,一见面就轻轻地抚着小墨还包着纱布的脑袋,问还疼不疼。胡墨林说:"疼倒不疼了,伤得实在太深,还有指甲大的一块没结拢。"叶圣陶笑着说:"亏得骨头硬,没砸破。"直到冬天姑姑叶绍铭出嫁,小墨额头上的伤仍没有全收口,还是戴着那顶红帽子。参加了两个婚礼,伤口都没有好,额头上的疤

---

① 参见叶至善:《父亲长长的一生》,载叶小沫、叶永和编:《叶至善集·传记卷》,开明出版社2014年版,第52、81页。

于是就留下了，伴了叶至善一生。①

除了从父母那里获得满满的爱，小至善幼年时还特别受祖父祖母、太外祖母的宠爱。叶至善晚年曾回忆说："记得我牙牙学语的时候，祖母、太外祖母常把我抱在膝盖上，按节拍摇着我，教我跟着念民歌和童谣。歌谣可不是方块字，是字组成的词，是词连成的句子，活泼有趣、声调悠扬的句子，没有教训，念着不感到压力，我学了一支又一支，少说也有上百支；八十多年过去了，我还能完整地背诵出十几支来。"②

小至善幼年时还曾得到父亲友朋的爱护，例如前文提到的郑振铎和王伯祥。因为多次与王伯祥住邻居，小至善得到过他不少的关心，还曾听过他用扬州话唱《渔樵耕读》，留下了深刻印象。叶至善后来会迷上古诗词新唱，或许就是这时在心里种下的种子。

在9岁那年，小至善还曾尝试过和几个小伙伴一起，"自己编一本刊物，自己写，自己画，当然是给自己看的"。这几个小伙伴"父亲也是当编辑的"，"开头大家挺认真，搞了两三天，不知为什么吵起架来，到底没有编成"。③

由以上诸多细节可见，这些幼年的经历，共同为叶至善构成了文学启蒙、音乐启蒙，初步开启了其文心、性灵，为其日后在编辑出版领域和文艺创作领域取得双丰收奠定了一定的基础。

---

① 参见叶至善：《父亲长长的一生》，载叶小沫、叶永和编：《叶至善集·传记卷》，开明出版社2014年版，第49—51页。
② 叶至善：《父亲长长的一生》，载叶小沫、叶永和编：《叶至善集·传记卷》，开明出版社2014年版，第5—6页。
③ 叶至善：《编辑工作的回忆——在科普报刊座谈会上的发言》，载叶小沫、叶永和编：《叶至善集·编辑卷》，开明出版社2014年版，第146页。

三、翩翩美少年

到上海后的一年半里，小至善随父母搬了两次家。1924 年 7 月，叶家终于在仁馀里第四弄廿八号安顿下来。受郑振铎之托，叶圣陶把文学研究会的牌子挂在了这里。而叶圣陶所负责编辑的《诗》和《文学周报》这两种刊物，版权页上印着的社址和发行处也都是这"仁馀里廿八号"。《世界文学家肖像明信片》的函购处也设在这里。每天叶圣陶和胡墨林都在忙着撰稿、集稿、编辑、发排、校对、拆信、登记、配货、包装、写封套、贴邮票、分寄等等。就是在这样的环境中，6 岁的叶至善耳濡目染，开始接触到编辑出版工作。当时读者寄来的邮票有的在路上受了潮，互相粘成了一张"薄饼"，胡墨林便像洗手绢似的，把它们浸在清水里，待邮票上的胶水化了才轻轻撕开，摊在毛边纸上阴干。小至善想要帮忙，虽被母亲拒绝了，但这一幕情景却深深地烙印在了他的脑海里，使他对编辑工作的琐细、耐烦有了一个初步的感性认识。

当时叶圣陶与瞿秋白多有交往。茅盾于是征得叶圣陶的同意，把仁馀里廿八号作为共产党的一个联络点，承担收发邮件和开会的任务。这样，胡墨林不久就结识了瞿秋白夫人杨之华、茅盾夫人孔德沚等人，参加了上海市各界妇女联合会，经常出去开会。这些小至善都看在眼里。当时杨贤江曾发展叶圣陶入党，小至善知道杨贤江是共产党员，"也知道不能说"[1]。

---

[1] 叶至善:《父亲长长的一生》，载叶小沫、叶永和编:《叶至善集·传记卷》，开明出版社 2014 年版，第 54 页。

　　1925 年，五卅运动爆发了。叶至善当时刚满 7 岁，是商务印书馆附设尚公学校的小学生，"许多见闻，至今谈起来还感到兴奋""那些日子，无论走到哪儿，都能呼吸到强烈的爱国反帝的空气，使我觉得这场运动也有我的一份"。小至善也确实以自己的方式参与到了这场运动中："到处可以遇见扛着粗毛竹筒募捐的小分队，有的竹筒就用铁链锁在电线杆上。捐款是为了支持工人罢工。每天早上，我把母亲给的一把铜子儿扔进竹筒，好像完成了一件莫大的任务。"①

　　当时让小至善记忆深刻的还有这样一件事。有一天放学回家，他发现宝山路上冷冷清清的，有点儿不大对头。才到家，父亲叶圣陶就匆匆赶回来，一进门就急冲冲地问他："你母亲呢？"小至善记得母亲吃过午饭就出去了，只交代了一句去青云路广场开市民大会。叶圣陶冲上楼看了一眼就下来，冲出门又回头交代了一声："母亲回来了，叫她别再出去！"过了一会儿，母亲回来了，小至善告诉她："父亲在着急哩！"母亲说："怎么能不着急！北兵放起枪来了，不知又打死了多少人。我听得枪声，急忙跳下台，有个人把我拉进青云里的一户人家，叫我装作客人。幸亏没挨家挨户搜查。听说空场的人散尽了，我才绕了个圈子回家。"于是被等的人换成了叶圣陶，直到半夜他才回来。②

　　1925 年秋季的一天，叶圣陶特意领着小至善，来到南京路老闸捕房门口，告诉他不要忘记，惨案就发生在这里。在捕房对面的水泥

---

　　①　叶至善：《父亲长长的一生》，载叶小沫、叶永和编：《叶至善集·传记卷》，开明出版社 2014 年版，第 55—56 页。
　　②　参见叶至善：《父亲长长的一生》，载叶小沫、叶永和编：《叶至善集·传记卷》，开明出版社 2014 年版，第 59 页。

墙上，小至善还找到了惨案发生时留下的比他的食指还粗的弹孔。

正是在这样的动荡中，小至善第一次看到了父亲母亲投身革命的激情，也第一次感受到了父亲母亲的家国情怀，心里开始萌生出了社会责任感。

1926年年初，叶圣陶收到好友俞平伯送的新诗集《忆》。小至善一拿上手就舍不得放下了。书中所收的回忆童年的诗他已大多能看懂，加上俞平伯写的字又大又清楚、丰子恺配的画又雅又有趣，一下子攫住了小至善的心，成了他的心头好。内中有几首诗，小至善特别喜欢，觉得作者写的就是他，比如《第四》和《第十二》等。

在那样的年代，小至善能读到这样优秀的儿童诗，无疑是幸福的。这些诗在他的脑海里留下了深刻的印象，以至他长大当了儿童书刊编辑之后，还曾几次把它们介绍给小读者，"为的是让他们分享我童年时代感染到的诗趣"[①]。

有叶圣陶这样的父亲，小至善得以读了很多好书，诗心开启得很早。早在1923年，叶圣陶的童话集《稻草人》和小说集《隔膜》刚一出版，小至善就都看了，觉得两本书都跟父亲平常说话没多大差别，只是很多小说的意思不怎么懂得。据叶至善晚年回忆，那时他除了读父亲写的书之外，读的其他闲书也不少，"如外国的童话集《天鹅》《鹅妈妈的故事》《木偶奇遇记》，还有一个星期一本的《儿童世界》。《西游记》也看了，遇到韵文就跳过去；《镜花缘》和《三侠五义》都只看了前头的一小半，看完整本的是《封神榜》《说岳全传》和七十

---

① 叶至善：《初读〈俞平伯全集〉》，载叶小沫、叶永和编：《叶至善集·散文卷》，开明出版社2014年版，第155页。

回本的《水浒传》"[①]；"看童话，看民间故事，还看《西游记》，看《说岳全传》……"[②]

1926 年 8 月 1 日，叶圣陶的好友章锡琛在宝山路宝山里 60 号家中挂出了开明书店的招牌，开明书店由此正式创立。[③]

开明书店与叶家有着十分深厚的渊源。后来叶至善进入编辑出版行业，正是从加入开明书店任编辑起的头儿，而他身后的文集，也是由与开明书店有着颇多渊源的开明出版社出版的。

1927 年，四一二反革命政变之后，局势陡然紧张起来。小报说胡墨林遭到了通缉，叶圣陶为安全计，写信给尚公学校帮小至善请了假，托人把他带回苏州，请二姑母胡铮子、三姑夫计硕民照管。

小至善的小学时代，每年暑假几乎都是在苏州卫前街度过的。大家都喜欢小至善，尤其是计硕民，小至善亲热地叫他长胡子公公。晚上乘凉，坐在大梧桐树底下，长胡子公公吹燃纸煤，一闪一闪地吸上一筒烟，把白铜烟筒放稳在椅子脚边，指着在叶隙闪烁的星星对小至善讲："头顶上那颗最亮的放青光的，就是织女星；在银河斜对面那颗放黄光的，是牛郎星；还有对面屋脊上方的那颗放红光的，叫大火。它们跟太阳一样，都是恒星，只因为离得太远，成了一个光点。那银河就是数不清的更远的恒星，我们看去迷迷蒙蒙，像一片淡淡的云……"有时他还会讲到原子，说世界上任何东西都可以分成无数原子，原子的中心是个核，好像太阳一个样，外边有很小

---

①　叶至善：《我学作文》，载叶小沫、叶永和编：《叶至善集·散文卷》，开明出版社 2014 年版，第 158 页。

②　叶至善：《〈儿童科普佳作〉序》，载叶小沫、叶永和编：《叶至善集·编辑卷》，开明出版社 2014 年版，第 477 页。

③　参见章雪峰：《中国出版家·章锡琛》，人民出版社 2016 年版，第 99 页。

很小的电子绕着核转圈子。"阶沿石也一个样?"小至善问。他扑喀扑喀吸完了一筒水烟,回答说:"那当然。所有的原子都在运动;只因为太小,我们的眼睛看不见罢了。"小至善后来才知道,长胡子公公在乘凉时讲的,有一些在 20 世纪初叶还是新鲜事,他却不但自己相信,还要讲给孩子听。后来叶至善曾回忆说,头一个把他的想象引向了宏观世界、又引向了微观世界的人,正是这位教中学国文的老教员计硕民。[①]

1927 年的这个暑假,长胡子公公带小至善去了大卫弄的金鱼池,买了十来尾四寸来长的草鱼,这是要放进水缸用来消灭孑孓之类的虫子的,另挑了十来尾模样色彩新奇的,则是养在金鱼缸里给小至善玩的。这一来小至善可算是有了正经活儿,经常掯着根带纱布口袋的竹竿去河滩头给金鱼捞水蛆。长胡子公公不放心,老在后面跟着他。等到金鱼快把水蛆吃光了,就要清除鱼缸底的鱼粪了。这一招小至善早学会了:拿一根专用的细竹管,用指头按住竹管一头的小孔,另一头直插缸底,按住小孔的指头一放松,缸底的水就和着鱼粪冲进竹管,这时赶快再按住小孔把竹管提出来,移到花盆里,手指一放开就给花施了肥。

有一天,长胡子公公从外边回来,一本正经地对小至善说:"小墨,你回不去了。真凭实据都登在《申报》上了,共产党沈雁冰、丁晓先、王芝九,去年夏天在仁馀里廿八号开过会。"小至善急忙问:"有没有说要通缉我父亲?"长胡子公公说:"倒还没有。不过,跑得了和尚跑不了庙,他们知道了仁馀里廿八号,还会不找你父亲?"于

---

① 参见叶至善遗稿:《我的母亲》,《出版史料》2007 年第 1 期。

是小至善担起心来，闷闷不乐了十多天。后来胡铮子收到胡墨林的信，这才告诉小至善他家已搬了新址，可以回上海了。①

叶家搬到了横浜东路景云里 11 号。在这条白天能听见蝉噪、晚间能听到蛙鸣的弄堂里，小至善度过了一段无忧无虑的好时光。

最先搬来与他们住邻居的是茅盾一家。小至美 5 岁半了，胡墨林把她送进了养真幼稚园，每天都由小至善负责接送。兄妹俩还常常跑去茅盾的家，听茅盾母亲沈老太太讲故事。很多年后叶至善还记得，"老太太戴着铜边老式眼镜，看着书给孩子们讲故事。书就两本，都很旧了。一本是石印的《封神榜》，另一本很奇怪，里边都是美国电影的故事，形式像电影院里发的说明书，只是字数稍多。"②

1927 年 11 月，叶圣陶开始创作长篇小说《倪焕之》。到 1928 年冬，他终于把住处的三楼亭子间粉刷了一下，算是给自己辟了一间书房，并请计硕民给题了条横批——"未厌居"。这间小书房里，除了这条横批，就只悬了一幅吴湖帆画的《天女散花图》，挂了一副弘一法师写的对联："寒岩枯木原无想；野馆梅华别有春。"

在叶圣陶创作《倪焕之》的日子里，小至善一直陪伴在父亲身边。叶至善晚年时曾回忆起当年的情景："看着父亲抿嘴定睛深思，我也不敢作声。……我就趴在火缸边上玩火，用小铲把灰抹平，又用小钳在灰上钻几个圆孔，让手指般的火焰从小孔里窜出来，没着没落地好像要钩住什么似的。妹妹的脸庞被烤得绯红了。忽地'嗤——'，水

---

① 参见叶至善：《父亲长长的一生》，载叶小沫、叶永和编：《叶至善集·传记卷》，开明出版社 2014 年版，第 67 页。

② 叶至善：《父亲长长的一生》，载叶小沫、叶永和编：《叶至善集·传记卷》，开明出版社 2014 年版，第 69—70 页。

开了，母亲站起身来，提壶给父亲的杯子里续上水。'檀香橄榄嗷，卖橄榄！'一声悠长凄厉的叫卖划破了夜空。北窗外漆黑的，闪着几颗寒星，父亲写到哪儿了呢?"①

在景云里的几年，年少的叶至善与编辑出版的缘分结得更深了。他不光看父亲编辑《鲁迅集》，还参与了《十三经索引》的编务工作。那是 1929 年秋天。这个题目工作量虽大，但有几道工序完全是机械的，叶圣陶领着家里的几位女眷就干起来了。好友王伯祥的大女儿王濬华，当时正在家中等待出嫁。叶圣陶叫她也来帮忙，最终以"家庭手工业"的方式完成了这一艰巨的任务。小至善当时 11 岁半，他将《十三经索引》的整个成书过程全都看在眼里，怎么做编目、怎么断句、怎么剪纸条、怎么贴卡片、怎么盖印章、怎么排顺序、怎么打孔……到晚年他都还记得清清楚楚。在工作中，小至善学会了熟练使用四角号码，排顺序的时候，只要眼睛一扫，四个数码就自动出来了。此外，他还得负责保管唯一的一台机械设置——打孔机，并负责给卡片打孔。这套书花去了叶圣陶夫妇五年的工夫，到 1934 年 8 月才得以出版。②

1929 年年底的一天晚上，叶圣陶从未厌居走下楼来，拿着篇稿子叫小至善马上看一遍。这是一篇新写就的童话，题为《古代英雄的石像》。800 字的大稿纸才四五页，用钢笔誊抄得清清楚楚。小至善不多一会儿就看完了。叶圣陶问他看懂了吗，他回答说："有什么不

① 叶至善:《父亲长长的一生》，载叶小沫、叶永和编:《叶至善集·传记卷》，开明出版社 2014 年版，第 78 页。

② 参见叶至善:《〈十三经索引〉始末》，载叶小沫、叶永和编:《叶至善集·散文卷》，开明出版社 2014 年版，第 107—113 页。

好懂的。说石头被雕刻成石像，站在高高的台基上，看走过的人都向他鞠躬，自以为了不起，把砌成台阶的小石块不放在眼里，还讽刺人。小石块们和他讲理，争吵了好几回。最后小石块说，石像你站在高头，没有意思；我们小石头垫在你下面，也没有意思。结果石像和台基一同倒了下来，砸成了一大堆碎石，分不清是石像还是石块了。城里的人把碎石铺成了一条平坦的大路，走在上面都觉得很舒服。碎石在人们的脚底下说，我们的生活，如今才真正有了意思。"叶圣陶听了很满意，说了声"好"，就拿着稿子上楼去了。

原来这篇稿子是为夏丏尊即将于 1930 年 1 月创刊的《中学生》杂志所写，叶圣陶之所以问儿子能否看懂，是想要确认如果这个小学将要毕业的孩子都能看懂，那让中学生看当然就不会有什么问题了。这样的创作态度、这样的文风，对叶至善一生的影响是不言而喻的。《古代英雄的石像》也成为"父亲写的许多童话里"叶至善最喜欢的一篇。[1]

这一时期，小至善还在父母的影响下喜欢上了音乐。由于家庭条件较为优渥，古今中外的音乐那时他已都能接触到。当时爵士音乐才为美国听众接受不久，爵士歌王乔治·亚森拍了一部音乐片 *My Sunny Boy*，片子很快就传到了上海，叶圣陶特地带着小至善和小至美赶到福生路百星大剧院去看。叶至善对这部电影的剧情以及插曲印象非常深刻，晚年回忆起仍觉得"声犹在耳"。[2]

---

[1] 参见叶至善：《没有写下来的读后感》，载叶小沫、叶永和编：《叶至善集·散文卷》，开明出版社 2014 年版，第 76 页。

[2] 参见叶至善：《父亲长长的一生》，载叶小沫、叶永和编：《叶至善集·传记卷》，开明出版社 2014 年版，第 82 页。

如果说爵士乐在小至善的少年时代只算个插曲，那么昆曲可就真称得上是他少年生活中的主旋律了。父亲叶圣陶读中学时就学会了吹笛子，在家经常会吹奏昆曲。母亲胡墨林也深谙昆曲之美，曾帮助开明书店校点过《六十种曲》。当时已退休、住在叶家的胡墨林二姑母胡铮子也极喜欢昆曲，还曾给小至善买过一部扫叶山房出的小字石印本《缀白裘》。小至善虽然识字尚不太多，但并不觉得昆曲词句难懂，对不少唱段都非常喜欢。比如《单刀会》关公上场那段："大江东去浪千叠，趁西风，驾着这小舟一叶。"有一天，叶圣陶在报上看到广告，说昆曲名伶俞振飞新灌的唱片《长生殿·小宴》已上市，就决定去买一台唱机。于是，小至善颠颠地跟着父母跑到先施公司三楼唱机部，买下了当时最贵的一部唱机。等到唱机送到家里，全家老小都围在它旁边，一起听俞振飞唱"不劳恁……"，都觉得是天大的享受。

在这样的家庭氛围熏陶下，小至善跟父亲学会了吹笛子，先是学会了"小工调"，相当于西乐的 C 调，接着学会了吹长曲子《苏武牧羊》，后来连昆曲《思凡》的引子也会吹上几句了。显然，这些少年时的音乐启蒙为叶至善成年后创作古诗词新唱打下了坚实的基础。

1931 年 1 月，叶圣陶辞去商务印书馆的职位，偕同夫人胡墨林进入开明书店，从事编辑工作。这时小至善已临近小学毕业。叶家人在升学问题上意见相左：小至善和伙伴相约报考了中华职业学校，发榜后，胡墨林与胡铮子却都不同意，主张他应该报考著名的苏州中学，以便将来考大学；叶圣陶则一直都提倡对子女施行自由式的教育，因而同意儿子的想法。最终家庭会议没能通过父子俩的意见。小至善只好临时抱佛脚，再去投考苏州中学，竟成功考取了。

这次考试后不久，在叶圣陶的建议下，叶至善读了科学家传记《巴士德传》。巴士德一生发明不断，其中有一项抗击蚕的白僵病的发明，将法国从经济危机中挽救了出来。这本科学家传记对叶至善的影响非常深远：成年后的叶至善走上科普创作道路，有不少作品就是科学家传记。

升入苏州中学后，叶至善便开始了往返于苏州和上海之间的生活。每每到放假，就是叶至善最开心的时候，因为父亲会带他郊游、看风景，会给他讲历史故事。有一回春假，叶圣陶带着叶至善去了邓尉山司徒庙，看了名为"清奇古怪"的四棵古柏。随后父子俩又决定去看太湖，路上经过一处松林，就在松林边坐定歇脚。此时，微风乍起，吹过树梢，哗哗作响。叶圣陶便告诉儿子，说这就是松涛，并许诺等放暑假的时候带他去听海涛。到了放暑假，叶圣陶说话算话，果真邀了好友贺昌群，一起带着至善去宁波旅行了五天，在普陀山听了海涛，游了奉化妙高台，还看了千丈岩瀑布。

四、艰难困苦，玉汝于成

叶至善没想到的是，游玩归来，迎接他的竟是苏州中学寄来的留级通知。原来，叶至善十分讨厌背死书，在国文、英文考试中碰到长段默写的，便一律放弃，考试不及格全然是因为他没有照着课本默写。面对留级通知，叶圣陶并没有责怪儿子，而是决定让他换学校。叶至善于是去了教育方式更为灵活的江湾立达学园。这所学校位于上海市郊。

1931 年下半年，叶至善在立达学园念初一，当时教他国文的老师叫郭人全。据叶至善回忆，郭先生当时给他改作文改得很仔细，后边还总会加上一两句鼓励的话语。"有一回，我写的是我住了校，不能老依偎在母亲身边了；星期六回家，父亲母亲也不再像先前那样爱抚我了；我忽然感到自己长大了，不得不跟父亲母亲渐渐地疏远了。对半大不小的孩子来说，有这种想法并不奇怪，过些日子也就淡忘了。郭先生可当一回事了，在我那篇作文后边写了长长的一段话，大意说年纪长大了，再让父母搂着抱着当然不可能了，可是不应该怀疑，父母是永远爱着我的。叫我再读一遍《与幼小者》，有岛武郎对儿子说，他甘愿让儿子踩着他的肩膀攀登生活的高处；做父母的对子女都爱得这样深沉，只是没有明说罢了，要我好好体会，不要辜负。这样恳切委婉的教导，使我感动极了，所以至今没忘。"[1]

就在这一年，年仅 13 岁的叶至善写出了《喜雨》、《头发的故事》等佳作，而且一口气写了 14 篇。应该说，在叶圣陶开启了少年叶至善的文心之后，是郭先生这样的好老师、立达学园这样的好学校，进一步激发了他对写作的兴趣。

在中学时代，叶至善的兴趣非常广泛。其主要原因是受到了父亲叶圣陶的鼓励和培养。叶圣陶一向主张学生要多读课外书，还要多读没有字的书——即通过观察、实验、思考，向自然和社会去学习知识和技能。他书架上的书非常杂，叶至善经常会抽出一本来看。他还给叶至善指定过几本必读书，其中有房龙的《人类的故

① 叶至善：《祝郭人全先生九十寿辰》，载叶小沫、叶永和编：《叶至善集·散文卷》，开明出版社 2014 年版，第 357 页。

事》、伊林的《五年计划故事》，还有一本没加标点的《唐五代词》，让儿子自己揣摩断句。叶至善读高中时，很喜欢开明书店给初中生编的《新少年》，最喜读时任开明书店编辑的宋云彬编写的文章，"每一期到手，翻开来最先阅读的往往是宋先生的历史故事"，后来宋云彬把这些故事编成集子《玄武门之变》出版，直到晚年，叶至善还是很喜欢这本小书："这是一本很耐读的书，四十五年间我读过十来遍，每读一遍都有一些新的体会，引起一些新的联想，这种乐趣难以描摹。"①

那时叶至善还喜欢读新诗，以至几十年后还记得中学课本上收入的刘延陵的新诗《水手》。这首诗也得到了叶圣陶的赞赏。叶圣陶曾"不止一次地向青少年介绍这首诗，说它有旧诗鉴赏家所说的'意境'和'神韵'，还用它作为例子，来说明'诗是最精粹的语言'"②。

在叶至善上高一那年，叶圣陶给他买了一架天文望远镜和一架显微镜。③ 据叶至善回忆，父子俩第一次用显微镜观察的是大葱的表皮细胞。

叶圣陶在开明书店主要负责编辑《中学生》杂志。当时丰子恺写

---

①　叶至善：《〈玄武门之变〉重版后记》，载叶小沫、叶永和编：《叶至善集·编辑卷》，开明出版社 2014 年版，第 452 页。

②　叶至善：《读朱自清先生的一组怀旧诗所想起的》，载叶小沫、叶永和编：《叶至善集·散文卷》，开明出版社 2014 年版，第 241 页。

③　关于买天文望远镜和显微镜，据叶至善回忆，是"在念高一的那一年"。参见叶至善：《父亲是怎样教育我的》，载叶小沫、叶永和编：《叶至善集·散文卷》，开明出版社 2014 年版，第 39 页。但据叶小沫、叶永和引证叶至善的一篇短文（笔者未检得此文）说，这是"初中的时候"的事，当时"先是父亲花十来块钱，买了架很起码的天文望远镜，带着我一起玩。我说有了望远镜，月亮上的山都看得清清楚楚；可是近处的东西还是看不见，最好再买一架显微镜。"参见叶小沫、叶永和：《襟怀孺子牛——叶至善小传》，载叶小沫、叶永和编：《叶至善集·传记卷》，开明出版社 2014 年版，第 341 页。

了几篇西洋音乐家、画家的故事，叶圣陶读后觉得很好，一一讲给叶至善听。正是在这本杂志上，叶至善第一次知道了大发明家马可尼。受马可尼事迹的鼓舞，他跟父亲说自己想要动手组装收音机。没想到父亲不但给他钱买零件，还帮他找来了俞子夷编写的《无线电收音机制作法》等参考资料。在父亲的支持下，叶至善从矿石机开始，装了拆，拆了装，挨次装到了直流三管机，后来又拆了，想改装成用交流电的，前前后后竟花费了 100 多元——要知道，当时叶圣陶的月薪是150 元，胡墨林则只有 50 元，在那个年代，这些钱足够买一台摩登的菲利普牌收音机了。

除了这些关乎学习的正事，少年至善的文艺生活也十分丰富多彩。电影是经常去看的，而他对音乐的热爱较之以往也更甚了。因为与夏丏尊、丰子恺交好，而夏是弘一法师的挚友，丰则是弘一法师的学生，叶圣陶得以于 1927 年 9 月与弘一法师相识，结下了很深的因缘。[①] 那时候，弘一法师于出家前创作的歌曲《送别》已问世 12 年，早已脍炙人口。闲来无事之时，少年至善非常喜欢哼唱弘一法师的歌。

此外，文友来访乃是叶圣陶生活中的常事，有的给少年至善留下了深刻的印象。如 1931 年 8 月，叶圣陶在文学研究会的旧友王统照由杭州来上海，与叶圣陶探讨《山雨》的构思。[②] 当时王统照到叶家喝酒，见到少年至善，很是喜欢。过了将近 30 年，叶至善还清楚地

---

① 参见蔡惠明：《叶圣陶与弘一大师》，《法音》1988 年第 6 期。

② 两年后，1933 年 9 月，《山雨》经由叶圣陶精心编辑，开明书店出版。王统照在该书的跋中写道："末后得谢谢圣陶，因为《山雨》在开明印刷时，圣陶兄自愿替我校对，这不但作者应该十分感谢，而且是这本小说的光荣。"

记得当年见到王统照的情形，"我的第一支自来水笔就是他送的"①。

在那风雨飘摇的年代，像这样安静地编书、读书的生活，叶家人并没能享受多久。1932 年年初，"一·二八"事变爆发。正所谓"覆巢之下，岂有完卵"，国难频仍，叶家从此开始了长达 13 年的颠沛流离。而少年至善就在这颠沛流离的生活中长大了。这生活带给了他许多艰难困苦，却也赋予了他最为深切的教育，使他迅速成长为一个饱具爱国精神、忧患意识和民族情怀的进步青年。

"一·二八"事变当晚，叶圣陶举家逃到章锡琛家中暂避。到章家后，叶至善累得睡着了，迷迷糊糊地听得有人喊："打起来了！打起来了！"他一激灵，醒了过来，忙跑上晒台去看，只见宝山路一带炮火冲天。②

第二天，陷入恐慌的一家人经过商量，觉得章家也不安全，于是又辗转逃到离敌人较远的法大马路多福里。

当时给少年至善留下极深印象的一件大事，是出版史上著名的上海商务印书馆被毁事件③。多年后他这样记述道："商务印书馆的工厂和东方图书馆那座高楼，第三天上就起火了。日本轰炸机轮番低空投弹，在苏州河南岸看得清清楚楚。文化机关成了攻击目标，白天黑烟滚滚，夜晚火光烛天。被西北风卷起的纸灰像黑色的雪片，飘得哪儿都是。有人捡起纸灰，细细辨认上面残句断辞的痕迹，说这是哪部善

---

① 叶至善：《父亲长长的一生》，载叶小沫、叶永和编：《叶至善集·传记卷》，开明出版社 2014 年版，第 255 页。

② 参见叶至善：《父亲长长的一生》，载叶小沫、叶永和编：《叶至善集·传记卷》，开明出版社 2014 年版，第 100 页。

③ 商务印书馆被日军炸毁五个月后，商务印书馆善后办事处编辑出版了《上海商务印书馆被毁记》一书。2016 年，商务印书馆印行了新版，可参看。

本，这是哪本名著，最后加上一声叹息。商务受的损失可大了，有形资产只剩下了河南路的一所发行所。停战以后，工厂和编辑所不得不重建……工厂的情形我不知道，各个编辑室有的合并，有的缩编；期刊好像减剩《东方杂志》一种，其余的连《小说月报》都停了，人员也解散了。雪村先生跟夏先生和我父亲商量，趁此机会，把老朋友伯祥先生、调孚先生、祖璋先生三位先请进了开明。"[1] 从叙述笔调可见，少年至善已十分关注编辑出版界的事了。

停战后，叶圣陶发现景云里 11 号挨了一发炮弹，搬不回去了。章锡琛于是把自家的西厢房腾出来给叶家住。这样过了 10 个月，到 1933 年元旦，叶圣陶和夏丏尊、徐调孚一同租定了熙华德路汾安坊 3 号。在这里，叶至善认识了夏丏尊的两个女儿夏吉子、夏满子，与年龄相仿的夏满子更是成了无话不谈的好朋友。两人青梅竹马，日久生情，后来在长辈的主持下正式订了婚。

1934 年夏，开明书店编辑部迁到梧州路。叶家与夏家随之都搬到了狄思威路的麦加里，叶家住 31 号，夏家住 12 号。

1935 年 10 月，胡墨林因身体不好，提前退休，回苏州休养。在这之前，叶圣陶已用多年笔耕的收入在苏州购下了一座幽静古朴、三面回廊的庭院。这座住宅位于滚绣坊青石弄 5 号，是一个占地七分的石库门院落，一半是庭院，一半是中西式平房。[2] 院中花木扶疏，池、

---

[1] 叶至善：《父亲长长的一生》，载叶小沫、叶永和编：《叶至善集·传记卷》，开明出版社 2014 年版，第 101 页。

[2] 叶圣陶一家在这里住了不到两年，于淞沪抗战爆发后离开，再未迁回。1984 年年底，叶圣陶主动提出把这处住宅捐给国家，办一点文化方面的事。1985 年 12 月，叶圣陶正式把这所旧居捐赠给苏州市文联。1990 年，修缮好的青石弄 5 号成为苏州杂志社所在地并挂牌"叶圣陶故居"。1998 年，这里被列为苏州市文物保护单位。

桥、石、廊，无一不备，有如一座微型园林。叶圣陶与夏丏尊说定了，只需每月下旬到上海来发《中学生》的稿子，部分稿子信件可以带回家去处理。这样，他们一家就都搬回了苏州。至美进了苏州乐益女中，至诚进了苏州平直小学，只有至善，因是上海立达学园的住校生，要放了寒假才能回苏州。

1937年6月，在立达学园学习6年后，叶至善通过了毕业考试，只要再于7月初参加全国会考，及格后就能领到毕业证，并获得报考大学的资格。然而，就在这个节骨眼上，他却感染了猩红热。虽然及时得到了救治，但因为全身要脱一层皮，带着病原的皮屑飘浮在空气中会传染别人，所以医生交代他不许到处乱跑。这样一来，叶至善就只能放弃会考，等待来年再投考了。不想他刚出院不久，七七事变就爆发了，中国陷入了空前的危局。

紧跟而来的是八一三事变。事变前夕，夏满子自上海乘火车到了苏州叶家避难。事变发生后，叶圣陶再也坐不住了，决定举家走水路去绍兴，把家人安顿在那里，然后只身赴上海归队，与开明同人们一起投入到抗日救亡运动中去。船到杭州后，叶圣陶就开始了紧张的工作，整天忙着策应，打算帮开明书店搬到杭州。胡墨林陪同婆婆继续前往绍兴，临行前托人将三个孩子连同夏满子一起送到了夏丏尊早年间在白马湖修建的平屋旧居。

在白马湖住了二十多天后，叶至善接到了母亲自绍兴直乐泗发来的快信，要他带弟妹去绍兴和她会合。等赶到直乐泗，叶至善才知道，父亲他们因觉得在杭州打不开局面，已带着开明书店的编辑部内迁到了汉口。过了些日子，叶至善去杭州白马湖把未婚妻夏满子接到了直乐泗。回到直乐泗的当天，他接到了父亲叶圣陶的电报，要他带着一家人赶到南昌去。于是，叶至善按照父亲的交代，去找章锡琛的妻舅、上海美成印刷厂创办人吴仲盐，顺利地支取了三百元钱作为路费。随后，在远房亲戚宋玉书的陪同下，叶至善雇了一条乌篷船，带着家人踏上了逃难之路。

船至临浦，满街满巷都是过江逃难的人。然而此时钱塘江大桥已被炸毁，火车已经三天没有开来过了，这使得他们由这里转乘火车去南昌的计划成了泡影。

逃难的人越聚越多，空气中弥漫着恐慌。叶至善想着父亲恐怕早已到了南昌，见不到家人势必着急，而眼下又无法通信，于是当机立断，决定带着家人赶去衢州，到那里再写信与父亲取得联系。宋玉书找来一条江山船，一行人上了船，沿着富春江奔衢州而去。中途到了龙游，叶至善进城去买吃的，没想到在龙游火车站打听到这里有火车到南昌，于是便决定从龙游上火车去南昌。火车跑了一天一夜才到南昌，等进了城，叶至善赶到事先约好的地点，却没有见到父亲。原来叶圣陶在这里等了五六天都没等到他们，不得已又回汉口去了。

这时，叶至善掌握的地理知识发挥了作用。他查看地图，决定先搭火车去九江，然后从九江坐轮船去汉口。战火连天，硝烟弥漫，逃难的人太多了，轮船上连站的地方都没有。等轮船到达汉口江汉关靠岸后，叶至善让大家在船上等着，自己匆匆下了船去城里找父亲。他记得父亲电报上的地址是"交通路开明书店"，一路找了去。交通路就在码头旁不远，很快，叶至善就跑到了开明书店的二楼，风尘仆仆地出现在了父亲面前。

叶圣陶又惊又喜，连连问儿子是怎么来的。叶至善得意地回答："说来话长。人一个没少，都等在江汉关轮船上呢。请几位老师傅帮忙搬行李吧。"

　　听长子这么说，叶圣陶知道他经受了风霜历练，业已长大成人了，自是由衷地感到欣慰。

第二章

善满姻缘殊一喜①

一、缘起《文心》

    1930 年秋天，正是吃桂花栗子汤的时节，12 岁的叶至善随全家去杭州旅行。

    一天，叶圣陶夫妇带着孩子们乘船，去 13 年前他们新婚旅行时去过的月下老人祠游玩。在船上，胡墨林讲了当年在这里求签的故事，这引发了叶至善的兴趣。上岸后，叶至善抢先跑进正屋，从签筒里抽了一支签，只见上面写着："第一签，上上大吉。"他想要领签条，

---

    ① "善满姻缘殊一喜"，引自叶圣陶：《至善满子结婚于乐山得丐翁寄诗四绝依韵和之》，载《我与四川》，四川文艺出版社 2017 年版，第 295 页。

却没找到人，就自行在神龛后面的板壁上把第一签的签条撕了一张下来。签条上写的是："关关雎鸠，在河之洲。窈窕淑女，君子好逑。"叶至善后来曾回忆说："我当时似懂非懂，心想'前生'已经'注定'，娶个媳妇总不用犯愁了。不知是否是月下老人在冥冥之中替我着了把力，我的婚姻可以算得顺利而且如意。"①

这西湖畔的月老还真灵：不仅保佑了叶圣陶与胡墨林婚姻美满，也保佑了叶至善与夏满子佳偶天成、喜结良缘。

据叶至善回忆："1933 年元旦，夏先生和我父亲合作的《文心》，在《中学生》新年号开始连载。就在这一天，夏先生、调孚先生和我父亲，一同租定了熙华德路汾安坊三号：我们一家住东厢房，徐先生一家两夫妇和三个子女住前楼，两家先搬了进去。二楼的厢房和亭子间，归夏先生家住。夏先生回白马湖过完了阴历新年才把家搬出来，阳历已经是一月底边了。两老夫妇住厢房的前间，女儿吉子和满子住厢房的后间。""那年暑假，我和满子天天在一起谈笑嬉游。她是在白马湖长大的，上海的事儿都听说过，没亲历过。我带她去游公园，看电影，看话剧。父亲母亲带我们孩子去看电影，也总把她带上，纸杯冰激凌她当然也有一份。满子就这样讨人喜欢，连年逾古稀的祖母也爱跟她谈笑逗乐。同住的徐师母大约看出她已经成了我们家的一员了，给满子的母亲和我的母亲提了建议，说顾均正师母愿意和她一同做媒人。事态发展之迅速出人意料，结局皆大欢喜……"②

叶圣陶与夏丏尊比邻而居之初，正是二人合写《文心》之始。孰

---

① 叶至善：《月下老人的系念》，载《舒适的旧梦》，山东画报出版社 2000 年版，第 20 页。
② 叶至善：《父亲长长的一生》，载叶小沫、叶永和编：《叶至善集·传记卷》，开明出版社 2014 年版，第 102—103 页。

料书尚未写完，倒先做成了儿女亲家，二人心下自是大喜过望，遂商定以该书稿酬赠予至善和满子作为贺礼。朱自清于1934年年中为《文心》写序，结尾说："本书写了三分之二的时候，丏尊、圣陶做了儿女亲家。他们决定将本书送给孩子们做礼物。丏尊的令爱满姑娘，圣陶的令郎小墨君，都和我相识，满更是亲眼看见长大的。孩子都是好孩子，这才配得上这件好礼物。我这篇序也就算两个小朋友的订婚纪念吧。"

订婚5年后，叶至善与夏满子终于在四川乐山喜结连理。远在上海的夏丏尊兴奋不已，挥笔写下了四首绝句，其小引曰："二十八年六月四日，女儿满子与叶君小墨在四川乐山结婚，感赋四绝。"第一首绝句就追溯了叶、夏两家当年的结缘：

> 叶夏从来文字侣，三年偬屋隔楼居。
>
> 两家儿女称桃李，为系红丝顾与徐。

二、缱绻五载

1934年正月，叶至善与夏满子在上海订婚，至1939年6月3日在四川乐山结婚，中间近五年半的时光。虽正值国家多难，两个人辗转流徙，饱经忧患，但除去偶或有之的小别，始终相依相伴。总的看，命运对"愿作鸳鸯不羡仙"[①]的这对小儿女还算是眷顾有加。

---

① 叶至善晚年写过一篇《愿作鸳鸯不羡仙》。此文是一封书信，并未涉及叶夏的婚恋，但信中提到："我从小记得的却是'只羡鸳鸯不羡仙'。"参见叶小沫、叶永和编：《叶至善集·散文卷》，开明出版社2014年版，第391页。

叶家在武汉团聚后不久，就搭乘轮船去了重庆。到重庆后，叶圣陶到巴蜀小学任教，并在国立中央戏剧学校和复旦大学兼课。1938年2月，至诚进了巴蜀小学住校，至善、满子和至美在家帮胡墨林料理家务。

到了5月里，至善、至美都进了国立四川中学。至美去的是北碚女生部，至善去的是合川高中部。至善已在立达学园毕了业，可是因那场猩红热耽误了会考，毕业不能算数，不得不进入国立四川中学的毕业班又读了两个月。到7月初，至善在合川参加完毕业考试就回了重庆。

8月初，肠胃传染病开始在城内肆虐。到中旬和下旬，至诚、满子、胡墨林先后染上了痢疾。8月29日，胡墨林刚刚好了，至善又突然腹痛难忍。叶圣陶连忙带他去看病，接连看了五位西医，都说是伤寒，除了保养，别无他法。

叶至善这次病得很重，据叶圣陶日记，光是大的惊吓就有三次。后来，叶圣陶在给夏丏尊等朋友的信中感慨说："这三次惊恐真不容易禁受。现在回思，犹有余悸。"①

那时的暑假，是各学府延聘名师的好时候。叶至善尚在病中之时，叶圣陶收到了陈西滢的邀约。陈氏时在已西迁至四川乐山的武汉大学担任文学院院长，邀请叶圣陶前去担任教授。或许是急于带家人远离病患，叶圣陶当即应允了，决计举家迁往乐山。

秋季学期是11月开学，10月22日，叶圣陶举家登轮，由水路去往乐山。10月29日，到达乐山后，叶家借住在商务印书馆成都分

---

① 叶圣陶：《渝沪通信》第二十五号，载《我与四川》，四川文艺出版社2017年版，第52—53页。

店嘉定分栈，生活相对安定下来了，而叶至善的学业问题，也在机缘巧合之下得到了颇为圆满的解决。

8月里害的那场伤寒，使叶至善错过了报考中央大学的机会。但他躺在床上并不怎么懊恼，因为发病之前，他已考上了国立中央药学专门学校。他想：如果考进中央大学，无非在数理化中选一门，将来到底干哪一行，到时候还得挑肥拣瘦；倒不如药专，就此定了终身，也符合父亲的希望——通过自己的劳动亲手生产出一些供别人使用的东西来。叶圣陶同意叶至善的想法，代病中的儿子写信给药专，说明缘由，并请求保留学籍一年。药专回信认可了。等搬到乐山后，叶至善偶尔想到过了暑假还得回重庆去报到上学，心里就不大乐意。不承想 1939 年 3 月初，国立中央技艺专科学校搬到乐山来了。该校开始招生后，叶至善就去报了名，结果考上了农产制造科。

录取通知上说 4 月 10 日开学，叶至善这时身体已完全康复，遂赶在开学之前，跟满子、至美、至诚，约了时在武大读书的三位旧同学，一行七人一起去游了一趟峨眉山。据叶圣陶写给王伯祥的信件，他们此行十分畅快："小墨等离家游山七天，归来面目黧黑，如返自热带，实则山顶寒气之影响也。滑雪而下，衣裤俱破，多跑路，两腿几僵。然不能不佩服他们之豪兴。"[1] 由此可以想见，在旅途中，叶至善与夏满子这一对恋人的感情亦必大为增进。

叶家的生活安定了，家人的身体也都恢复了健康，加上叶至善又成功考上了技专，婚事也就自然而然地提上了日程。

---

[1] 叶圣陶：《嘉沪通信》第八号，载叶至善、叶至美、叶至诚编：《叶圣陶集》第 24 卷，江苏教育出版社 2004 年版，第 198—199 页。

　　叶圣陶那些留在上海的朋友们，尤其是五年前喝过叶至善和夏满子的订婚酒的，来信时就常会带上一笔，催办婚事。在上海，他们也这样劝夏满子的父亲母亲。夏丏尊于是在新年里写信给叶圣陶说，朋友们都是好意，就这么办吧，选定一天，嘉沪两地同时请吃喜酒。婚礼从简，留待叶家东归，照原议借苏州怡园重新办过。叶圣陶回信说，他和胡墨林都同意丏翁的变通办法，但虽说从简，多少还得做些准备，日子容稍后再定。直到 5 月 9 日，叶圣陶才去信问，定在 6 月 4 日中午可好。夏丏尊回信同意。没想到婚期临近时，乐山中午常发空袭警报，于是匆匆决定改在 3 日晚上，都没有来得及通知上海。

　　从夏丏尊来信提议到婚礼正式举办的三四个月里，叶圣陶夫妇兴奋地忙了一桩又一桩。他们先是请木工买木料整修房子，把原来自住的那一大间房，雇人仔细洗刷了一遍，让给至善和满子当新房。又给至善、满子各买了几套新衣服，各定做了一双皮鞋。还给他们置办了一套新家具。其中至善和满子最喜欢的是那张新书桌，桌面是独幅的楠木，很是气派。新房的墙壁上也做了精心布置：此前叶圣陶曾请弘一法师题写了"善满居"条幅，可惜因逃难匆匆未及带来，遂转请身在乐山的马湛翁以篆体字又写了一幅，挂在墙上作为室名；另外又挂了弘一法师书的一副对联、丰子恺画的一轴《春院小景》。如此虽仍不免"斯是陋室"，但置身其中倒也颇觉雅致。

　　喜宴订在了"皇华台"。这里原是前清时地方上接待巡抚之类高官的驿馆，盖在嘉乐门左侧的城墙上，后轩对着从正北方滚滚而来的岷江。雇人把这地方打扫干净后，叶圣陶又亲自出面，跟一家江苏人开的馆子定了六桌菜，并去买了一坛眉山造的仿绍。6 月 3 日下午，赶在喜宴开始之前，叶家去照相馆拍了一张全家福、一张叶至善和夏满子的结婚照。

在写于三天后的"嘉沪通信"第十一号中，叶圣陶详细地向夏丏尊描述了婚礼的热闹情形：到场的名流有袁昌英、苏雪林等几位女士，刘南垓、朱孟实（朱光潜）、方欣安、贺昌群、李儒勉、陈西滢等先生；席上先生们闹酒，新郎新娘从来不喝酒，居然都喝了五六杯，胡墨林被闹着喝了二三十杯，叶圣陶则高兴得痛饮了四十多杯，"醺然矣"；散席后叶至善的同学来闹新房，唱歌、说笑，直至夜里11点多才散去。

上海的夏府喜宴，虽然一对新人都不在场，却比乐山还要热闹：到了一百多位客人，其中小一半是夏丏尊的酒友。满子本是最小偏怜女，又已不在自己身边将近两年，如今嫁得佳婿，作为父亲的夏丏尊高兴极了，以至于喝得大醉。

身为诗翁，当此之时夏丏尊是必定要有所感赋的，于是四首七绝挥笔而就，主旨当然是庆贺女儿女婿新婚，并对新人加以勖勉。叶圣陶依韵和了四首。夏满子找了一方宣纸，请叶圣陶依照夏丏尊的格式抄上他的和作，去裱褙铺叫师傅并排裱成了一轴横幅，张于壁间，作为新婚纪念。同时付裱的，还有贺昌群送给夏满子的一幅小立轴："别母情怀，伴郎滋味。"这是自宋代词人姜夔的《少年游·戏平甫》中摘录的现成句子。

新郎新娘所收到的新婚礼物中，除了寻常物件外，还另有一件特殊的，那就是叶圣陶、夏丏尊合著的《文心》一书的稿酬。这一点，夏丏尊为至善满子新婚所作四首绝句之二可证："添妆本乏珠千斛，贻子何须金满籯？却藉一编谋嫁娶，两翁毕竟是书生。"而叶圣陶的和诗也透露出了这一信息："文心合写费研磋，敢以雕龙拟彦和？属稿未成先戏许，愿将墨沈灌丝萝。"

三、新婚燕尔

叶至善和夏满子的婚姻生活非常幸福，端的称得上是神仙眷侣，羡煞世人。

前文述及，至善曾与满子等同游了峨眉山。夏丏尊听说此事后，就写信给叶圣陶说，希望至善写一篇游记，寄给他看看。这篇游记，至善特意赶在结婚前夕写成了，写得很长。正当新婚燕尔，满子为夫婿抄写这篇游记，前前后后竟抄了十多天，直到 6 月 19 日才誊清，交由叶圣陶寄给了夏丏尊。对至善来说，这段时间真真切切地享受了红袖添香之福。

然而，顺遂、静好的日子总是转瞬即逝。暑假，四川省教育厅要举办暑期各科教员讲习讨论会，请武大指派五位教员去当讲师，叶圣陶名列其中，于是在 8 月 10 日乘汽车去了成都。他没有想到，这一走，叶家就迎来了多事之秋。

先是新媳妇夏满子突然病了。叶至善带她去看了武大的校医，说是怀孕了，叫她卧床休息。过了三天，流血虽然止了，但人还是病恹恹的。接着过了没几天，乐山大轰炸就来了。

乐山大轰炸开始于 1939 年 8 月 19 日 12 时 24 分。日本侵略军共出动了 4 组 36 架轰炸机，三分之一的乐山城被完全炸毁，城内被全毁街道 12 条，半毁街道 3 条，房屋被毁 3500 余幢，居民死亡、重伤达 5000 多人。

且来看看轰炸当天叶家的遭遇。上午 11 点多，乐山发出了空袭警报。叶家一家人除叶圣陶外都在家，恰巧武大的毕业生吴安贞来访，胡墨林便留她一起吃午饭。忽然"轰"的一声，只一声，敌机就把几颗炸弹全都扔了下来。叶至善只觉得周身被空气击得很痛。他以为炸弹扔过就没事了，却忽听得胡墨林喊："火！火！"只见叶圣陶的书桌被炸得飞了出来，护壁板成了碎片，玻璃天窗一片火光。前面的老刘师傅喊着"快出后门"。

这时候大家才发现，新铺的地板比后门的下沿高出了一尺多。两扇后门不但厚实，还包着铁皮，任几个人怎么拉也拉它不动。年轻的叶至善没有慌，他发现大门的木枢跟它插进的石窝之间，大约有三寸多的距离，便让大家一齐用力，把左边那扇大门抬高，使木枢的下端脱离石窝，再把门向左边推，硬生生在两扇门之间扒出了一斜条可以挤出一个人去的缝隙。叶至善连忙回身，叫至美、至诚扶着胡墨林和病中的夏满子先钻出去，跟着老刘师傅往安澜门的方向走。屋子里还留有三个人，叶至善见祖母的背驼得厉害，于是让吴安贞先出去，在外面拉，他在里边使劲往外推，总算把祖母推出了这条狭窄的生死关口。

这时屋子里只剩叶至善一人了。他的耳畔是轰轰的火声，眼中是蹿进天窗来的火星，心里却并不慌张，还有点儿留恋似的各处看了一遍，想着拿些什么走才好，想了想还是决定索性什么都不拿了。这时他看到叶圣陶常用的澄泥砚躺在书桌底下，就捡起来塞进了口袋。他又走到前边商务印书馆的栈房去看，只见那高而且厚的防火墙还真管用，书都没有着火。虽然明知毫无用处，他还是把两扇门拉上了，然后才从后门的缝隙钻出去，到安澜门和家人会齐了。

　　叶圣陶不在家，身为长子的叶至善就成了全家人的主心骨。胡墨林问他，带着这一大家子上哪儿去好，他想了想，说只有去找贺昌群先生了——这也是有前因的：叶至善结婚前后，贺昌群常到叶家走动，跟叶圣陶说总借住在商务的房子里也不是办法，建议他们也搬到他所租住的城外张公桥雪地头去住，叶圣陶夫妇跟着贺昌群去看过。

　　此时，城里已陷入了一片望不见边际的大火，早就没法走了。眼见沿江小屋正在燃烧，叶至善主张必须尽快过江。远望小船都在对岸，眼前只有一条船，泊在离岸几米远的江面上。这时聚集到岸边想要过江的人已有几十个了。可是任凭大家怎么呼唤，艄公就是不肯过来。这时叶至善表现出了骨子里武勇的一面：他跑进江里，奔到船边，不管不顾地把船给拉到了江边。老刘师傅把至善祖母抱到了船上，至善也把母亲、妻子抱到了船上，其他人也都纷纷涉水登舟。艄公没办法，只得要了船钱，沿着江的左岸慢慢向上游划去。这时对岸已是大火熊熊，就快烧到嘉乐门了。好容易到了半边街对岸，叶至善又雇船折向岷江右岸。船一靠岸，就见贺昌群夫妇俩已经从山坡上迎下来了，大家都禁不住泪流满面。

　　叶圣陶第二天傍晚才与一家人团聚。他对长子叶至善于这次灾难中的笃定表现非常满意，在日记中褒扬道："诸人此次得生，可谓机缘凑合。苟小墨不在家，无领导之人，必不得出。"[1]

　　乐山大轰炸之后，敌机再没有来，日子过得很平静，只一样不

　　① 　参见叶圣陶：《西行日记》1939 年 8 月 20 日，载叶至善、叶至美、叶至诚编：《叶圣陶集》第 19 卷，江苏教育出版社 2004 年版，第 198 页。

好，就是夏满子的病，缠磨了一个多月，西医中医都请了，总不见效。9月24日晚上，病情加重。到25日清晨，叶至善一早起来雇了滑竿，让妻子躺上去，先赶到中医萧君绛家去请他诊视，接着抬去了仁济医院。经手术，确定患的病是子宫外孕。手术后，夏满子恢复得特别顺利。

从此之后，叶至善与夏满子过上了平淡而幸福的生活。终其一生，夫妇俩始终和和美美，相携相伴，真可谓是"善满姻缘"①。

---

① 本章第一节末尾提到，为庆祝至善与满子结婚，夏丏尊写下了四首绝句，叶圣陶得诗后欢欣不已，于是和了四首绝句。其第一首和诗即为：艰屯翁叹淹孤岛，漂泊我怜尚蜀居。善满姻缘殊一喜，遥酬杯勺肯徐徐。

第三章

笔端佳气如初霁①

一、历事炼心

常言道："人在事上练，刀在石上磨。"

叶至善以编辑出版家、科普作家名世，但在年轻时，无论是乃父叶圣陶帮助他做出的人生规划，还是他自己决意要走的人生道路，都与出版、写作这两个领域无关。

事实上，在走上编辑出版、写作道路之前，叶至善的人生经历以从事手工劳动为主，兼以协助父亲打理家事，在历事方面积累了丰富

① "笔端佳气如初霁"，引自叶圣陶：《题丁聪〈现象图〉》，参见《更画半边儿》一文，载叶小沫、叶永和编：《叶至善集·散文卷》，开明出版社2014年版，第118页。

的经验，同时也锤炼出了一颗坚忍不拔的心。

1930 年，叶圣陶写了一篇《做了父亲》，旨在跟有儿女的读者谈谈他做父亲的心情。那年叶圣陶 36 岁，有三个儿女，长子叶至善正当 12 岁。在该文的最后一节，叶圣陶专门说到了对儿女的希望："对于儿女也有我的希望。""一句话而已，希望他们胜似我。"这两句话本来可以并作一句，但叶圣陶不但分成了两句，还特地分作两段，当是为着做一种特别的强调。

叶圣陶写道，希望儿女在以下三个方面胜过他：第一是身体，第二是心灵，第三是职业。他明确地说，不希望儿女承继他的职业："说到职业，现在干的是笔墨的事，要说那干系之大，当然可以戴上文化或教育的高帽子，于是仿佛觉得并非无聊。但是能够像工人农人一样，拿出一件供人家切实应用的东西来么？自家使用了人家生产的切实有用的东西，岂非也成了可羞的剥削阶级？文化和教育的高帽子只能掩饰丑脸，聊自解嘲而已，别无意义。这样想时，更菲薄自己，达于极点。"基于这样的理念，叶圣陶希望子女不要像他那样专干笔墨的事，至少要能站在人前宣告："凭我们的劳动，生产了切实应用的东西，这里就是！"①

在父亲的鼓励和引导之下，叶至善自幼就非常羡慕工人、农人。所以他念完中学之后，选择了农产制造专业，毕业之后还曾认真干过一段时间。晚年他曾回忆说："如果是现在，我会一直干下去的，也许能有所发明有所创造，拿出一两件新鲜的东西来供人家使用。可那是抗战时期，在国民党统治的'大后方'，农产品成了囤积

---

① 叶圣陶：《做了父亲》，载叶至善、叶至美、叶至诚编：《叶圣陶集》第 5 卷，江苏教育出版社 2004 年版，第 312—313 页。

居奇的筹码，哪儿谈得上正经的加工。我碰了几次壁，结果走上了父亲走过的路，先是当教员，后来当编辑，编编写写四十多年，跟父亲一样，尽干了笔墨的事，从未生产出一件可供别人切实有用的东西来。"①

那么，在走上笔墨道路之前，叶至善都经受过哪些历练呢？

1940 年 5 月，在顾颉刚、陈西滢的劝说下，叶圣陶接受了四川省立教育科学馆的聘书，任该馆专门委员，开始成都乐山两头跑。

8 月里叶圣陶去成都，是长子叶至善捎着行李送他上车的。送别父亲的当天晚上，叶至善给父亲写了封信，开头说："早上看汽车离了站，我立刻想到我们家不能再在乐山住下去了，应该尽快，争取在今年寒假里搬到成都。"他之所以这样提议，是基于如下考虑：两年前举家迁居乐山，是因为父亲应了武大的聘；如今父亲已辞去教职转赴成都任职，总是在乐山和成都之间跑来跑去，票难买，车难坐，就没有必要再住在乐山了；再说叶至善本人也快毕业了，乐山没有适当的去处，很可能会被安排在成渝线上；而至美、至诚他们到了成都可以转学，在住处附近找所比较像样的中学，让他们俩走读就省事多了。

显然，婚后的叶至善已颇有主见。写这封信时他并没有征求母亲的意见，写完后才拿给母亲看，而且心里已经盘算好了："父亲如果赞成搬，他在成都好托朋友找起房子来。搬家得等到至美他们放了寒假之后，东西尽可以慢慢收拾。把时间放长些，说不定能凑巧找到

① 叶至善：《父亲的希望》，载叶小沫、叶永和编：《叶至善集·散文卷》，开明出版社2014 年版，第 54—55 页。

便车。"①

叶圣陶收到儿子的信后，很快就回信说完全同意他的设想，已经托章锡琛的五弟章锡洲在成都代找房子，准备在寒假内搬动。

从成都回到乐山后，过了半个多月，叶圣陶接到章锡洲的信，说房子已租定。于是，叶家立刻忙着准备搬家了。

由于一时找不到便车，胡墨林决定陪着至善祖母乘公路汽车先走。叶至善经常去车站转悠，打听到 1 月 28 日有班车，连忙买了两张车票。那天是 1941 年农历年初二，车厢里连至善祖母和胡墨林，总共只有十来个乘客。

胡墨林与至善祖母离开三天后，乐西公路工程处接到任务，要送一位处长上成都。至善的同学赶过去打了个招呼，处长倒也随和，邀请叶圣陶和满子、至美、至诚四个人一起上了他那辆"道奇"，只用了五个小时就到了成都。

这样一来，叶家全家人都去了成都，只留下叶至善一个人处理未了事宜。叶至善这时已相当老成，叶圣陶对他很放心。送走父亲后，叶至善就跑到运输行，把走水路运的几篓书和几件家具跟人家交割清楚。2 月 5 日，乐西公路工程处又有车到成都，叶至善便搭车去了。

二、成都发轫

叶家搬到成都后，住在新西门外的罗家碾农舍，在杜甫草堂西北

---

① 叶至善：《父亲长长的一生》，载叶小沫、叶永和编：《叶至善集·传记卷》，开明出版社 2014 年版，第 153 页。

约五里。新居很气派，是坐东面西的五间一排大屋子，只是门窗都没镶玻璃。家在成都西郊，秋天的清晨能见度比较高，叶家人常常能望见西北松潘一带的雪山。叶至善晚年曾回忆道："平原还不太亮，仿佛没醒透，雪山已经映着还没冒出地平线的朝阳，像淡玫瑰色的油彩蘸在画笔笔端，在亮蓝的晴空里轻轻抹过。那就是含在杜甫草堂窗口的'西岭千秋雪'。"[①]

在成都安定下来后不久，叶至善便毕了业，被分配到内江工作。眼见得折腾了这两年，叶至善觉得眼下正当风雨飘摇，不宜离家，于是就没去内江报到，而是自行去他的一位林姓老师在成都老南门开设的中央工业社谋职，当了一名制造酒精的技师。[②] 这样一来，他就可以工作、家庭两相兼顾了。因上班的地方离家不远，技术上也能得心应手，叶至善心情比较放松，下班后常帮着家里处理些买柴籴米的家务事，有时还能和至诚一起到西郊的溪沟里游泳消暑。[③] 叶至善精于庖厨，颇得乃父赞赏，叶圣陶于 1941 年 7 月 5 日的日记中就称赞了他做的豆酱："酱系小墨所制，以霉菌加入煮熟之大豆与炒熟之麦，为时仅半月即成，味甚鲜。"[④]

或许冥冥中自有天意，叶至善没有想到，他所作出的不去内江、留在成都的决定，改变了他的一生。正是这个决定，使得叶至善最终

---

① 叶至善：《父亲长长的一生》，载叶小沫、叶永和编：《叶至善集·传记卷》，开明出版社 2014 年版，第 154 页。

② 关于在中央工业社的经历，叶至善未曾回忆过，但据叶圣陶日记可知其大概，详见本书第四章第一节。

③ 关于叶氏兄弟一起去成都西郊游泳，参见叶至善：《〈没有完的赛跑〉后记》，载叶小沫、叶永和编：《叶至善集·编辑卷》，开明出版社 2014 年版，第 455 页。

④ 叶圣陶：《西行日记》，载叶至善、叶至美、叶至诚编：《叶圣陶集》第 19 卷，江苏教育出版社 2004 年版，第 379 页。

从务工的初衷走向了从文的道路。

其时已专干笔墨之事的叶圣陶，虽不想让儿女也入这个行当，但是认为学好语文对于表达自己和了解他人都是十分必要的，因而经常在这方面提点他们。当时叶圣陶应成都开明书店旧友冯月樵之邀，要以一人之力编一份旨在帮助中学生学习语文的刊物——《国文杂志》①。该刊需要登载一些中学生写的东西，一时找不到中学生作者，他就把目光落到了自己孩子身上。出于这个原因，加上此番终于安定下来带给叶圣陶以安适的心情，再加上成都这座城市的文艺范儿勾起了叶圣陶的诗兴，使得他开始认真教起子女们文事来了。在这一方面，具体说来，叶圣陶为孩子们主要做了两件事，一是讲读诗歌，一是辅导作文。

为孩子们讲读诗歌，叶圣陶并非有意为之，其实乃是他诗兴大发的"副产品"。或许是与诗圣杜甫做了近邻的原因，这时的叶圣陶作诗上了瘾。当时在昆明西南联大教书的朱自清接连两年暑假回成都休养，两个好朋友好不容易有机会一起谈诗论艺了，于是唱和不休，我作了给你看，你作了给我看。而且两个人性子都急，即使不急着要对方酬答，也非立即付邮不可，就好像只怕把热馒头放凉了。二人还常常约定了日期钟点，到少城公园绿荫阁见面吃茶，饮酒赋诗。

与朱自清唱和之余，叶圣陶闲来也会给孩子们讲读诗歌。叶至善到

---

① 1941年11月9日，叶圣陶于日记中记道："月樵拟出《国文杂志》，将以为该志之材料。余近有一想，欲以个人之力撰此杂志，每期二万字，似亦不难。试出半年六期，且看成绩如何。若于学生有所补益，亦一乐也。"参见叶圣陶：《西行日记》，载叶至善、叶至美、叶至诚编：《叶圣陶集》第19卷，江苏教育出版社2004年版，第418页。冯月樵(1900—1971)，出版家，原籍四川南充，原从事金融业，后成为开明书店的股东，曾在成都创办《救亡日报》、普益图书公司、普益图书馆等。

晚年还记得，父亲曾给自己逐句讲过杜甫的名作《江亭》："水流心不竞，云在意俱迟"，是杜甫的好句子；"寂寂春将晚，欣欣物自私"，是说晚春天气不如初春热闹，天地间的一切都在趋向成熟，自得其乐；至于杜甫自己呢？他"故林归未得"，只好袒着肚子，斜躺在江亭上"排闷强裁诗"，这闲适的心情只能到诗句中去找，在现实生活中并不存在。

像这样的讲读，对于时年已 23 岁的叶至善来说未免过于浅近了。可见叶圣陶为孩子们作诗歌讲读，除了有时有着明确的用稿目的外[1]，不过是兴之所至，信口道来，既非有意，也不系统。而他为孩子们辅导作文可就不是这样了，一开始就摆出了倾囊相授的架势不说，那认真劲儿也处处透着苦心孤诣、着意栽培。

说起来，这辅导作文的出发点，原就是为了给《国文杂志》拉稿子，也不容叶圣陶不重视。最初是女儿至美写了一篇，叶圣陶看了很高兴，认为就当时高中学生的程度来说，算得上是篇好作文，只要稍稍修改一下，就完全可以登在杂志上。胡墨林见状，就怂恿一向喜欢写作的至诚也写一篇初中程度的好作文来。至诚于是结合自身经历写了一篇《集邮》。叶圣陶很是赞赏，将这篇作文逐字逐句进行修改后，署上"叶至诚"的名字给登到了《国文杂志》上。

弟弟妹妹的成功感染了叶至善，他于是也写了起来。其实，叶至善小时候读了很多书，在小学时代就已具备了一定的写作基础。到了中学，叶至善先后受教于四位国文老师。他们都不用现成的课本，教

---

[1] 如 1941 年 12 月 7 日，叶圣陶在日记中写道："灯下为小墨讲杜律三首，他拟作笔记登于《国文杂志》也。"至 1941 年 12 月 21 日，叶至善已将文章写了出来，叶圣陶在日记中记道："午后改小墨之文稿，毕。其题曰《杜律试解》，盖讲杜律三首也。"1942 年 1 月 18 日，叶圣陶又记："灯下为小墨讲杜律四首。"以上参见叶圣陶：《西行日记》，载叶至善、叶至美、叶至诚编：《叶圣陶集》第 19 卷，江苏教育出版社 2004 年版，第 424、428、435 页。

的课文都是自己选的，上课时着力于讲解课文，顺着课文理清思路，不另讲主题思想、篇章结构和语法修辞。对作文，他们都不提要求，不作指点，有时甚至连题目也不出，只是让学生随意发挥。叶至善很喜欢这种教学方式，对作文也很是重视，用心写了不少散文。爱读新诗的他，当时还作过新诗。那些年文学期刊很多，叶圣陶带回家的，叶至善都会看，主要看小说、散文和新诗。他晚年曾回忆说："我学作文，主要在中学的六年。""有人问我：'你是怎么学作文的？'我回答说：'是看会的。看得多了，自然就会了。'"①

叶至善也加入进来后，三兄妹之间就形成了一个你追我赶的态势，都不断有文章交到叶圣陶手里，由他选择和修改。叶圣陶为此颇感得意，在 1942 年 1 月 15 日的日记中写道："自编《国文杂志》，大家皆引起写作兴趣，亦一佳事。"② 孩子们的文章全都是自由命题，大都是散文，各种题材都有，都是从他们各自熟悉的生活里取材。叶至美写有《我是女生》、《课余散记》、《江大娘》、《母与子》等，叶至诚写了《班图书馆》、《宣传》、《成都农家的春天》、《拉路车的》等。叶至善毕竟年长些，那时已经从技专毕业，有了几年社会阅历，又有结婚生子的生活阅历，观察和思考都比弟妹要细致、深入得多，除了写大自然和学校生活的《成都盆地的溪沟》、《集体创作》等之外，还写了一些反映抗战期间后方的社会现象的散文，如《擦皮鞋的》、《司机们》、《寄卖所》、《雅安山水人物》等。

---

① 叶至善：《我学作文》，载叶小沫、叶永和编：《叶至善集·散文卷》，开明出版社 2014 年版，第 158—160 页。

② 叶圣陶：《西行日记》，载叶至善、叶至美、叶至诚编：《叶圣陶集》第 19 卷，江苏教育出版社 2004 年版，第 434 页。

　　每当吃过晚饭，叶圣陶若是没有夜工要赶，就会带着子女修改习作。最初的几篇，叶圣陶还曾请朱自清看过。孩子们都是初生牛犊不怕虎，不光写散文，而且还尝试着写小说。叶圣陶在辅导他们时，从未把写小说和写散文划分为高低不同的两个阶段，只是告诉他们：是小说的材料，才能写成小说；是散文的材料，写出来的只能是散文；用什么体裁，作者可以不管；至于写得好还是不好，"功夫在诗外"，凭的是对生活体验的态度和深度。

　　叶至善还记得，那时吃过晚饭后，收拾过碗筷，父亲就会把油灯移到饭桌中央，把积在手边的孩子们的习作抽出个三两篇，自己在常坐的位子上坐下。三个孩子就各占一边，一眼不眨地看着父亲笔尖慢慢向下移。笔尖忽然停住了，那就是说出问题了。这时候叶圣陶是不准孩子们胡猜的：错在哪儿，得说出个理由；怎么修改，得提出个建议。这就难免发生争论，叶圣陶也会参加，往往闹得不亦乐乎。有时候，叶圣陶指出了可笑的谬误，孩子们就尽情地笑起来。而有的问题，叶圣陶没看出来，倒让孩子们看出来了。每改罢一段，叶圣陶都会朗诵一遍，看语气是否顺适，孩子们就跟着他默诵。叶圣陶不赞成在文章里多用"喜悦"、"愤怒"、"悲哀"之类抽象的词儿，也不赞成堆砌许多比喻和抒情的词句，而是推崇白描的手法。每当看到孩子们的文章里有传神的描写，他就会满意地说上一句："这里可以吃圈。"

　　像这样一起琢磨怎么修改文章，本就会使孩子们受益匪浅，可深谙教养之法的叶圣陶还嫌不够，时常要追根究底，问孩子们写的时候是怎么想的，是根本没想清楚呢还是写出来走了样。

　　显然，这样的训练，已经超越了简单的写作课，而是进一步上升到了编辑课的高度。无怪乎叶至善多年之后会发出这样的感叹:"等我后来当了编辑,才感到父亲那一阵子的严格训练,让我受用了一辈子。"①

叶家的晚课,除了修改作文之外,还另辟有剧本欣赏。这是因为当时叶至诚对戏剧产生了浓厚的兴趣,叶圣陶遂有意培养他对戏剧的感觉。他让至诚给大家念名家的剧本,有独幕剧,有多幕剧中的一场,当然得选那些能上口的。至诚虽小小年纪,却在戏剧方面表现出了不同凡响的天分,不光能念好剧作者为角色写的台词,就连藏在各个角色心底的潜台词也能解得出来。要是他语调的高低徐疾跟角色的情绪不太合拍,叶圣陶就会把他叫住:"停,停,这一句重新来过!"这不仅为叶至诚后来进入江苏省锡剧团当编剧打下了童子功,也为在旁观看的叶至善做了很好的戏剧启蒙。叶至善边看边琢磨,渐渐地养成了读小说特别喜欢掂量人物的对话和作者的旁白的习惯。他这时还不知道,这个习惯将会为他二十年后从事儿童文学编辑平添助力——在编辑推出著名儿童文学作家孙幼军的代表作《小布头奇遇记》时,他对书中人物的对话做了精心的打磨,为该书增色不少。

叶圣陶身为文章大家,深知好文章来自生活经验,这一点他在给孩子们辅导作文的过程中曾反复强调过。叶至善受此影响,不知不觉间就变成了一个生活中的有心人。

他曾十分用心地观察过农人的生活:"每逢插秧和开镰,西北边山上就有打短工的下来,一二十人一群,由打头的跟坝子上的户主在

---

① 叶至善:《父亲长长的一生》,载叶小沫、叶永和编:《叶至善集·传记卷》,开明出版社 2014 年版,第 156—157 页。

茶馆里说好，从天蒙蒙亮干到断黑，一天多少工钱。东家供给四顿白米饭，以塞到齐喉咙口为度；三天打一顿牙祭，一人半斤回锅肉，二两干酒，平时泡菜辣椒，每天两张叶子烟也是少不了的。东家不敢亏待他们，活儿的分寸掌握在他们手上呢！譬如说割下了稻把，不对正稻桶里抡，就得糟蹋多少粒谷子。干一天活发一天的工钱，下雨干不了活，不但不发工钱，连粥，也得他们自己买米自己煮，煮得那个稀呀，真个鼻风吹来浪悠悠；肚子喝胀了就躺在稻草堆里睡觉，实在憋不住了，才去屋后，对着东家放在那儿的尿桶撒一大泡尿。"①

他还曾细致地观察过祖母打水的场景："烧茶水基本上成了我祖母的专业。成都那个院子的东北角有口井，让祖母给看见了，她提了小木桶去到井栏边，让个孩子给打了半桶水，提着往回走。不想两只鹅愣不让，伸长了项颈，喙贴着地直冲过来。我祖母只能向后退，最后负隅，斜靠在房基上。父亲听见了立刻扔下笔，赶出去搀，亏得祖母穿的棉裤，腿没伤着，桶里的水当然全洒了。"②

他也曾切身体察过一家人过日子的艰难："成块的红烧肉难得见到了，买一斤肉要切成细丝，至少分四顿端上桌来。青羊宫菜市上鱼是有的，得以两论价。至诚去沟边捞那些小得不成其为虾的小虾，父亲常去帮他，捞了回来还得剔除泥沙，淘洗干净，也总算是动物性蛋白质，还富有钙。荠菜、枸杞头，是初春的时鲜菜，满子去溪边洗东西，经常能摘一衣兜回来。有时候见到桤木根旁长着一丛黄松松圆

① 叶至善：《父亲长长的一生》，载叶小沫、叶永和编：《叶至善集·传记卷》，开明出版社2014年版，第157页。
② 叶至善：《父亲长长的一生》，载叶小沫、叶永和编：《叶至善集·传记卷》，开明出版社2014年版，第158页。

朵朵的菌子，满子忙不迭捧了回来，知道用油焖了，是父亲喜欢的佳肴。"①

凡此种种，都为叶至善从事写作积累下了丰富的素材。而他那娓娓道来、涉笔成趣、鲜活生动的文章风格，也不能不说正是孕育于他对生活的沉浸式的观察与体验。

三、花萼映叶

在叶圣陶的精心指导下，叶家的孩子们经过一年的努力，在写作方面取得了长足进步，积累下的文章也有几十篇了。

1942年，对叶至善来说是双喜临门的一年。这第一喜是4月19日下午喜得一子，叶圣陶早已为这孩子取好了名字，叫"三午"，"缘余生于甲午，小墨生于戊午，而今年为壬午也。父子相去各二十四岁，可为纪念"②；第二喜便是至善与至美、至诚合著的第一本书《花萼》也在这一年排上了出版的日程，宣示着他即将正式步入文坛。

关于《花萼》的结集出版，是叶至善兄弟受到父执辈的鼓励后先提出了建议，后来由叶圣陶托朋友襄助而成。叶圣陶在1942年8月23日的日记中写道："晚饭后，与小墨、三官闲谈。他们谓兄妹弟三人所作随笔，将来可出一集子。余言且将已成之作再加修改，并

---

① 叶至善：《父亲长长的一生》，载叶小沫、叶永和编：《叶至善集·传记卷》，开明出版社2014年版，第158页。

② 叶圣陶：《西行日记》，载叶至善、叶至美、叶至诚编：《叶圣陶集》第19卷，江苏教育出版社2004年版，第456页。

俟篇数多时，从中选择，再谋出版不迟。"① 过了 4 个月，到 12 月 23 日，叶圣陶记道："今年小墨二官三官作文数十篇，拟取其中二十余篇编一集子，名曰《花萼》。小墨作序文，颇脱俗（三官之评语），亦为改之。"② 到 1943 年 1 月 10 日，叶圣陶又记道："小墨等三人之《花萼》一集，昨已编排竣事。云彬言由《国文杂志》社出版，今日遂以大半之稿先行寄与。尚有数篇未抄，待他日补寄。"③ 再到 3 月 19 日，"《花萼》之稿已抄全，亦附去。"④ 此后将近一年的时间里，叶圣陶于日记中未及此事，直到 1944 年 2 月 5 日才写道："三儿之集子《花萼》，由桂（林）文光书店印行，出版已数月，今日始取到赠书十册。"⑤

桂林文光书店于 1941 年由陆梦生创设，1946 年迁至上海。该店主要出版文艺、音乐读物，在桂林期间出版过（邵）荃麟译陀思妥耶夫斯基的《被侮辱与被损害的》、茅盾的《见闻杂记》、朱自清的《标准与尺度》等名作。《花萼》出版之后，叶圣陶把自己的《西川集》也交由该店出版。

叶圣陶为孩子们合写的第一本书题名《花萼》，自是蕴含着一番良苦用心：花萼，也作华萼，棠棣树之花，萼蒂两相依，有保护花瓣

① 叶圣陶：《西行日记》，载叶至善、叶至美、叶至诚编：《叶圣陶集》第 20 卷，江苏教育出版社 2004 年版，第 69 页。

② 叶圣陶：《西行日记》，载叶至善、叶至美、叶至诚编：《叶圣陶集》第 20 卷，江苏教育出版社 2004 年版，第 99 页。

③ 叶圣陶：《西行日记》，载叶至善、叶至美、叶至诚编：《叶圣陶集》第 20 卷，江苏教育出版社 2004 年版，第 104 页。《国文杂志》系由桂林文光书店出版，此处所谓《国文杂志》社，即指桂林文光书店。

④ 叶圣陶：《西行日记》，载叶至善、叶至美、叶至诚编：《叶圣陶集》第 20 卷，江苏教育出版社 2004 年版，第 119 页。

⑤ 叶圣陶：《西行日记》，载叶至善、叶至美、叶至诚编：《叶圣陶集》第 20 卷，江苏教育出版社 2004 年版，第 199 页。

的作用，因此古人常用"花萼"来比喻兄弟友爱。这个书名既明白地昭示了三位小作者的关系，也寄托着父亲对他们的期许，可谓十分恰切。而通过叶至善的序文我们可以看到，父亲的要求孩子们的确做到了："文字清通，有点儿新意，这两条是最起码的要求。我和妹妹弟弟练习写作，父亲要求我们的就是这两条。"①

在《花萼》自序中，叶至善代表兄妹三人谦虚地表示这本书不过是个作文本儿。但此书的序作者宋云彬却给了他们热情的褒扬："其实像这样的作文本儿，现在的中学校乃至大学校里，如何找得出来。我以为青年看看这一类作品，也许比读《精读文选》之类还要受用些。"

宋云彬是叶圣陶的同事、好友，以杂文闻名，其时已离开开明书店，在桂林和友人创办了文化供应社，后成为著名的古典文献学家。《花萼》能够得以出版，宋云彬做了大量工作。除了将书稿介绍给桂林文光书店，他还亲自为该书撰写了热情洋溢的序言。在这篇序言里，宋云彬还对叶圣陶的家庭生活表达了由衷的欣羡："我们试闭目想想，这是一个何等美满的家庭。在这种家庭环境里面，学习写作，进步一定是很快的，除非是天生钝质。所以我常常对我的子女说：'小墨他们是幸福的。'"

《花萼》共计收入 25 篇文章，其中《病中情味》、《微雨》、《化为劫灰的字画》、《寄卖所》、《司机们》、《擦皮鞋的》、《成都盆地的溪沟》、《脚划船》、《谈写日记》、《旋涡》10 篇是叶至善的作品，另有一篇《头发的故事》为叶至善、叶至诚兄弟合作。其中《擦皮鞋的》一文极富悲悯情怀，作者将目光投注到那些走街串巷为大人擦皮鞋的可怜孩子

---

① 叶至善：《准备和尝试》，载叶小沫、叶永和编：《叶至善集·编辑卷》，开明出版社 2014 年版，第 103 页。

身上，令人读来禁不住掬上一把同情泪。而《化为劫灰的字画》一文最令人称道。该文通过记述两幅字画的毁失，写出了叶家所经历的战火，娓娓道来，颇能动人以情。通篇虽没有出现强烈地控诉敌人的字眼，却能让人读后对日本侵略者生出一腔仇恨——这写作的技法已是相当成熟了。

叶家后生在写作上取得成功，当然离不开父亲叶圣陶的热情鼓励与苦心引导。对孩子们写的文章，叶圣陶从来都是给以褒奖。如1942年9月5日，他在日记中写道："小墨与三官合作小说一篇，曰《头发的故事》，长至七八千言。灯下为之修润，至三分之一而止。小墨于文艺颇相近，此篇全体虽松懈，其中小节目却有胜处。"[1] 孩子们出版《花萼》后，便打算以后一年出一本合集，但是没想到文章却"愈写愈少，写成的又很难教自己满意"。这时叶圣陶也并没有批评他们，而只是说："想写得好些，正是你们进步的动力，时常不满意自己所写的，也证明你们确实有些儿进步了。"[2] 就这样，在父亲的教诲与鼓励下，时隔一年后，孩子们又编成了新作《三叶》。

《三叶》付梓之前，叶圣陶特意请朱自清看了一遍原稿。朱自清此前已经读过《花萼》一书，留下了很好的印象，于是欣然于1944年9月为《三叶》作序。在这篇序言里，朱自清这样评价叶圣陶一家："圣陶兄是我的老朋友。我佩服他和夫人能够让至善兄弟三人长成在爱的氛围里，却不沉溺在爱的氛围里。他们不但看见自己一家，还看

---

[1]　叶圣陶：《西行日记》，载叶至善、叶至美、叶至诚编：《叶圣陶集》第20卷，江苏教育出版社2004年版，第72页。

[2]　丁思颖：《叶圣陶：在"教"与"不教"中成就儿子的写作人生》，《中国妇女报》2015年7月14日。

见别的种种人；所以虽然年轻，已经多少认识了社会的大处和人生的深处。而又没有那玩世不恭，满不在乎的习气。"在表达了对老友的教育之成功的赞许之后，朱自清还特别拈出叶至善写的《脚划船》和《成都盆地的溪沟》，给了很高的评价，说："至善是学科学的，他的写作细密而明确，可见他训练的切实。"

这本书照例由叶至善写了一篇自序，结尾说："这个集子叫作'三叶'，表明是姓叶的兄弟三个的集子，并没有其他的意义。"

想来《三叶》这个书名还是叶圣陶取的，是说作者是叶家的三个孩子，同时还可与先此出版的《花萼》相呼应，说明这叶与花是一脉相承的。

《三叶》共计收入 18 篇文章，其中《喂蚕儿》、《集体创作》、《史先生》、《某种人物》、《雅安山水人物》5 篇出自叶至善之手。《喂蚕儿》一文曾得到叶圣陶的激赏："改小墨交来一文，题名《喂蚕儿》，至晚改毕。此篇甚好，已无幼稚之语，造句亦畅适有致。"① 这是 1944 年 5 月间的事，说明在叶圣陶心目中，叶至善的文章这时已经登得大雅之堂了。只是此书堪称命途多舛，1944 年交稿，直到 1949 年 1 月方由文光书店印行。当时该书店已东迁上海，而序作者朱自清也已于几个月前辞世，未及看到书的出版。

《花萼》与《三叶》这两本书出版后，一时成了文学界的佳话，反响非常之好。1983 年，生活·读书·新知三联书店将两本书合二为一重新推出，题名为《花萼与三叶》。该书推出后，一时间洛阳纸贵，曾多次再版、重印，至今仍畅销不衰。

---

① 叶圣陶：《西行日记》，载叶至善、叶至美、叶至诚编：《叶圣陶集》第 20 卷，江苏教育出版社 2004 年版，第 234 页。

　　叶至善专为《花萼与三叶》写了一篇重印后记，总结了当年"作文"取得成功的原因所在："写什么由自己定，父亲从不出题目。父亲一向主张即使是练习，也应该写自己的话，表达自己的真情实感。我们照父亲的主张做去，觉得可写的东西确实很多，用不着胡编，也用不着硬套。只要多多感受多多思索，生活中到处都是可写的东西，而且写出来决不会雷同；幼稚自然难免，但是多少总有点儿新意。我们的习作所以能赚得宋先生和朱先生的喜欢，原因大概就在这儿。"

　　在这篇后记的结尾，叶至善还以他一贯的不疾不徐的笔调，总结了自己从事写作四十多年的经验："《花萼》收集的是一九四二年我们三个的习作，当时曾想每年选编一本，作为我们练习写作的纪程，可是没有如愿，到一九四四年年底才编成第二本习作集《三叶》。这是因为我们三个的生活和工作都有变动，不能再聚在一起跟着父亲修改习作了。一直过了三十几年，最近四年间，我们三个才互相鼓励，重新练习写作，有些短的习作还要请父亲过目。……今年我们三个的年龄加起来恰好是一百八十岁，还能在父亲跟前练习写作，一定使许多年轻朋友感到羡慕。其实父亲教给我们的主要是两条守则：一条是写的时候要写自己的话，一条是写完之后要自己用心改。我们愿意把自以为受到好处的这两条守则，贡献给愿意学习写作的年轻朋友们。"

　　行笔至此，笔者颇感遗憾的是，开明出版社于2014年出版的《叶至善集》中，漏收了不少叶至善的早期作品，好在通过翻检《叶圣陶日记》尚可补缺。据叶圣陶记于1942年至1945年的日记，叶至善的早期创作可谓丰富，不仅写有散文《画展》等，还写有小说《一对新的父母》、《如法炮制》、《神经警察》、《狗的葬礼》，长篇寓言《黑熊磨坊》等。这五篇文章均未收入《叶至善集》，其中《黑熊磨坊》发表于《国文杂志》1944年第3卷第2期，署名却不是叶至善，而是"黄自强"；另四篇小说是否发表、发表在哪里，笔者均未能检得，只好留待有心人了。需要特别指出的是，当时叶至善在刊物上发表文章，一如前辈鲁迅、叶圣陶那样经常署用笔名，除前举《黑熊磨坊》之外，如发表于《国文杂志》1942年第1卷第3期的《成都盆地的溪沟》亦未署本名，而是署名"夏明德"。而叶至善生前从未说明自己曾经用过哪些笔名，有心搜集其佚文的研究者必得克服这一困难才行。

　　虽然未能读到叶至善写于这一时期的小说，但依据以上事实，我们还是可以说，青年叶至善在文学创作方面展现出了超群的才华，冠之以"笔端佳气如初霁"，可谓名副其实。

第四章

山花烂漫东风劲①

一、风起于青萍之末

　　叶至善一生的志业有两个核心，一是编辑，一是写作。而无论外界还是叶至善本人，都会把编辑放在写作之前。人们提到叶至善，首先就会想到他是大编辑家；叶至善本人也最为认同与看重自己的编辑身份，为此他晚年专门出了一本带有总结一生意味的集子，书名就叫《我是编辑》。

　　但是在通往编辑的道路上，虽然身为一代

① "山花烂漫东风劲"，引自叶至善：《咏梅》，载叶小沫、叶永和编：《叶至善集·创作卷》，开明出版社 2014 年版，第 546 页。

编辑大家叶圣陶的公子，叶至善却并非一帆风顺。恰恰相反，他是几经周折、反复求索、历尽艰辛之后才踏入编辑出版界的。

之所以会如此，首先要归因于叶家清白自守的家风。叶圣陶一生特别讲求公私分明，时时处处注意防范"公权私用"。举例来说，当孩子们在写作上取得了一定的成绩，想要出版一本集子的时候，身为开明书店元老级中坚人物的叶圣陶，却从未想过借用开明书店的影响力，而是给孩子们解释说不便沾开明书店的光，转而请好友宋云彬将书稿介绍给了当时在出版界尚名不见经传的桂林文光书店。

纵观叶圣陶的一生，他所取得的成就，完全建立在本人努力的基础上。因此，他自然希望子女也都能像他那样自立、自强。加之他天性崇尚实干，从不以为执笔为文就高人一等，反而认为能够凭自己的双手实实在在地生产出有用的东西来才是可敬的。是以曾任多所大学教授的他才会在教养三个子女的过程中，听任次子至诚高中毕业不考大学便直接就业，并建议长子至善不必考大学、入读技专学农产制造就好。

青年时期的叶至善非常崇拜父亲，也非常认同父亲的理念，因而不光听从父亲的建议考取了技专并踏踏实实地读完，而且毕业后也踏踏实实地向着父亲所指引的农产制造的方向发展。

据叶圣陶日记，叶至善毕业后入职中央工业社，是 1941 年 2 月 19 日的事，这是叶至善就业的开始。半年后，8 月 18 日，因中央工业社行将倒闭，叶至善辞去了这份工作。①

---

① 关于在中央工业社的经历，叶至善未曾忆及，均见叶圣陶：《西行日记》，载叶至善、叶至美、叶至诚编：《叶圣陶集》第 19 卷，江苏教育出版社 2004 年版，第 344、345、371、390 页。

1941 年 9 月，经同学介绍，叶至善得以入职中央大学医学院生物化学系，担任郑集教授的助理员。

说来也巧，叶至善高中毕业那年，曾报考过中央大学，后因生病而错过，不承想几年后成了这所大学的职员。他到中央大学医学院工作的事也得到了父亲的赞许。9 月 15 日是叶至善正式入职中央大学医学院的日子，当天叶圣陶在日记中记道："小墨以今日入华西坝中大医学院就事，据云从生物化学教授郑集为助理员，其工作为分析若干种食品，测知其营养分之种类及其多寡。此事余以为颇相宜，从教授学习，可得实际本领。而其余暇，又可听该院之几门功课。虽不习医，总是有益也。"[①]

叶圣陶的预判没有错，叶至善为之做助理的郑集教授是著名的生物化学家、营养学家、中国营养学与生物化学的奠基人和开拓者，当为叶至善后来对科普发生兴趣起到了很好的推助作用。

叶至善在中央大学医学院工作了一年半，总体来说是胜任愉快的。然而在叶至善的内心深处，总觉得这份工作与自己所学的农产制造专业不对口。他还是希望能够学有所用，因而于 1943 年 4 月 30 日辞职，5 月 8 日赴雅安，与同学储君合伙开设了一家农产制造厂，起了个字号叫"大有"，生产酱油与麦片。

这一次虽然专业对口了，无奈两个年轻人都不善经营，仅仅过了半年多，农产制造厂就濒于倒闭了。叶至善做事一贯尽心尽力，他甚至曾到成都市里沿街推销过厂里生产的麦片，并就要否增产肥皂、蜡

---

① 叶圣陶：《西行日记》，载叶至善、叶至美、叶至诚编：《叶圣陶集》第 19 卷，江苏教育出版社 2004 年版，第 399 页。

烛做过调研。①1944 年 1 月 6 日，眼见无力回天的叶至善黯然离开雅安，回到成都。

1944 年 2 月 11 日，经叶圣陶好友胡赞平介绍，叶至善应广汉县立中学校长戴小江之聘，前往该校任教。② 由于叶至善有在中央大学生物化学系担任助理员的经历，广汉县立中学遂安排他担任化学教员。教完一个学期，到 6 月 8 日，叶至善因已腹痛一周，在广汉医治不便，且距放暑假只有两周时间了，就回到成都家中。③ 这就等于自广汉县立中学辞职了。戴小江颇爱叶至善之才，甚为不舍，遂将其介绍给了成都蜀华中学校长周子龙。

且说 1944 年 8 月 2 日，叶至善的弟弟叶至诚向章锡珊毛遂自荐，希望到开明书店成都分店做店员，得到了应允。8 月 3 日是他第一天上班的日子。就在同一天，周子龙校长来到叶家，礼聘叶至善去蜀华中学初中部任教。④ 叶至善遂入职该校，又教了一年化学。

在一年半的中学教师生涯里，叶至善实实在在地接触到了学生、教师和家长，对教育现状做了很多深入的思考。当时令他最不能接受的是体罚仍旧盛行："打手心用细竹鞭，老师一竹鞭下去，学生的手掌上立时肿起一条杠来；当家长的从来没提出过非议，看来毫不心疼。有一回开学，一个长袍马褂的胖子像押囚犯似的把儿子拖进教师

① 参见叶圣陶：《西行日记》，载叶至善、叶至美、叶至诚编：《叶圣陶集》第 20 卷，江苏教育出版社 2004 年版，第 155 页。

② 参见叶圣陶：《西行日记》，载叶至善、叶至美、叶至诚编：《叶圣陶集》第 20 卷，江苏教育出版社 2004 年版，第 200 页。

③ 参见叶圣陶：《西行日记》，载叶至善、叶至美、叶至诚编：《叶圣陶集》第 20 卷，江苏教育出版社 2004 年版，第 242 页。

④ 参见叶圣陶：《西行日记》，载叶至善、叶至美、叶至诚编：《叶圣陶集》第 20 卷，江苏教育出版社 2004 年版，第 265 页。

休息室，一屁股坐在我的椅子上，指着站在一旁垂下脑袋的儿子呵斥说：'龟儿子再不学好，给我着实往死里打！'他连看也没看我一眼，话可分明是冲着我来的。"这一幕给叶至善留下了极为深刻的印象，以至于过了五十多年他还记得清清楚楚。那时叶至善受到父亲叶圣陶的博爱教育思想的影响，不要说体罚学生，就连责骂学生也是绝不会做的。虽然有的家长不理解，但叶至善在教学中始终坚守、贯彻着父辈的教育理念。

这里的父辈，具体说来就是父亲叶圣陶和岳父夏丏尊。夏丏尊于1923年翻译了意大利作家亚米契斯的名著《爱的教育》。他在"译者序言"中曾把办学校比作挖池塘，认为挖成圆的、方的并不重要，要成为池塘最重要的就是往里灌水，办学校的关键也在于"水"，而这个"水"就是感情，就是爱。叶至善从小熟读《爱的教育》一书，深受岳父的教育理念影响，"当时真个抱着扭转局面的希望和雄心"，"偏要往池塘里灌水，暗地里让学生们读《爱的教育》"。[①] 但是风气如此，一个人的力量毕竟有限，除了以其博爱胸怀与渊博知识惠及自己教的学生们，叶至善最终并没能改变多少现状。

综上可见，自1941年2月参加工作以来，四年里叶至善先后换了五份工作。其中两份工作是他为发挥所学的农产制造专业而主动选择的，另外，一份在大学做助理员、两份在中学做教员的工作，则都是无可无不可的被动选择。每一份工作叶至善都尽心尽力地去做，可是似乎都不太顺利，自然也就不太开心。直到进入编辑行当，他才真正如鱼得水，开始了大展宏图。

---

① 叶至善：《〈爱的教育〉七十年》，载叶小沫、叶永和编：《叶至善集·编辑卷》，开明出版社2014年版，第510页。

但这四年里，叶至善不仅于工作中受到了方方面面的锻炼，在生活中也增长了许多见识。特别是两度担任中学教师，使他得以近距离地了解中学生，为日后从事少儿期刊编辑工作打下了很好的基础。编辑出版工作讲究有的放矢，要求从业者充分了解自己的读者对象。进入开明书店工作后，叶至善先后担任《开明少年》、《中学生》的编辑。因曾经做过中学教师，他对这两种期刊的目标读者群有着深入的了解，所以能够轻松地把握好装帧风格、内容尺度等。

踏入社会之初，叶至善虽只是小小的职员，却始终关注着时事。叶圣陶在写于 1941 年、1942 年的日记中多次提及叶至善自某报读到某某消息。譬如抗战时期轰动陪都重庆的"平价大案"，因事主为叶圣陶的好友章元善[①]，就引起了叶至善的特别关注。据叶圣陶写于 1941 年 4 月 28 日的日记："小墨归来，于报端剪得关于元善之事一则……"[②]

彼时叶至善读报很多，视野已十分开阔。叶圣陶于 1942 年 8 月 8 日的日记中记道："闻小墨谈今日之报纸记载，知苏联之高加索已将不守，该地油田已自动破坏。高加索若失，德军即可通伊朗，而近东危急矣。""小墨又从航空界得知，美国与我国已通空运，每日有二十余架飞机自印度加尔各答开我国西昌。此则较可慰之消息

---

① 叶圣陶与章元善相交已久，且关系亲厚。叶圣陶于 1938 年 3 月 7 日在重庆写给夏丏尊等人的信中曾提到："元善几乎每天来，他家眷在昆明，一个人住青年会，晚上如无饭局，必来吃饭闲谈。"同年 4 月 28 日的信中又提及："章元善兄喜吃茶，来时辄偕往，而洗翁亦间或同登。"参见叶圣陶：《渝沪通信》，载叶至善、叶至美、叶至诚编：《叶圣陶集》第 24 卷，江苏教育出版社 2004 年版，第 132、140 页。

② 叶圣陶：《西行日记》，载叶至善、叶至美、叶至诚编：《叶圣陶集》第 19 卷，江苏教育出版社 2004 年版，第 360 页。

也。"①8月11日又记道："小墨买米归来，言今日报载印度各地果发生骚动。美国工党对于英国之措置致谴责云。"②

　　在读书看报、加强学习之外，叶至善得自生活的磨炼更多，也更为强烈、深刻，除却前述之病痛及战争所带来的恐惧，叶至善还得面对家庭经济的困难。1941年12月21日，星期日，是丰子恺成都画展开幕的日子，休班的叶至善专程跑去看。他此去并不单纯是为了看丰子恺的画，心里其实还惦记着父亲附展的书法作品有没有卖出去——当时叶家的经济状况很不好，买米都要想方设法买最便宜的，叶圣陶只得卖字贴补家用。好在叶圣陶的篆字很受欢迎，至善回家告诉父亲说"已售去一部分，且有预定者"③。这使得叶圣陶颇感安慰。

二、叶有清风花有露

　　编辑工作固然要求从业者有较为丰富的社会历练，但作为一个实践性极强的行当，它更注重丰厚的编辑经验。可喜的是，在初踏入社会的四年里，叶至善在收获了丰富的社会历练的同时，也在父亲的提携与指导之下积累了一定的编辑经验。

---

　　① 叶圣陶：《西行日记》，载叶至善、叶至美、叶至诚编：《叶圣陶集》第20卷，江苏教育出版社2004年版，第65页。
　　② 叶圣陶：《西行日记》，载叶至善、叶至美、叶至诚编：《叶圣陶集》第20卷，江苏教育出版社2004年版，第63页。
　　③ 叶圣陶：《西行日记》，载叶至善、叶至美、叶至诚编：《叶圣陶集》第19卷，江苏教育出版社2004年版，第428页。

本书第一章中已提到，叶至善只有 6 岁时，就于耳濡目染之际开始接触到了编辑出版工作，不过直到从技专毕业，他也只是帮助父亲母亲打打下手，干的都是边边角角的活儿。而在自技专毕业到正式进入开明书店的这四年里，叶至善才算是真正参与到编辑出版工作中来了。

1941 年 3 月，叶至善做酒精技师不久，业余就在叶圣陶的指导下编写起小学字典来了。编写这本字典，是开明书店老板章锡琛的弟弟、其时主持开明书店成都分店的章锡珊的提议。叶圣陶在 1941 年 2 月 15 日的日记中写道："雪舟谓市上需要小学字典，可由墨或再邀一二人赶编一本应市。"① 这次闲谈，叶至善有没有参与其中不得而知，但很快他就跟着父亲动手编起来，而且编得很不错，一个星期就编写出了好几十页。叶圣陶在 1941 年 3 月 7 日的日记中写道："小墨今日归宿。彼于一星期内亦作字典稿数十页。余之校阅将应接不暇矣。"② 只可惜叶家夫妇、父子虽为此付出了许多心血，这本字典最后还是未能出版。

半年后，叶圣陶接受好友冯月樵的邀约，编起了《国文杂志》，把夫人胡墨林和三个孩子都动员起来做了撰稿人。叶至善对写作的兴趣就是这时被激发起来的。在父亲的指导与鼓励下，他写出了几十篇不错的文章，为当一个好编辑做好了拥有一个好笔头的准备。这一点本书第三章中已详述，兹不赘。

---

① 叶圣陶：《西行日记》，载叶至善、叶至美、叶至诚编：《叶圣陶集》第 19 卷，江苏教育出版社 2004 年版，第 343 页。按：章锡珊字雪舟。

② 叶圣陶：《西行日记》，载叶至善、叶至美、叶至诚编：《叶圣陶集》第 19 卷，江苏教育出版社 2004 年版，第 348 页。

　　1942 年 2 月 15 日，正当叶家全家人都在忙着为《国文杂志》撰稿之际，《国文杂志》的出版人、不久前发起成立普益图书公司的冯月樵又找叶圣陶约稿来了。这次他们决定要推出一套供小学生用的《普益国语课本》。叶圣陶在八九年前就编撰过国语课本，深知此事颇为费神，遂决定让叶至善帮他编写："今令小墨起初稿，再为改定，期节省心力。小墨已着手作第一册，今日与之商讨。"[①] 其实早在叶圣陶刚举家搬到成都不久的 1941 年 2 月，冯月樵就已有此意，叶圣陶后来曾在日记里感叹道："上午看月樵借余之各种国文课本，殊无所得。语体文实鲜完美之作，文言则大都不切于现代人之生活与思想。以前余亦编过几部国文课本，今日视之，当时实极草率马虎也。"[②] 在这样的认识基础上，叶圣陶还能放心将这一工作交给叶至善，足以证明他已非常认可长子的编写水平。而这也是叶氏父子合编中小学教材的发端。[③] 要知道，编写教材是非常严肃的事，在这之前，叶至善只

---

　　① 叶圣陶：《西行日记》，载叶至善、叶至美、叶至诚编：《叶圣陶集》第 19 卷，江苏教育出版社 2004 年版，第 441 页。

　　② 叶圣陶：《西行日记》，载叶至善、叶至美、叶至诚编：《叶圣陶集》第 19 卷，江苏教育出版社 2004 年版，第 348 页。

　　③ 有论者指出："在抗战时期，叶圣陶编写的教材主要有《中学精读文选》（与叶至善合编）、《国文精读文选》《抗建国文教材》《普益国语课本》（小学初级学生用，全 6 册，与叶至善合编）、《国语教本》（台湾临时教科书，分小学、初中两种，与丁晓先、叶至善合编）。"（闻默：《叶圣陶教材编辑活动与思想研究——纪念人民教育出版社成立 50 周年》，《课程·教材·教法》2000 年第 11 期）此说有两点不确。第一点不确，是《抗建国文教材》当为《中学精读文选》：检《叶圣陶日记》，1941 年 2 月 23 日记道："至祠堂街购物，并访月樵。月樵言此间需国文教本甚亟，劝余编之。谓宜有两种，一种为可供熟读之文言，一种为按照课程标准之正式课本。余漫应之。"同年 4 月 13 日记道："月樵屡言欲出国文选本，今日想定，先以精读文选一册与之。皆取文言名作，为之详注，略谈作法，供教科或自修之用。……若积四十篇，当可印一册矣。"同年 6 月 22 日记道："《抗战（原文如此——笔者注）国文教材》，月樵既有意而无意，余遂亦无兴再弄。昨彬然来信，云其文供社可以出版，复续为之。"同年 6 月 24 日记道："饭后睡一时，起来排次《抗建国文教材》，共得今古文四十一篇。"

是帮父亲打过下手，并未真正参与过编写工作。①

叶圣陶与冯月樵说定两天后，2月17日，两人又在朋友的家宴上相遇，进一步商定了出版计划："月樵言拟以半年出小学国语四册，用木板印刻。图画仍拟烦子恺，托余征其同意。"第二天，叶圣陶即"作书致子恺，请其为小学教本画图"。随后，叶圣陶便带同叶至善投入到了编写工作中：2月22日，"余与小墨商小学国语课文，成六七课，第一册完毕。全书共八册，不知何日可全部告成也"。2月24日，"小墨自学校同事处购得米五斗（较市价略便宜）……灯下，与商谈小学国语第一册之练习课，全体草成。此后即可绘图缮写，付木刻矣"。3月8日，"竟日商讨国语教本，订正小墨所作稿十一课，三官所作稿三课。第二册居然成其半数矣。此次编撰，练习课有专供阅读之课文，又有关于语法之训练，此点较前一次为胜也"。看来叶圣陶对叶至善的工作总体上是十分满意的。

同年6月26日记道："晨起作《抗建国文教材》序文，至下午三时完篇，约二千言。"同年7月1日又记："封缄《抗建国文教材》，以明日连同昨所作书，寄与彬然、云彬。"笔者遍检国内各大图书馆，并访诸网络，均未见《抗建国文教材》。而据叶圣陶1941年6月为《中学精读文选》所作前言（见《叶圣陶集》第16卷，江苏教育出版社2004年版，第45—48页），可知《抗建国文教材》出版时易名为此文选了。叶圣陶于前言中多次提及"抗建"，且对选入本书的今文、古文都作了生发。特别是《叶圣陶集》第16卷的编者于此文文末注明："次年1月，文选由文化供应社出版，署名编者叶圣陶、胡翰先。"与《叶圣陶日记》相对照，可知此《中学精读文选》即为《抗建国文教材》。第二点不确，是说《中学精读文选》为叶圣陶与叶至善合编。前引《叶圣陶集》第16卷的编者按语已明确指出"署名编者叶圣陶、胡翰先"，而对照《叶圣陶日记》，此书成书之前，叶圣陶在日记中多次提及与夫人胡墨林"共选国文教材"、胡墨林"注文六七篇"等，则此"胡翰先"当为胡墨林之笔名，而非为叶至善之笔名。综上可见，叶氏父子合作编写教材，应始于1942年2月，以《普益国语课本》为发端。

① 叶圣陶于1941年8月31日的日记中记道："晨起整理'略读'誊清稿，令小墨写总页码。"见叶圣陶：《西行日记》，载叶至善、叶至美、叶至诚编：《叶圣陶集》第19卷，江苏教育出版社2004年版，第395页。以下叶圣陶关于编写此书稿的记载，均引自《西行日记》（《叶圣陶集》第19—20卷），不再一一注出。

当然，毕竟是第一次，叶至善编写的书稿难免有不妥当的地方，要劳父亲为之修改甚至重写。如3月22日，"上星期小墨作第三册国语课文十课，今日余修改之，及晚而毕"。又如4月2日，"竟日改小墨所作国语课文，改罢六课，重作两课"。再往后，因夏满子即将产子，叶至善忙前忙后，直到4月19日三午出生，叶至善似未能再参与编写。而到了5月1日，叶至善就又投身于编辑、写作中了，叶圣陶当天在日记中记道："小墨在，以所作一稿呈余，略为修改。"

这一年5月至7月，叶圣陶离开成都到桂林旅行，并于6月受命出任开明书店编译所成都办事处主任，而叶至善则顶着酷暑继续编写《普益国语课本》。回到成都后，叶圣陶于7月20日的日记里记道："询余所编《小学国语》刻印情形，知第一册已刻成，第二册仅刻成一半。下学期销售殆将不可能矣。"8月2日又记道："至汪家拐，晤月樵，看《小学国语》第二册校样。月樵与其友人组织普益图书公司，前拉余入股千元，近余被选为董事。"

到1942年9月26日，叶圣陶在日记中记道："受百言《小学国语》排至第二册，以后可赶速进行。于是搁置已久之《小学国语》，又须着手矣。"催稿紧迫，叶至善也加快了编写进度，到11月3日不但完成了第四册，而且质量非常之高，引得叶圣陶大加赞赏："午后，取小墨所拟小学国语第四册稿改之。小墨之认识甚不错，所拟皆颇有教育意味，课文虽短，含义丰富。直至夜八时，改十五课。"而到了12月1日，叶至善又把第五册编写好了，叶圣陶在日记中记道："晨起改小墨所作国语第五册稿五课……"

令人佩服的是，年纪轻轻的叶至善当时已堪称多面手。他在编写《普益国语课本》的同时，又受命为开明书店编起《初中算术》来了。叶圣陶在日记中记道：11 月 22 日，"上午看小墨所改开明初中算术稿，以便再行送部审查"。这里既然说"改"，当是指修改润色等编辑工作所言。12 月 8 日，叶圣陶又记道："上午，将小墨所撰补作初中算术一编，为之修饰文字，以便缮抄送审。"这里又说是"撰补作"，当是指叶至善还充当了半个编写者的角色。但这套算术教本似终未能出版。

1943 年 2 月 1 日，叶圣陶再次投入到《普益国语课本》的编写工作中，且再次对至善在该书编写过程中所表现出的勤奋、能干大加赞赏："久未作《小学国语》，而小墨积有存稿，今日改之。竟日改九课。小墨编书确不错，人家编辑所中郑重其事而为之，亦未必能胜过也。"可见，在叶圣陶看来，这时叶至善的编辑水平已超越了一些专业编辑。叶圣陶本人当时被公认为编写中小学语文教材的第一人，他能够给至善如此高的评价，说明叶至善的确在编写教材方面眼光独到、能力突出，为后来正式转入编辑行当奠定了坚实的专业基础。而这，当然首先要归功于叶至善打小就跟着做编辑工作的父母耳濡目染，归功于他有着极为强烈的学习意愿和学习动力。

自 1943 年 2 月至 7 月，叶氏父子勉力完成了《普益国语课本》第五至八册的编写。其间，叶至善于 4 月底辞去了中央大学医学院的工作，5 月初去雅安与同学一起开设农产制造厂。

叶至善初到雅安，虽诸事缠身，但仍抽出时间加紧编写，编好后即寄回成都。叶圣陶在日记中记道，1943 年 6 月 27 日，"午后，改小墨寄来之第八册课文六篇。小学国语为之已一年有半，急欲完毕，了此一件工作矣"。7 月 4 日又记了一笔"续改国语课文一篇"，之后就再也没有提及《普益国语课本》的事。

直到 1944 年 11 月 20 日，叶圣陶才在日记中写道："月樵来谈，言书业已成弩末，必不得已，渠将迁居僻县，改设小货铺为生。"原来是出版方经营不下去了！所谓"皮之不存，毛将焉附"，《普益国语课本》的命运由此可以想见。这件事最终的结果就是，叶氏父子辛苦了一年半，认认真真地编写了八册《普益国语课本》，最后却只有其中的四册得以出版。这四册分别是第一册、第二册、第三册和第五册。①

而据叶至善本人回忆，《普益国语课本》当时是出版了前五册的。他说："先编写初小的八册，多数课文由我写了初稿，父亲修改之后，母亲誊正，韵文几乎都是父亲自己写的，一并寄给子恺先生作画书写。可惜成都没有做锌版的工厂，只好用木版印刷，刻工又跟纸张一样拙劣，拿在手上叫人伤心，没劲。印了头五册好像就无下文了，这个主意只好算实现了一半。"②作者和编辑都把自己的书看得像自己的孩子一样，忙了一年半，这套课本最后却落得一副灰头土脸的样子，难怪叶至善会觉得气短。

1944 年夏，完成《普益国语课本》编写工作一年后，勤奋的叶至善在教学之余又拿起笔，编写起了数学教材。他先是一个人编写了《开明新编初中代数教本》，后又与夏承法合编了《开明新编初中算术教本》。

这部《开明新编初中算术教本》，当与 1942 年年底叶至善参与

① 参见徐红玉：《叶圣陶小学国语教科书选文研究》，硕士学位论文，山东师范大学，2015 年。
② 叶至善：《父亲长长的一生》，载叶小沫、叶永和编：《叶至善集·传记卷》，开明出版社 2014 年版，第 160 页。

编辑的"初中算术"不是一回事。因叶圣陶在日记中曾多次提及《开明新编初中代数教本》，使我们可以明确地知道，它是叶至善在1944年用一个暑假编成的，叶圣陶曾用去五六天的时间帮至善校正了一遍。① 而该书的姊妹篇《开明新编初中算术教本》，也确乎是该书引出来的——"承法见小墨所编《代数》教本，愿为审阅一过。又愿与小墨合编《算术》教本，赶于年内送审。"② 这是1944年10月间的事。

直到1946年，《开明新编初中代数教本》和《开明新编初中算术教本》才得以出版。前者分为两册，上册152页，下册175页，封面上标明"叶至善编"。后者署名为"夏承法、叶至善编"，也是分为两册，上册180页，下册142页。从1944年开始编写，到1946年出版，前后用去了3年的时间，想来叶至善为这两套教本没少花费心思与精力。

三、好风凭借力，送我上青云

1945年8月18日，是中国抗日战争取得胜利的第四天，对叶至善来说，这是个特别值得纪念的日子。就是在这一天，叶至善正式入职开明书店，从此走上了职业编辑的道路。③

这道路从一开始就是顺风顺水的。起头是叶圣陶在一个月前开始

---

① 参见叶圣陶：《西行日记》，载叶至善、叶至美、叶至诚编：《叶圣陶集》第20卷，江苏教育出版社2004年版，第302—304页。
② 叶圣陶：《西行日记》，载叶至善、叶至美、叶至诚编：《叶圣陶集》第20卷，江苏教育出版社2004年版，第303页。
③ 参见叶圣陶：《西行日记》，载叶至善、叶至美、叶至诚编：《叶圣陶集》第20卷，江苏教育出版社2004年版，第436页。

主编《开明少年》，千头万绪，忙不过来，几位朋友就劝他让叶至善辞去教员的工作，转而入职开明书店，帮父亲做编辑工作。是以入职后的头一个多月里，叶至善一心扑在《开明少年》上，先后为该刊写了《可怕的鼠疫》、《原子》等文章，并将戏曲剧本选集《缀白裘》中的杂剧《张三借靴》改编成了故事。其中《可怕的鼠疫》、《原子》都是杂志合用的应时文章，前者是受成都当时霍乱流行的刺激而写，后者想来是看到美军用原子弹征服日本的新闻而作。至于改编《缀白裘》中的《张三借靴》，叶至善应该是早已有心于此了。受家庭的影响，他自小就喜欢看戏。本书第一章提到，在他还小的时候，胡铮子就曾给他买过一部扫叶山房出的小字石印本《缀白裘》。

这段时间，工作之余叶圣陶叶至善父子还是像往常那样，经常一起逛旧书店、看电影，还一起去参观了一家博物馆。9 月 14 日到 17 日，应叶至诚的同学武德泽邀约，叶至善去了绵阳一趟，看武家的盐井。后来他写成了《盐井和井盐》一文，发表于《开明少年》1945 年 12 月号。

随着抗战胜利，内迁的开明书店东归上海"复员"被提上了议程。叶圣陶决定于 9 月底举家迁到重庆，以便年底前和那里的开明同人一起复员东归。孰料 9 月 22 日，开明书店总经理范洗人自重庆发来电报，说供台湾使用的课本亟须商订，催促叶圣陶提前到渝。这一来，叶至善就得为全家离蓉赴渝忙起来了。可能是忙乱所致，两天后叶至善就发起热来，叶圣陶在日记中记下了自己的担心："小墨又发热，且痰中常红，不知何因。正将动身，一切须渠领导，为之闷闷。"① 好

---

① 叶圣陶：《西行日记》，载叶至善、叶至美、叶至诚编：《叶圣陶集》第 20 卷，江苏教育出版社 2004 年版，第 451 页。

在叶至善这次并没有大病。9 月 26 日一早，叶家全家人一起上了开往重庆的汽车。

汽车跑了两天。据叶圣陶日记，一路上出力最多的就是叶至善，他得负责装卸行李。在内江歇宿时，夏满子孕吐反应加剧，三午又不小心摔了一跤。① 叶至善虽一向平和，想来也会颇感焦头烂额。

9 月 27 日傍晚，叶家全家人赶到了开明书店重庆办事处。第二天，叶圣陶就去与范洗人商量如何编写供台湾使用的教科书了。当时台湾已光复，蒋介石决定派陈诚去当行政长官。范洗人的堂侄范寿康将跟陈去当幕僚，主管文教方面的事务。范寿康知道，经过日本人近半个世纪的殖民和奴化教育，台湾的年轻人对于中华传统已相当陌生，一些人甚至连中国话都不会讲，亟须在教育和出版方面加以强化引领，因此积极推动商务、中华、世界、开明等几大书局到台湾设店，以便使中文教科书尽快得到普及。② 范洗人得到消息后，就与章锡琛商量，决定由章锡琛亲往台湾，开设开明书店台湾分店，并兼任从日本人手上接管改造而成的台湾省行政长官公署教育处印刷厂厂长，同时请叶圣陶出面主持编写开明版台湾用中小学教材。

叶圣陶认为这件事情意义重大，为了台湾同胞不再使用日本政府审订的课本，不再受日本军国主义的奴化教育，应当马上全力推进教材编写工作。9 月 29 日，大家商量下来，决定先编历史和国文，以程度之高低，历史分为两册，国文分为三册。国文课本由叶圣陶和丁

---

① 参见叶圣陶：《西行日记》，载叶至善、叶至美、叶至诚编：《叶圣陶集》第 20 卷，江苏教育出版社 2004 年版，第 454—455 页。
② 参见范岱年：《范寿康和商务印书馆》，载《商务印书馆九十年》，商务印书馆 1987 年版，第 322 页。

晓先负责编写，形式类似民众课本：前两册相当于初小，后一册相当于高小。有了这五本教科书，台湾的学校就好开课了。

范寿康已定于 10 月份赴台莅任，届时要把稿本带走。时间非常紧迫，叶圣陶领了任务回家后，马上就按照丁晓先的建议找叶至善做帮手——这当然是最方便的，一来叶至善现已入职开明书店，为开明书店编教材已是他分内的工作，二来叶至善有编写《普益国语课本》的经验，上手会很快。据叶圣陶日记，10 月 1 日，"午后，与墨及小墨冒雨至保安路，出席编审校对部之工作会议。议定以后改名编译所工作会议。历两小时而毕。"① 这应是叶至善入职开明书店之后参加的第一个业务工作会议。会上想必讨论了台湾用教科书的编写问题，叶至善当是从这一天开始投入到这套教材的编写工作中的。

父子二人合作得又快又好。叶至善后来回忆说："父亲和我跟他（丁晓先——笔者注）一起商量，前两册的课文由他写，后一册的课文由我写，所有的练习都由我来编，最后全部由我父亲审定。工作量数我最大，我可以别的事全不过问；父亲可办不到，有许多事，他是推不掉的。我一上手就闭门造车，把借来的词典和参考资料全摊在床上，才能腾出半边书桌，坐在床沿上写稿。夜晚得把这些劳什子收拾起来，一一搬上书桌，方得把身子在床上摆平。到十八日才完成一半，寿康先生来催了，说先把这一半带去也好。于是父亲连夜改写，母亲连夜誊写，于次日交给了寿康先生，好让他第二天飞台北。"②

_____

① 叶圣陶：《西行日记》，载叶至善、叶至美、叶至诚编：《叶圣陶集》第 20 卷，江苏教育出版社 2004 年版，第 458 页。

② 叶至善：《父亲长长的一生》，载叶小沫、叶永和编：《叶至善集·传记卷》，开明出版社 2014 年版，第 185—186 页。

从 10 月 1 日开始编写，到 10 月 18 日，只用了短短的 18 天，父子二人就编写完了一半，可谓神速。到 11 月 8 日，至善所负责的 50 课全部编写完毕，叶圣陶在日记中给了很高的评价："修润小墨所为台湾国语教本，至午后三时而毕。全册五十课，至此完成。虽颇草草，内容尚不坏。"① 当天虽然下着雨，兴奋的叶至善还是出门去买了黄酒。晚上，爷儿俩在家里对饮庆贺了一番，用叶至善后来的话说，"真有点儿自我陶醉"②。

叶家在重庆盘桓了三个月。检叶圣陶日记，叶至善在重庆期间除了协助编辑《开明少年》、参与编写台湾用教科书外，还写了《陪都剪影》《竖鸡蛋》等文章，有时忙起来还得熬夜赶工。如 12 月 12 日那天，叶圣陶就在日记里记着："小墨、三官皆作夜工，至十一时。"③ 而在编辑业务上，叶圣陶这时已开始有意识地培养两个儿子了，如他在 11 月 20 日的日记里记道："夜与小墨、三官谈杂志编辑，心绪较佳。"④

工作之余，年轻的叶至善尤喜旅游。1938 年 1 月，叶家初入川时，在重庆淹留了将近一年，但那时叶家的三个孩子中，只有叶至美因学校在北碚而去过那里，叶至善、叶至诚都没有去过。如今再到重庆，哥俩是一定要去北碚游历一番了。于是自 11 月 28 日到 12 月 1 日，"偕

---

① 叶圣陶：《西行日记》，载叶至善、叶至美、叶至诚编：《叶圣陶集》第 20 卷，江苏教育出版社 2004 年版，第 473 页。

② 叶至善：《父亲长长的一生》，载叶小沫、叶永和编：《叶至善集·传记卷》，开明出版社 2014 年版，第 186 页。

③ 叶圣陶：《东归日记》，载叶至善、叶至美、叶至诚编：《叶圣陶集》第 21 卷，江苏教育出版社 2004 年版，第 3 页。

④ 叶圣陶：《西行日记》，载叶至善、叶至美、叶至诚编：《叶圣陶集》第 20 卷，江苏教育出版社 2004 年版，第 480、482 页。

士敩同游北碚","雨中尝游缙云山,观博物馆,又观煤矿"。①

此外还值得一提的是,这时刚刚踏上编辑工作岗位不久的至善已引起社会的重视,开始受邀外出做报告了:"今日小墨应劳工协会之邀,为工友讲原子弹。此是渠第一次为之,可记也。"②

在重庆期间,叶至善还结识了一位同事好友——欧阳文彬。

欧阳文彬,湖南宁远人,1938年毕业于长沙北平民国学院法律系,1939年进入桂林新知书店,曾先后在桂林文化供应社、重庆亚美图书社、时事新报社工作。1945年夏天,通过《中学生》杂志编辑傅彬然引荐,她以青年作者的身份谒见了仰慕已久的叶圣陶。此后不久,傅彬然就通知她进开明书店工作,当了一名校对员。校对组和《中学生》编辑部同室办公,欧阳文彬得以时时向叶圣陶、傅彬然请益,编校业务能力进步很快。

1945年12月28日,叶圣陶一家与欧阳文彬等开明书店同人一起,自重庆买舟东归。从重庆到上海,叶圣陶一家坐的是木船,从1945年年底登舟,到1946年2月9日抵达上海,一路上走了两个半月。那时52岁的叶圣陶已是名满天下的大文豪,以当时的交通条件,完全可以选择坐飞机或者坐轮船,可是一向清白自守的他却固执地选择了坐木船。事实上,他是出于这样的考虑:"抱着书生之见,我决定坐木船。木船比不上轮船,更比不上飞机,千真万确。可是绝对不用请托,绝对不用找关系,也无所谓黑票。你要船,找运输行,或者

---

① 叶圣陶:《东归日记》,载叶至善、叶至美、叶至诚编:《叶圣陶集》第21卷,江苏教育出版社2004年版,第3页。

② 叶圣陶:《东归日记》,载叶至善、叶至美、叶至诚编:《叶圣陶集》第21卷,江苏教育出版社2004年版,第5页。

自己到码头上去找。找着了，言明价钱，多少钱坐到汉口，每一块钱花得明明白白。在这一点上，我觉得木船好极了，我可以不说一句讨情的话，不看一副难看的嘴脸，堂堂正正凭我的身份东归。这是大多数坐轮船坐飞机的朋友办不到的，我可有这种骄傲。"①

在这两个半月的漂泊里，叶家每一个人都很辛苦，可是想必心里都如叶圣陶所说，是可以有一种骄傲的。江船飘摇，叶至善除了照顾祖母、父母、妻儿与弟弟之外，还协助卢芷芬、章士敫做了一些开明同人东归的组织管理工作。据叶圣陶日记，在这趟旅程中，叶至善还为《开明少年》完成了缩写果戈理名剧《钦差大臣》的工作。②

① 叶圣陶：《我坐了木船》，载叶至善、叶至美、叶至诚编：《叶圣陶集》第 6 卷，江苏教育出版社 2004 年版，第 200—202 页。

② 参见叶圣陶：《东归日记》，载叶至善、叶至美、叶至诚编：《叶圣陶集》第 21 卷，江苏教育出版社 2004 年版，第 21 页。

第五章

唱一曲悠扬信天游 [①]

自 1946 年 2 月 9 日抵达上海，至 1950 年
4 月 16 日离开上海到北京，叶至善在上海度
过了四年多的时光。这四年，是叶至善飞速成
长的四年，随着对编辑出版业务的熟稔，他开
始独当一面；这四年，也是叶至善真正融入开
明书店的四年，随着与开明同人切磋琢磨的增
多，他身上逐渐打上了"开明风"的烙印。

一、重返上海滩

阔别八年后，叶至善随同父亲回到了上海。

---

① "唱一曲悠扬信天游"，引自叶至善：《沁园春·勉永和》，载叶小沫、叶永和编：
《叶至善集·创作卷》，开明出版社 2014 年版，第 539 页。

当年离开这里时，他刚刚高中毕业，如今重回故地，已是一位读完大专、在社会上历练了五年的青年编辑。把一家老小安顿好后，叶至善就去位于福州路的开明书店报到上班了。

开明书店，始创于 1926 年，一度与同在上海的商务印书馆、中华书局、世界书局、大东书局并称民国五大出版机构。开明书店的创办人，是商务印书馆的"弃将"章锡琛，他与叶圣陶是多年的同事、好友。开明书店建店五年后的 1931 年，叶圣陶自商务印书馆辞职，加盟该店。据他回忆，"创办人是章锡琛先生和章锡珊先生，是夏丏尊先生，还有吴觉农先生和别的几位先生。周建人先生和胡愈之先生虽然没有参加开明，在创建时期也出过不少力气。我当时只能算作一个赞助人"①。可见开明书店自建立之初就团结了一大批文化名流。创始人章锡琛从一开始就非常重视企业文化建设，店名系请民国"副刊大王"孙伏园所取，店招亦是孙伏园的手笔，店徽则请来了丰子恺帮忙设计。

从 1926 年 8 月正式开业，到 1953 年 4 月与团中央下设的青年出版社联合组成中国青年出版社，开明书店的历史只有短短的27 年，但却深刻地影响了一代人，以至几十年后，很多著名文化人仍对它念念不忘。茅盾曾称开明书店为"个人事务的代办处"②。冰心说："我早就知道开明书店刊行了许许多多很有影响的图书杂志，至于他们严谨的编辑作风和与作者的密切关系，我都亲身体验过了。"③胡愈之评价说："从办杂志开始，靠几个知识分子办起来的

---

① 叶圣陶：《开明书店创办六十周年纪念会上的讲话》，载叶至善、叶至美、叶至诚编：《叶圣陶集》第 17 卷，江苏教育出版社 2004 年版，第 400 页。

② 黄源：《纪念夏师丏尊》，《出版史料》1987 年第 1 期。

③ 冰心：《我和开明的一段因缘》，载中国出版工作者协会编：《我与开明》，中国青年出版社 1985 年版，第 3 页。

书店，开明书店是第一家。……开明书店是新民主主义革命中诞生的一个进步的书店。它为青年、少年和儿童起了很好的作用。"① 胡绳回忆，1946 年内战爆发后，周恩来同志曾把上海出版界和杂志分成第一线、第二线、第三线三类，认为《中学生》和开明书店属于第三线，应该尽可能存在下去。他说："恩来同志这个安排，我和叶圣老谈过，请圣老尽力维持开明书店。"② 丰子恺的幼女丰一吟深情地说："提起开明书店，我就感到亲切，好比提起了外婆家！"③ 曹聚仁则这样评价开明人："不仅是书生，而且是很精明的市侩——可也不是铜气很重的市侩，他们都懂得文化事业的意义，以及把握读者心理的技术。"④ 曹氏的话虽有些不好听，但对我们理解开明书店的经营之道还是有帮助的。

出版企业属于以内容立身的文化单位，势必依靠知识分子才能办好。开明书店一如商务印书馆、中华书局，在当时聚集、培养了一批优秀的出版人才。出版家戴文葆曾说："该店是一群文人学者办企业，具有事业心，编辑很精干，和作者处得好，出版了若干好书，培养出不少人才，经营管理上也有一套办法，几十年兢兢业业，对中国现代文化作出了贡献。"⑤ 这个评价是很中肯的。开明书店的编辑团队非常强大，很多人物皆为一时之选。叶圣陶

① 胡愈之：《纪念开明书店创建六十周年》，载中国出版工作者协会编：《我与开明》，中国青年出版社 1985 年版，第 40 页。
② 胡绳：《我和〈中学生〉》，载中国出版工作者协会编：《我与开明》，中国青年出版社 1985 年版，第 43 页。
③ 参见叶瑜荪：《丰子恺与开明书店》，《出版史料》2008 年第 4 期。
④ 曹雷选编：《曹聚仁书话》，北京出版社 1998 年版，第 203 页。
⑤ 戴文葆：《深刻的印象》，载中国出版工作者协会编：《我与开明》，中国青年出版社 1985 年版，第 27 页。

晚年曾回忆说："（在开明书店）跟我先后一起工作的，除了夏先生和两位章先生，还有杜海生先生、范寿康先生、范洗人先生、朱达君先生、王伯祥先生、周予同先生、金仲华先生、丰子恺先生、徐调孚先生、傅彬然先生、宋云彬先生、顾均正先生、索非先生、丁晓先生、张沛霖先生、贾祖璋先生、唐锡光先生、卢芷芬先生、周振甫先生，还有别的许多位先生。"[1]这些光辉的名字，如今都已留在了中国现代出版史的史册上。权威的《中国出版百科全书》这样评价开明书店："该店始终坚持进步的出版方针，养成严谨的编辑作风。成立28年间，共出版各类图书约1500种，其中包括教本70种；还先后出版了《中学生》、《开明少年》等期刊十余种。出版图书以青少年读物为主，也出版了许多新文学作品。该店在教育、科学、文学、艺术等方面，团结了一批进步作者，出版了不少好书；在积累文化财富、教育广大青少年等方面，做了很多有益的贡献；在编辑出版方面、联系读者方面也积累了不少经验。"[2]

叶至善能够进入开明书店这样优秀的出版机构任编辑，自是十分幸运。他虽迟至1945年才进入开明书店，其实与之结缘是很早的。开明书店成立时，章、叶两家早已通好，而且叶至善与章家的两个儿子章士敏、章士敫还是小学同学。据叶至善回忆，"上学之前，放学之后，我常常去他们家玩儿。……仓库里还有许多书可以看，我是经常去的。开明在初期出了不少童话集，装帧插图都比商务和中华的考

---

① 叶圣陶：《开明书店创办六十周年纪念会上的讲话》，载叶至善、叶至美、叶至诚编：《叶圣陶集》第17卷，江苏教育出版社2004年版，第400页。

② 许力以主编：《中国出版百科全书》，书海出版社1997年版，第581—582页。

究。我翻了一本又一本，心里充满了欢喜，着实羡慕士敏士赦兄弟俩有这样的好福气"①。

正所谓"人以群分"，叶圣陶、夏丏尊和章锡琛、王伯祥等开明书店元老几乎都是自学成才，没有什么显赫学历，但都立身正、有担当、讲操守，且都深恨投机、钻营、没骨头，因而脾性相投，彼此间交谊深厚。他们的人格、品性与追求，对子女辈也产生了巨大的影响。1947年12月6日，为庆祝章锡琛60岁生日，叶圣陶写了一首七律，内中有句云："依母情怀犹少日，任儿施展取无为。"前半句是说二人都尚有老母在堂，后半句则是说对儿女的态度。据叶至善说："开明的老一辈，对儿女大多采取这样听之任之的态度。雪村先生的长子士敏，小学毕了业去印刷厂学排字，次子士赦，初中毕了业进开明做练习生。……我们家只妹妹至美进了大学，是她自己的主意；我和弟弟都没进正经大学。我中学毕业去学了农产品加工，东闯西荡了四年，到了儿还是进开明当了编辑。……雪村先生和我父亲，还有开明的许多位前辈，都相信一个人的舒展主要靠自己，进不进学校没有多大关系。他们自己也大多靠自学，大多没有大学的学历。"②

由此可见，叶至善的成长道路，从少年时期起就深受开明书店老一辈人的影响。他本人后来也曾回忆说："开明的许多长辈都给了我很深的影响，我一个也不会忘记。雪村先生给我的影响自然更深一

① 叶至善：《纪念章雪村先生》，载叶小沫、叶永和编：《叶至善集·散文卷》，开明出版社2014年版，第316页。
② 叶至善：《纪念章雪村先生》，载叶小沫、叶永和编：《叶至善集·散文卷》，开明出版社2014年版，第315—316页。

些，他是看着我从小长大的。"①

其实，在开明书店诸先生中，对他影响最深的是其父亲叶圣陶和岳父夏丏尊。而夏、叶分别是开明书店前期、后期的灵魂人物。叶至善一人得此两位编辑出版大家之厚爱与真传，放在整个中国编辑出版史的视野里来看，都是极其罕见、至为幸运的。

开明书店成立后，章锡琛请的第一任总编辑是著名的编辑家、社会活动家赵景深。赵景深任职一年半后，于1927年年底辞职。1928年年初，夏丏尊接任开明书店总编辑，成为该店历史上第一位产生重大影响的总编辑。此后直至1946年病逝，夏丏尊一直担任开明书店总编辑，前后长达19年。他为开明书店确立了以"青少年学生读物为出版重点"的出版方针，还想方设法地将自己的代表性译作《爱的教育》从商务印书馆转给了开明书店，于1926年3月作为开明书店的第一本图书出版，当时开明书店还未正式挂牌。该书两年半的时间里重印了五版，到1949年3月，已印到30版以上，成了开明书店的"吃饭书"之一。鲁迅先生曾在1936年对夏丏尊开玩笑："这本书卖得好，你可是当财神老爷了。"②在主持编辑业务的同时，夏丏尊还为开明书店作出了一个隐形而重大的贡献：因为他是丰子恺的老师兼好友，所以丰子恺始终对开明书店鼎力支持。丰氏独具一格的文人漫画，一度成了开明书店出版物的"标配"，为开明版图书增色殊多。

---

① 叶至善：《纪念章雪村先生》，载叶小沫、叶永和编：《叶至善集·散文卷》，开明出版社2014年版，第316页。

② 关于开明版《爱的教育》一书，章雪峰著《中国出版家·章锡琛》（人民出版社2016年版）考证甚为翔实，可参见该书第109—112页。

夏丏尊逝世于 1946 年 4 月。在他去世前的两个月，叶至善才东归上海，时隔八年后与岳父岳母重聚，并头一次当面改口管夏丏尊夫妇唤爹唤姆。见到女儿女婿携外孙小三午归来，夏丏尊内心的欣慰之情可想而知。只可惜"他已经病得十分衰弱，两个半月后，就怀着满腔忧愤与世长辞了"①。因此，在编辑技能方面，至善未能亲炙于夏丏尊，这不能不说是个遗憾。检叶圣陶日记可知，从叶家抵上海到夏丏尊去世，叶至善、夏满子夫妇经常在夏丏尊床前尽孝，但未曾提及任何编辑事务。夏、叶翁婿情深，叶至善退休后曾写过《纪念夏丏尊先生》等八篇怀念岳父的文章，但也只提到曾见父亲与岳父就编辑《中学生》杂志深谈，而未曾提及自己和岳父于编辑业务方面有所切磋。

夏丏尊去世后，叶圣陶继之主持开明书店编务。他被公认为开明书店后期的灵魂与中坚人物。有论者指出："如果说开明书店的图书和杂志，在前期都留下了夏丏尊的印记的话，那么自 1937 年到 1949 年，都深深地打上了叶圣陶的烙印。相比之下，后者的烙印更为深刻和持久。"② 而叶至善的幸运在于，在编辑出版业务方面从一开始就得到了父亲叶圣陶的真传。

在叶至善正式入职开明书店的四个月前，叶圣陶就开始带着他做期刊编辑的工作了。叶至善曾在一篇文章里介绍说："一九四五年四五月间，父亲和我筹备《开明少年》创刊，商量在这一份刊物上，应该让少年们读到些什么。当时定了好些栏目，如《望望世界》，讲

---

① 叶圣陶：《〈出川日记〉小记》，载叶至善、叶至美、叶至诚编：《叶圣陶集》第 21 卷，江苏教育出版社 2004 年版，第 37—38 页。

② 章雪峰：《中国出版家·章锡琛》，人民出版社 2016 年版，第 166—167 页。

国际时事;《任何人的科学》,讲科技常识;《时间前进吧》,讲人类在各方面如何取得进步;《人怎样变成巨人》,讲那些有益于人民的人的成长过程,如此等等。在文学方面的栏目有《书的缩影》,介绍古今中外的中篇和长篇小说;还有《诗人的心》,介绍古今中外的诗,当然包括我国古代的词。"①

在父亲的指引下,叶至善一出手便不凡。他晚年曾回忆说:"《开明少年》月刊于一九四五年七月十五创刊,筹备工作始于四月中。那时我在中学教化学,课余正好当父亲的帮手。大到跟父亲一同制定每期的选题,小到绘各个专栏的题花,我都放大了胆子干,好在有先前的《新少年》做蓝本。我还不肯亦步亦趋地跟着学,下定决心要在半年之内超过它,使内容更驳杂,文字更活泼,形式更新鲜,总之要尽可能符合我父亲对儿童教育的种种设想。"② 由此可见,叶至善踏上编辑出版之路的起点极高。在叶圣陶的提点与指导之下,他一上手就颇有大家的风范,编辑眼光很高,出版格局很大,志气也够高,而又能扑下身子不避琐屑,成功自是必然。

开明人似乎都深知"天下大事,必作于细"的道理。1930 年《中学生》杂志创刊之初,开明书店的老板章锡琛曾亲自上阵,"利用各种铅线、铅字、花边,设计出杂志上的各种题饰"③。到 1945 年《新少年》复刊并更名为《开明少年》,则是第二代开明人的代表性人物叶

---

① 转引自叶小沫、叶永和:《襟怀孺子牛——叶至善小传》,载叶小沫、叶永和编:《叶至善集·传记卷》,开明出版社 2014 年版,第 346—347 页。

② 叶至善:《父亲长长的一生》,载叶小沫、叶永和编:《叶至善集·传记卷》,开明出版社 2014 年版,第 176—177 页。

③ 莫志恒:《章锡琛老师是我做出版工作的带路人》,载出版史料编辑部编:《章锡琛先生诞辰一百周年纪念文集》,出版史料编辑部 1990 年版,第 79 页。

至善在做这个工作了。

二、初染"编辑瘾"

在从事编辑工作满 40 年的时候，叶至善写过一篇文章，题为《编辑瘾》，文中说："哪儿来的这么大的编辑瘾呢？自己也说不清楚。"①若要追根溯源，叶至善染上这"编辑瘾"，八成是开始于到上海开明书店总部工作时。因为据叶至善本人回忆，他在编辑业务上开始"全面发展"就是到了上海之后："抗战胜利后回到上海，那时候反内战，争民主，我父亲的社会活动多得不得了，《开明少年》就主要由我负责，每期定了稿，还要父亲看过之后才发排。因为我编写的讲自然科学的文章比较多，大家都把我当成科普编辑；其实我什么都编，什么都写，连音乐美术也不例外。咱们希望孩子们全面发展，《开明少年》是综合性的少年期刊，当然什么都不能少；要编好这样一种期刊，我自己也非得来个全面发展不可。"②

而据东归上海后与叶至善同室办公、办公桌挨得很近的欧阳文彬观察，他那时也真是一种编辑上瘾的状态："他大概是世界上最忙的人了。在我的印象中，他几乎无时无刻不是埋头在书桌上，不停地看稿写字。我曾见过很多勤奋的朋友，但是谁也没有像他那样，把全副

---

① 叶至善：《编辑瘾》，载叶小沫、叶永和编：《叶至善集·编辑卷》，开明出版社 2014 年版，第 116 页。

② 叶至善：《编辑工作的回忆——在科普报刊座谈会上的发言》，载叶小沫、叶永和编：《叶至善集·编辑卷》，开明出版社 2014 年版，第 146 页。

心血和精力都倾注在工作上，总要累得抬不起眼皮、坐不稳身子、几乎要瘫倒的时候，才能够歇下来喘一口气。"①

叶至善与开明书店的缘分结得很深。在本书第一章，我们曾提到过，叶至善读高中时，最喜欢的刊物便是开明书店为初中生编的《新少年》，尤其爱读该刊刊载的宋云彬编写的历史故事。抗日战争爆发后，该刊停办。到1945年春，开明书店决定复刊《新少年》，但这时市面上已有别家书店出版的《新少年》了，于是叶圣陶就把刊名改成了《开明少年》。

身为主编的叶圣陶在《发刊辞》中清楚地表明了该刊的出版理念："叫《开明少年》也好。一方面，表示它是开明书店出版的少年杂志。另一方面，还有旁的意义。……在以往的八年间，我们中国和整个世界都在大变中……各国人民受到了这回战祸的教训，更热切地希望得到自由和平……在今后的我国，在今后的世界，个人必须做个全新的人。什么叫作全新……'开明'两个字也可以包括了。'开'是开通，'明'是明白。侵略人家，欺侮人家，妨碍人家的自由，剥夺人家的幸福，就是不开通，不明白。这样的人无论如何要不得：由他治理一地的事，便是一地的祸患；由他治理一国的事，便是一国的甚至世界的灾难。协和人家，帮助人家，尊重人家的自由，顾全人家的幸福，就是开通、明白。这样的人遍于一地，便是一地的康乐；遍于一国，便是一国的荣华……我们愿意诸君做开明的少年。"

在如此高远的出版理念指引下，参与到编辑《开明少年》创刊

---

① 欧阳文彬：《文彬附言》，载叶小沫、叶永和编：《叶至善集·书信卷》，开明出版社2014年版，第390页。

号的工作中，叶至善心中想来是激动不已的。他为之投入了巨大的
热情，收得了非常好的效果，并由是开始在编辑出版界崭露头角。
举例来说，在初办《开明少年》时，主编叶圣陶并没有注重科普文
章，但是叶至善认为科学知识对于少年朋友们来说非常重要，于是
就建议增加这方面的内容，并花了很多心思来将这些内容编辑得浅
显易懂，以便让小读者易于接受。① 他的这些卓有成效的工作，不光
让叶圣陶很满意，还引起了时任开明书店总经理范洗人的瞩目。后
来叶至善回忆说："在重庆的范老太公他们看到创刊号确实不同于市
面上的少年刊物，在信上跟我父亲说，他们都知道他实在太忙，是
否让我正式进了开明吧？母亲同意。父亲问我，我说这样最好，就
把中学下一学年的续聘书退了。"② 就这样，叶至善正式成了开明书店
的一员。

　　入职之初，叶至善迸发出了巨大的工作热情，每天都在想着怎样
才能把《开明少年》编好。那年夏天，锦江发大水，成都城里的大小
街道都淹了，屋子里也都进了水，接着就来了霍乱。叶家父子不时就
会听到门口裁缝铺里的小伙计喊："又抬过一口了！"探头往外看看，
原来是人们抬了一口薄皮棺材路过。章锡珊想法子弄来了防疫针，知
道叶至善在中央大学医学院工作过，会打针，就让他给开明书店在成
都的职员和家属都做了注射。叶至善不只顾着防疫，满心里还记挂着
他的杂志呢，得知鼠疫也来"进袭"，于是赶紧查资料，动手给《开

---

① 参见肖红：《论叶至善的编辑思想与实践》，《彭城职业大学学报》2003 年第 3 期。
② 叶至善：《父亲长长的一生》，载叶小沫、叶永和编：《叶至善集·传记卷》，开明出
版社 2014 年版，第 177 页。

明少年》写了一篇《可怕的鼠疫》①，以便让小读者们及时了解相关知识，从而有效防病防灾。

《开明少年》复刊于 1945 年 7 月 16 日，其创刊号付印之时，已临近"九一八"14 周年纪念了。办刊嗅觉敏锐的叶至善提笔写了一篇长文，题为《纪念"九一八"说起大豆》，作为特稿发表于《开明少年》1945 年 9 月号上。本文由日军侵略东北引入，从当时流行的歌词"那儿有森林煤矿，还有那漫山遍野的大豆高粱"谈起，分成九个片段来写："日本为什么强占咱们的东北"、"数目字告诉我们"、"素食的中国"、"巴黎的豆腐公司"、"漉豆以为汁"、"豆油豆饼"、"豆芽的奇迹"、"马儿萨斯人口论"、"从生物共生得到的启示"。北京大学中文系教授商金林评价此文说："把'大豆'写得如此丰富，联想得如此开阔，又如数家珍，得心应手，知识性、思想性、文学性自然地而又恰到好处地糅合在一起，给作品增添了无穷的魅力。就内容涉及的话题而言，真是'包罗万有'，'纵横古今'；就写作的手法和特色而言，则是'小中见大'，'夹叙夹议'，既可以当作有厚重的思想力度的科普作品来欣赏，也可以作为一篇'窄而深'的极富文学性的学术论文来阅读，像杂文，又像是'时事综述'，是一篇相当及时而又

---

① 叶至善在《父亲长长的一生》中详细回忆了此事（参见叶小沫、叶永和编：《叶至善集·传记卷》，开明出版社 2014 年版，第 181—182 页），唯最后说"我还赶紧查资料，给《开明少年》补写了一篇《霍乱》"不确。《霍乱》一文刊于《开明少年》1946 年 7 月号，文中提到"去年（1945 年）夏天，霍乱在四川流行得非常广……今年（1946 年），这个可怕的数字又开始增长了"，可知文章写于 1946 年。当 1945 年夏天成都霍乱肆虐之时，叶至善所写文章应为《可怕的鼠疫》。该文刊于《开明少年》1945 年 11 月号，文中写道："今年五月底，内江附近首先发现霍乱。……整个四川被霍乱骚扰的时候，鼠疫又沿着川湘公路来进袭了。"

富有深远意义的爱国主义教材。"①

　　叶至善写于这一时期的科普小品文还有一篇《黄金的悲喜剧》，被认为是"由点到面，由浅入深，娓娓道来，既顺理成章，又别开生面，换一个话题就是一道风景"。该文发表于《开明少年》1945 年 11 月号时原题《黄金》，从国民党借"改革"名义用金圆券替代法币掠夺老百姓的事实入手，讲了美国旧金山发现金矿、淘金热等故事，插入了卓别林的喜剧片《淘金记》和杰克·伦敦的小说《一千打》，又说了炼金厂与金矿，转而讲了真金为什么不怕火烧的化学知识，以及"黄金无用？""点金有术"等等。结尾作者仍觉意犹未尽："人类对物质的认识是一条无穷无尽的长河，故事不论讲到哪儿，总还望不见尽头。我在这儿只好照抄老话：'欲知后事如何，且听下回分解。'"②

　　虽说叶至善自己认为这两篇作品内容杂了些，是"学伊林没学像"，但从另一角度看，作品跨及社会科学与自然科学两大学科，多科知识融会一体，内容丰赡，品相完整，殊为难得。③ 在这些优点之外，尤其值得强调的是，叶至善已初步形成了一种娓娓道来、亲切有味的行文风格——这种行文风格因特别着意于拉近与读者的距离，或可称之为"编辑体"。其中最值得注意的，就是他善于使用"咱们"这样的词语。如《纪念"九一八"说起大豆》中，有"咱们的东北"、

---

　　① 　商金林：《〈叶至善集〉序》，载叶小沫、叶永和编：《叶至善集·编辑卷》，开明出版社 2014 年版，第 8 页。

　　② 　叶至善：《黄金的悲喜剧》，载叶小沫、叶永和编：《叶至善集·科普卷》，开明出版社 2014 年版，第 24 页。

　　③ 　参见刘维维：《叶至善科普图书出版理念初探》，《出版史料》2010 年第 2 期。此处提及的"伊林"，是苏联著名作家，生于 1895 年，逝于 1953 年，著有科普作品《十万个为什么》、《几点钟》、《黑白》、《五年计划的故事》等，对中国科普创作影响很大。

"数目字告诉咱们"、"咱们中国人"、"咱们走进菜馆"等;《黄金的悲剧》中,有"在咱们中国"、"咱们中国历史上"、"咱们的衣料"等;《扳指头》中,有"假如咱们只有八个指头"、"咱们来试一试"等。①"咱们"这个词简直成了叶至善科普小品文的一个标志,从 20 世纪 40 年代起,到 50 年代写《太阳·月亮·星》,第一句还是说:"咱们生活在地球上。"②直到 80 年代,叶至善发表讲话时仍习惯性地使用"咱们":"竞赛的成果现在已经摆在咱们的面前","咱们看到在这次智力竞赛中……","咱们认为对孩子们来说……"③这些语言读来、听来是多么亲切,出自叶至善这样的大家口中,想来定会使读者和听众如沐春风。

叶至善善于与读者拉近距离,不只体现在他撰写的科普文章中,还体现在他为《开明少年》撰写的图书广告、编辑部启事和其他补白性编辅文字里。

在追求"全面发展"的上海时期,叶至善已逐渐自觉树立起了宣传推广意识,撰写和发表了多篇有创意、有特色的图书广告。举例来说,《开明少年》复刊之前,开明书店新推出了一本译介自德国的科学童话集——《乌拉波拉故事集》,译者是开明书店编辑部主任顾均正。叶至善先是在《开明少年》创刊号上刊发了顾均正自撰的广告,

---

① 叶至善:《扳指头》,《开明少年》1946 年 6 月号。收入叶小沫、叶永和编:《叶至善集·科普卷》,开明出版社 2014 年版,第 41—44 页。

② 叶至善:《太阳·月亮·星》,科学普及出版社 1957 年版。收入叶小沫、叶永和编:《叶至善集·科普卷》,开明出版社 2014 年版,第 209—236 页。

③ 叶至善:《从小开始训练自学——〈从小学起〉智力竞赛发奖大会上的讲话》,该讲话稿写于 1986 年 11 月 18 日,收入叶小沫、叶永和编:《叶至善集·科普卷》,开明出版社 2014 年版,第 205—206 页。

后来又提笔在 1945 年 12 月号上亲自为它做了一则广告，题为《太阳请假的时候》。简要介绍了书中一则故事，并说"这样有趣的故事，在这本书里一共有十五个。内容是各种自然科学常识，却是用写童话的笔调写的，很合少年们的口味"①。在这则图书广告中，叶至善用举例的办法，娓娓道来，富有新意，与译者顾均正本人所拟的广告词②相较可谓各擅胜场。

民国时期的出版界，非常重视图书广告。一代编辑大家鲁迅、胡风等都精擅此道。身为开明书店的中坚人物，叶圣陶在任时更是写了 100 多则图书广告，其中不乏写给茅盾、巴金、老舍、沈从文、张天翼、冰心等名家名作的。叶至善所撰图书广告的文风，其实是从父亲叶圣陶那里承袭而来。如谓不然，不妨参看叶圣陶于 1947 年 5 月为冰心《寄小读者》所写的图书广告③，便可知叶氏父子的行文风格都是那般明白如话、清浅可喜。

著名学者、编辑家张中行晚年回忆起叶圣陶时曾说："我们在一起的时候，常常谈到写文章，他不止一次地说：'写成文章，在这间房里念，要让那间房里的人听着，是说话，不是念稿，才算及了格。'"④ 读此可知叶至善文风之所自。

有意思的是，九年前，少年时期的叶至善特别爱读宋云彬《玄武

---

① 叶至善：《太阳请假的时候》，《开明少年》1945 年 12 月号。收入叶圣陶、叶至善：《叶氏父子图书广告集》，上海三联书店 1988 年版。

② 顾氏自拟的广告词为："这是一部真正的科学童话，是科学与文艺化合成的结晶体。用包了糖衣的奎宁丸来比它，还嫌不够确切，它是蜜渍的果脯，甜味渗透了一切。"刊于《开明少年》创刊号（1945 年 7 月号）。

③ 参见叶圣陶：《广告集》，载叶至善、叶至美、叶至诚编：《叶圣陶集》第 18 卷，江苏教育出版社 2004 年版，第 367 页。

④ 张中行：《叶圣陶先生二三事》，《读书》1990 年第 1 期。

门之变》（开明书店 1937 年 4 月初版），而当九年后该书推出新版（开明书店 1946 年 10 月三版）时，图书广告就是由当年的热心小读者、如今的《开明少年》编辑叶至善来写了：

> 这是一本历史故事集。宋先生用新的眼光，新的手法，把史实用文艺的笔调写下来。我们读这本书的时候，这些历史上的人物又活在我们的眼前，这些复活了的故事，会给我们许多新的教训。①

文中连用三个"新的"，叶至善对此书的推崇之情可谓溢于言表。像这样的图书广告，绝不是板着脸的高头讲章，可以说与小读者之间是没有什么距离感的。

在编辑《开明少年》的过程中，叶至善逐渐了解了小读者，熟悉了少年儿童，因而他的图书广告的读者定位是抓得非常准的。在少年儿童刊物上，用少年儿童喜闻乐见的笔调，介绍少年儿童读物，这是叶至善图书广告的突出特点，也是其产生良好效果的基础。②

少年儿童求知欲旺盛，充满好奇心，凡事都想问个为什么。叶至善在撰写图书广告时，非常注意迎合小读者们的年龄及心理特征。为此，他在为图书广告拟标题时喜用问句，如《猿会变成人吗?》、《落下的炸弹有重量吗?》、《哪一只杯子重?》、《没有钟成个什么世界?》、《面包里含着什么?》等等，就都是这样。此外如《要是你遇见魔鬼》、

---

① 叶至善：《图书广告集》，载叶小沫、叶永和编：《叶至善集·编辑卷》，开明出版社 2014 年版，第 534 页。

② 参见王丽：《〈开明少年〉杂志研究》，硕士学位论文，中南大学，2012 年。

《这不是笑话》、《错打了屁股》、《华莉亚又遇险了》等篇，标题都极富戏剧性的张力。这样的图书广告，让人光是读了广告题目就忍不住想看内容，而看完后也很容易产生读书、购书的欲望。

在给少儿图书做广告这方面，叶至善还特别善于利用补白。① 刊物所刊发的文章，若是后面有空白，他就会结合文章内容编写一段图书广告，让文章与广告相互呼应、彼此烛照。如果是讲音乐的文章，他就给附上《音乐入门》一书的广告；如果是讲数学的文章，他就给附上《数学趣味》一书的广告；如果是一篇童话，他就给附上一两本童话书的广告；若是小读者的习作，他就给附上写作指导类读物的广告。这种方式既尊重作者，又贴近读者，因而非常受欢迎。而对自己认为意义重大的重点新书，叶至善还会给出组合式的推介，即给一本书写若干篇广告。比如为了推广德国科普作家盖尔（O.W.Gail）著、顾均正编译的《物理世界的漫游》（该书由开明书店于 1934 年 11 月出版，1948 年 7 月推出"特一版"），叶至善先后编发了《落下的炸弹有重量吗?》、《哪一只杯子重?》、《一吨木头比一吨铁重》、《这不是笑话》、《对穿地球的无底洞》等五则广告。② 这些广告内容各个不同，但都围绕着《物理世界的漫游》这本书展开，彼此之间有联系，可以起到互相补充、反复宣传的作用，从而给小读者留下深刻印象。

时隔 40 年后，欧阳文彬这样回忆叶至善当年撰写这些广告的情景："读至善同志写的广告时，一些有趣的往事又涌上了心头。因为

---

　　① 叶至善曾回忆说："当时我觉得最带劲儿的是'补白'形式的广告，因为在撰写中可以掺进一点儿自己的看法。"参见叶至善：《我做广告》，载叶小沫、叶永和编：《叶至善集·编辑卷》，开明出版社 2014 年版，第 97 页。

　　② 这五则广告均刊于《开明少年》，收入叶至善：《图书广告集》，载叶小沫、叶永和编：《叶至善集·编辑卷》，开明出版社 2014 年版，第 546—550 页。

这些广告写于 1946—1949 年，那段时间我和他同室办公。在看稿、编稿的间隙中，他常常要出几道题考我。有的题目看似简单，答起来却是错多对少。一次，他问我：一吨木头和一吨铁，哪个重？我脱口而出：一样重。他摇摇头，叫我到《物理世界的漫游》中去找答案。原来……实际上是一吨木头重。明白了这个道理，我就兴致勃勃地读起《物理世界的漫游》来。根本没想到至善同志是在为这本书做广告。我就成了他的试验品。后来他把这些问题写成广告文字，每则标上一个题目，刊登在《开明少年》的版面空白地位，像小品文一样，和传统形式的广告相比，可说是别具一格。现在重读一遍，仍觉趣味盎然。奇怪的是，先前被至善同志考过的一些知识，在我脑子里留下的印象至今还是那么清晰。我相信它们对于青年读者，无论是当年的还是今天的，都会起到促进学习兴趣、扩大知识面的作用。"①

叶至善为什么会如此重视图书广告呢？这不光是因为写好图书广告是编辑工作的一部分，属于责任编辑不容推卸的职责范围；也是因为开明书店的办刊宗旨一贯要求编辑这样做："开明书店办刊物是为了宣传自己的主张，表明自己的态度；为了团结作者，联系读者；为了积攒和征集书稿；还为了推销自己的出版物；并不着眼于刊物本身能不能赚钱。为了达到这些目的，办刊物即使蚀点儿本也愿意。"② 正是在这样的办刊宗旨指引之下，叶至善当年才会是"挖空心思做广告"。当然，这样挖空心思地来推广好书，也反映了叶至善对编辑出版工作的热爱，对好书的热爱，对作者的尊重和对读者的负责。诚如

---

① 欧阳文彬：《读叶氏父子的图书广告》，《编辑学刊》1987 年第 4 期。

② 叶至善：《我做广告》，载叶小沫、叶永和编：《叶至善集·编辑卷》，开明出版社2014 年版，第 95 页。

他自己所说："只要书是好书，读者读了确实能得益，就应该想方设法吸引读者购买，这也是为读者服务。"①

开明书店一贯重视图书的宣传推广工作，因之老编辑们无一不擅长撰写图书广告。而新店员在入店之初也会受到这方面的训练。以欧阳文彬为例，她东归上海后，在成为《中学生》杂志编辑之前，就曾在开明书店推广科当了一段时间的科员，跟时任推广科科长徐调孚学到了很多做广告的本事。后来欧阳文彬回忆："调孚先生交下来的第一项任务是给新书写内容介绍，要求用简明的文字概括全书的内容和特色，而且要实事求是，向读者负责。实事求是是开明书店各项工作的一贯作风，但用到推广工作上似乎不好理解。"起初，欧阳文彬觉得开明的出版物大多为上乘之作，写广告的时候多说一些"美不胜收"、"引人入胜"之类的好话也无妨，毕竟是拉生意的。但出乎她意料的是，徐调孚一见套话就打回票。他说书籍不是一般的商品，广告应该帮助读者了解书的内容，以便选购符合自己需要的书，套话对读者毫无帮助。见欧阳文彬一时不能理解，徐调孚便给了她一些自己撰写的图书广告，让她慢慢揣摩，不断试笔。当时，开明书店新推出了陀思妥耶夫斯基的《白痴》等几部小说，欧阳文彬便尝试着为它们写了内容简介。她后来回忆道："真得下一番功夫。每写一条介绍，都如同上一次考场。"② 为了让欧阳文彬尽快熟悉这一工作，徐调孚有时还专门出题给她。直到一年后欧阳文彬走上编辑岗位，才真正明白了

---

① 叶至善：《我做广告》，载叶小沫、叶永和编：《叶至善集·编辑卷》，开明出版社2014年版，第100页。

② 参见欧阳文彬：《广告中的学问》，载范用编：《爱看书的广告》，生活·读书·新知三联书店2015年版，第190—193页。

徐调孚的良苦用心。多年后她改行写文学评论，发现当年从撰写图书广告中学到的东西也派上了用场。①

正是出于早年间对图书广告的热爱，1988年，年已68岁的欧阳文彬仍亲自操刀，责编推出了《叶氏父子图书广告集》。她在编后记中写道："小品式的（图书）广告对于促进学习兴趣，扩大知识面有它独特的作用……"②而编辑之于广告，也诚如她在另一篇文章中所总结的那样："叶氏父子的图书广告给我们的启示至少有两条：一是图书广告不同于其他商品的广告。它本身就是传播文化知识、提高鉴赏水平的有力手段，也可说是一种文化积累，理应引起重视。二是编辑做广告应当提倡。因为编辑熟悉书刊内容，了解作者写作过程，容易抓住要点，作出中肯的分析。写好广告文字应是编辑工作的一部分，属于责任编辑的不容推卸的职责范围。"③

叶至善之所以能把图书广告等辅文都写得那么好，一方面是基于其自身具备很强的写作能力；再一方面是因为他有着高远的编辑追求：决心要使这本杂志"内容更驳杂，文字更活泼，形式更新鲜，总之要尽可能符合我父亲对儿童教育的种种设想"④；还有一方面，则与那个时代对编辑的素质要求有关："当编辑的一定要自己能写。解放前，大概先要能写，书店书局才会请你去当编辑。"⑤特别是期刊，对

---

① 参见欧阳文彬：《作家的知音——记徐调孚》，《民主》1996年第8期。

② 参见叶圣陶、叶至善：《叶氏父子图书广告集》，上海三联书店1988年版。

③ 欧阳文彬：《读叶氏父子的图书广告》，《编辑学刊》1987年第4期。

④ 叶至善：《父亲长长的一生》，载叶小沫、叶永和编：《叶至善集·传记卷》，开明出版社2014年版，第177页。

⑤ 叶至善：《准备和尝试》，载叶小沫、叶永和编：《叶至善集·编辑卷》，开明出版社2014年版，第103页。

编辑的文字能力要求更高："编辑期刊还迫使咱们非自己动笔不可。编后记总得咱们编辑自己写吧，咱们得把咱们的编辑意图告诉读者，告诉他们这一期为什么要刊登这些文章，下一期将要发表哪些文章。有的文章得加上按语，向读者说明刊登某篇文章或某组文章的用意所在，这'编者按'总得咱们编辑自己写吧。有的文章得加些注释，这注释也得咱们编辑自己写。还有补白，如果某篇文章后面留下一片空白，咱们编辑就得写一篇短文补上。补白要写得好可不是件容易的事，字数不多，又要言之有物，生动活泼。有时候，期刊缺了一篇非有不可的文章，急切却找不到作者，咱们编辑就被逼上梁山，非得自己写不可。"[①] 应该说，这一番夫子自道，对我们今天做好期刊编辑工作仍具有很好的指导意义。

要编好期刊，除了有个好笔头，还要懂得编排，如此才能保证期刊出来后像个万花筒一样变幻多姿、生动好看："期刊的编排一般来说比图书复杂得多，咱们还必须学会编排技巧，掌握制图、排版、印刷等印制方面的知识。"[②]

所谓技近乎道，如果说文字功底、编排技巧都属于"技"的层面，那么编辑期刊的"道"的层面也当是从中提炼而来。在这个层面，归结起来叶至善主要做了三点：一是注重每一期的总体选题设计；二是注重及时向小读者传达他们急需的文化科学知识；三是注重与小读者的互动，注重黏合。这三点都是建立在"想小读者之所想，急小读者

---

①　叶至善：《编辑工作的回忆——在科普报刊座谈会上的发言》，载叶小沫、叶永和编：《叶至善集·编辑卷》，开明出版社 2014 年版，第 149 页。

②　叶至善：《编辑工作的回忆——在科普报刊座谈会上的发言》，载叶小沫、叶永和编：《叶至善集·编辑卷》，开明出版社 2014 年版，第 149 页。

之所急"的编辑服务意识基础上的。其中第二点,从前举四川流行霍乱、鼠疫时叶至善在《开明少年》上编发了自己撰写的科普文章已可管窥,第一点和第三点还需申说一番。

这第一点事关选题,说白了就是设计蓝图,还是用叶至善自己的话说吧:"要把期刊编得像个样子,决不是把手头的文章收集在一起,凑足了两个印张或者四个印张就算完事。为什么这些文章非刊载在这一期上不可,应该能说出个道道来。……咱们还得根据得到的最新的信息,结合自己编辑的期刊的方针任务和读者对象,来设计和订出合适的选题。……如果咱们要当一个有见解、有眼力、有主见、有决断的期刊编辑,光凭几条编辑方针是不够的;要是没有广博的知识,咱们就不能在原则的指导下,编出有自己特色的期刊来。"①

至于第三点,用今天的话说,就是特别注重通过聆听读者呼声、帮助读者解决问题等来提高读者的黏合度。叶至善那时已养成事事处处为读者着想的习惯。他特别看重读者来信,认为"读者的大量来信,咱们非得仔细阅读,认真思考,是否每信必复倒不一定……但是读者的意见一定要想方设法在期刊的版面上反映出来。譬如说,根据哪几位读者的意见,咱们的期刊做了哪些改进,新添了哪些栏目,发表了哪些文章;有些意见还可以摘要在期刊上发表,或者作公开答复。读者看到他们的意见受到了重视,才能真个把咱们的工作当作他们自己的事,把咱们编辑当作他们的知心朋友"。他还特别乐于接待来访的读者,并经常主动到读者中间去做调查研究,认为这样"就能知道他们对咱们的期刊有些什么要求,同时了解他们的知识水平和理解能

---

① 叶至善:《编辑工作的回忆——在科普报刊座谈会上的发言》,载叶小沫、叶永和编:《叶至善集 · 编辑卷》,开明出版社 2014 年版,第 147—148 页。

力，熟悉他们的阅读兴趣和思考问题的习惯，咱们的期刊就会越编越好，受到读者的欢迎"。①

　　从《开明少年》杂志来看，叶至善在编读交流方面下的功夫最大，成效也最为显著。征文就是其中的重头戏。《开明少年》除了每期发表读者写来的稿件、感想以外，差不多每隔半年就会举办一次征文。叶至善贯彻父亲的教育理念，把征文的题目出得很有意思，且尽量贴近少年读者的生活，符合他们的心理认知水平。像《假如我是……》、《我》、《写信给书中人》等题目，对小读者来说都很有吸引力，既能调动他们的想象力和参与热情，又能启发他们去观察和思考身边的人和事。叶至善从征文来稿中选出优胜者，先陆续在刊物上发表，然后还另出集子，或赠或售予读者。这样，刊物就真正成了读者自己的园地，自然会受到他们的热烈欢迎。这里仅举出叶至善为《开明少年》三周年纪念征文选集《我》这本书所写的一则"告读者"，就可体会到他作为编辑的良苦用心了：

　　　　这是从五百多篇应征稿中选出来的

　　　　　　三十几位少年的自我介绍，自我批判。

　　　　在这本小册子里

　　　　　　你可以看到中国少年怎样在艰苦中成长，

　　　　　　你可以看到新中国的希望。

　　　　在这本小册子里

　　　　　　你可以找着你的朋友，

---

　　① 叶至善：《编辑工作的回忆——在科普报刊座谈会上的发言》，载叶小沫、叶永和编：《叶至善集·编辑卷》，开明出版社 2014 年版，第 148 页。

你可以照见自己的影子。

这本小册子准七月中出版，

随第三十七期《开明少年》赠送订户。[①]

如果《开明少年》的征文活动只是满足于编发文章、出集子，那还不足以显示出叶至善的高明。令人佩服的是，他还会借征文活动，帮助东家巧妙地营销相关图书。请看这一篇文字：

你觉得作文是件困难的事情吗？你看到《开明少年》征文，想写一篇来试试吧？你会因为不知道怎样写而踌躇吗？你看了前面登出来的几篇应征文，觉得这几位少年朋友写得好吗？你有没有这样问自己："为什么别人写得出来我却写不出来呢？"其实，你也一定能写好的，只要你懂得作文的方法。下面这几本书，就是告诉你作文的方法的：

《文章作法》　　夏丏尊　刘薰宇　著

《文心》　　　　夏丏尊　叶圣陶　著

《文章讲话》　　夏丏尊　叶绍钧　著

《文章例话》　　叶圣陶　著

《读和写》　　　沐绍良　著

《词和句》　　　孙起孟　著[②]

---

① 叶至善：《〈我〉——〈开明少年〉三周年纪念征文选集》，《开明少年》1948 年第 32 期。收入叶小沫、叶永和编：《叶至善集·编辑卷》，开明出版社 2014 年版，第 538 页。

② 该文题为《你会写文章吗?》，刊于《开明少年》1946 年第 13 期。收入叶小沫、叶永和编：《叶至善集·编辑卷》，开明出版社 2014 年版，第 564 页。

当然，我们不应只看到这则广告的功利性，还应看到它的公益性——广告中提到的这几本书，的的确确是指导青少年写作的好书，有好几种今天还在重印，影响可谓广泛而深远。

要之，在上海编辑《开明少年》的三年，对叶至善来说是人生当中非常难忘的一个时期。正是从这个时期开始，叶至善逐渐锤炼成长为一代编辑大家。晚年他曾深情地回忆说："我做编辑工作是从期刊开的头。从我的经验看，编辑期刊是锻炼自己的最好机会。""我做了四十一年的编辑工作，回想起来最带劲的就数编辑期刊的那些年头。有时候我甚至想，要是让我再编一种期刊，再过过那紧张的编辑生活，那多有意思呀。"①

三、浸润"开明风"

在上海的三年里，叶至善除在编辑业务上得到了长足的进步之外，最重要的收获还在于得以从开明书店诸先生游，浸润了浓浓的"开明风"。这对他后来为人、立世、务编、从文都产生了深远的影响。

所谓"开明风"，20世纪30年代即已在出版界传颂，开明同人引以为豪。但直到1946年5月21日，叶圣陶才应店内同人组织明社之邀执笔写定："开明风，开明风，好处在稳重，所惜太从容，处常绰有余，应变有时穷。我们要互助、合作、加强阵容，敏捷、活

---

① 叶至善：《编辑工作的回忆——在科普报刊座谈会上的发言》，载叶小沫、叶永和编：《叶至善集·编辑卷》，开明出版社2014年版，第147、149页。

泼、增进事功。开明风，开明风，我们要创造新的开明风。"① 歌词写好后，叶圣陶出面请著名小提琴演奏家马思聪为之谱曲，作为《明社社歌》。在同年 10 月 10 日举行的"开明书店创建 20 周年庆祝会"上，明社歌咏组演唱了这首歌，博得了满堂彩。

叶圣陶所总结的"开明风"系由"思不出其位，朴实而无华，求进弗欲锐，惟愿文教敷，遑顾心力瘁"这 25 个字组成。它们被镂刻于铜牌，砌入开明书店四楼会议室的墙壁上，于"开明书店创建 20 周年庆祝会"当天揭幕，为全体开明人所认同、遵从。《中国出版百科全书》指出，开明书店"始终坚持进步的出版方针，养成严谨的编辑作风"②，这不妨看作当代出版界对"开明风"的解读。

对于叶至善、欧阳文彬等新员工来说，"开明风"首先体现在练习生培养制度上。在民国时期的上海出版界，开明书店的练习生培养堪称出版人才的"黄埔"，经历过的人都可以很有底气地说上一句："鄙人是开明练习生出身。"当时开明书店实行"编校合一"，编辑和校对既有严格分工，也有交叉合作。虽设有校对科，但校对人员都是分散到各个编辑室，与编辑在一起工作，二三十人都在一个大办公室里办公。而开明书店的校对员水平之高，业内一向是公认的。有老开明人回忆说："当年的校对如朱光暄、周振甫、王清华、徐其昭等都是一流的人才。在他们眼底下，是绝不会放过一个错别字的。这种对读者极端负责的精神，今天还特别应该发扬！"③ 另有书评家曾自《我

① 叶圣陶：《东归日记》，载叶至善、叶至美、叶至诚编：《叶圣陶集》第 21 卷，江苏教育出版社 2004 年版，第 78 页。
② 许力以主编：《中国出版百科全书》，书海出版社 1997 年版，第 581—582 页。
③ 王久安：《继承和发扬开明书店的优良传统——为开明书店创建八十五周年而作》，《出版史料》2011 年第 2 期。

与开明》中拈出一段读来深受感动的话："开明书店拥有一些出色的校对人员，如叶师母胡墨林同志和王清华、朱光暄、陈守勤等同志。他们在校对工作中真正做到'目不转睛''目无全牛'的地步。王清华同志曾跟我说因她逐字逐行对照原稿，有时竟不知道这一段文字讲的是什么。"① 与校对员协同工作，编辑要分看一部分校样，掌握校对技能，在校对力量不够、校样积压的时候，编辑也能"顶"上去干，以缩短校次的时日，保证出版时间。而一些资深的校对人员也会分到一些书稿，提出初审意见。双方遇到一些疑难问题，可以就近切磋、商量，大大节省了工作过程中来回周转的时间。显然，这种机制对年轻人成长尤其有好处。

开明书店的资深编辑们也一贯注重悉心培养"子弟兵"。练习生入职以后，一般都是从校对干起，可能他的邻桌就是夏丏尊、叶圣陶、章锡琛、顾均正这样学养深厚的老先生，随时可以请教。傅彬然曾给练习生写过赠言："天变不足畏，祖宗不足法，人言不足恤。"这是王安石的话，意在鼓励年轻人要追求真理、勇往直前、不惧权威。章锡琛看了这句赠言后，写了另外一句："畏天命，畏大人，畏圣人之言。"这句话出自《论语》，章锡琛引来是希望年轻的练习生在思想尚未成熟的学习阶段学会接受自然规律，听从导师的教导，服从真理。虽然傅、章二人的主张看起来相互矛盾，但细细品味，却又觉正符合教育的辩证思维。叶圣陶则勉励练习生要心系国家安危，要有民族气节和正义感。他在1936年发表过一篇题为《一个练习生》的短篇小说，截取了一位书店练习生在"一二·九"运动期间参加上海市

_____

① 高信：《〈我与开明〉掇英》，《常荫楼书话》，陕西师范大学出版社1998年版，第11—14页。

民反帝大游行的片段，其人物原型和生活场景，当取材于开明书店的练习生群体。

练习生们在前辈们的辛勤教导下成长很快，在校对之余，也会做一些助理编辑的工作，以熟悉编辑业务。当他们逐渐参与到审稿、编稿工作中，同时提升了文化修养之后，有的就会转到编辑岗位上去。"如叶至善、周振甫、欧阳文彬、陈天昌等后来赫赫有名的编辑，都是从开明的校对练习生干起的。"①

透过练习生制度，我们可以窥见"开明风"的一斑。而要深入了解"开明风"，则须走近中国现代出版史上最具影响的同人组织——"明社"。

明社是1942年时由在桂林的开明同人办起来的，并不是工会的性质，形式有点儿像大家庭，参加的主要是比较活跃的年轻人。逢到一些全社性的活动，连范洗人、叶圣陶等元老也会参加。明社订有章程，社长由书店总经理担任，办事机构为干事会，由七人组成。干事会成员由全体社员民主选举产生。七人中又以票数最多的那位担任总干事。吕叔湘、傅彬然、周予同、丁晓先等都曾当过这个总干事。任期规定为半年，可以连选连任，但以两届为限。干事会之下设康乐、进修、出版、合作等几个小组，组长分别由干事担任。②

1946年3月，开明书店同人在上海总部召开明社大会，选举新的干事会。叶至善作为新员工，正当热情满满的时候，于是自告奋勇参加竞选，顺利当选为总干事。凭着热心、活跃，叶至善逐渐赢得了开明书店年轻一代的拥护。后来他还成了明社歌咏组的骨干分子。每

---

① 吴海涛：《开明书店，民国出版人才"青训营"》，《中华读书报》2019年7月3日。
② 参见王久安：《开明书店的"明社"往事》，《出版史料》2011年第1期。

次明社集会时，他都要在父亲叶圣陶的带领下先唱《义勇军进行曲》，再唱《明社社歌》。明社歌咏组还曾在新书业的集会上演出过，唱过"山丹丹开花红艳艳"，和《白毛女》开头的"北风那个吹"。叶至善晚年回忆起《白毛女》时曾说："末一场'太阳出来了'更带劲儿，我们也练过，只是中间有变调，没有点儿基本训练的人唱起来容易走调，我们不敢拿出来。"①

1946 年 6 月，蒋介石撕毁"双十协定"，全面发动内战，上海出版界对延安来的信息更加关注。1946 年 7 月，叶圣陶代表开明书店接受中华全国木刻协会委托，开始编印《抗战八年木刻选集》。作为抗战时期文艺战线的一个成果总结，该书意义十分重大，因此也被选定为向开明书店 20 周年店庆献礼图书，全店上下都非常关注。9 月 15 日，该书第一批印出，叶圣陶在日记中说："今日一编入手，尚称可观，为之欣慰。"②

为把这部大书出好，开明书店可以说使出了浑身解数，当然结果也很是令人满意。叶至善后来曾回忆说："为了使装帧配得上这本画册——抗战时期木刻艺术的总结，制版、印刷、装订，都动员了当时上海最好的技术力量。材料不用说，也尽量选用上等的。装帧设计作了许多革新，还在印制过程中作了不少改动。单说封面，书名先用红色油墨压印，看着有反光，不满意，把油墨换成了一种红粉。中间那幅图原来用黑色油墨压印，看着往下凹，反而没精神，后来改成了平

---

①　叶至善：《父亲长长的一生》，载叶小沫、叶永和编：《叶至善集·传记卷》，开明出版社 2014 年版，第 205 页。

②　叶圣陶：《东归日记》，载叶至善、叶至美、叶至诚编：《叶圣陶集》第 21 卷，江苏教育出版社 2004 年版，第 113 页。

印。"继而感叹道:"开明在八年抗战中能支持下来已经很不容易,居然还有力量出版这样讲究的一本画册,现在讲起来,我还觉得有点儿骄傲。"①"我决非自夸,这本《抗战八年木刻选集》在当时,不论形式和内容,都是首屈一指的。在这本画册中,沦陷区一片凄惨景象,敌人烧杀掳掠,人民颠沛流离;蒋管区贫穷,饥荒,强迫劳役,抓壮丁。共产党领导的边区和敌后根据地则是一片兴旺景象:生产,学习,选举,练兵,歼敌,斗争地主老财,政府和人民之间、军队和人民之间,到处是和谐一致的祥和气氛。民主自由的新中国不就在那一边吗?"②

面对这样一部精美的画册,开明书店的主事者们也都觉得十分得意,在庆祝会上向全体店员每人赠送了一册,并特地在版权页上印上了"开明书店创业二十周年纪念品,专赠同人留念"的字样。

对一个出版机构来说,迎来 20 周年纪念是一件大喜事,但大家心里其实都对将来捏着一把汗。因为那时在国民党反动派的黑暗统治之下,开明书店运营已经变得吃力起来。叶圣陶在专为纪念开明书店 20 周年所写的文章中说道:"……就在这一年间,出版业遇到了比抗战时期更甚的困难。物价激剧上涨,运输依然阻滞,由于生活资料一般地贫乏,原该与日用品并列的书刊降到了奢侈品的地位。出版业虽然称为文化事业,但同时也是工商业中的一个部门,所有工商业都已奄奄一息,出版业岂能独居例外?因此,这一年间,我们出版的书刊不比往年多,我们书刊的畅销不比往年广,什么出版方针呀,编辑计

---

① 叶至善:《开明书店的装帧——在装帧艺术研究会成立大会上的发言》,载叶小沫、叶永和编:《叶至善集·编辑卷》,开明出版社 2014 年版,第 128—129 页。

② 叶至善:《父亲长长的一生》,载叶小沫、叶永和编:《叶至善集·传记卷》,开明出版社 2014 年版,第 206 页。

划呀，想得好好的，只能暂时收藏起来，目前还是与抗战时期一样，只能勉力支撑。"①

面对这样的困难，开明书店同人唯有拼命苦干，共克时艰。叶至善当然不会例外，除了做好编辑《开明少年》的本职工作之外，他还和其他同人一起，参与了《开明青年丛书》和《世界少年文学丛刊》②的编辑工作。他还借一些机会主动推销起了开明书店的出版物。比如在鲁迅先生逝世10周年纪念会上，他就这么做过。

纪念会是1946年10月19日下午在辣斐大戏院举行的。会场布置得朴素而庄严，台中央挂着鲁迅先生的巨幅画像，两侧则挂着他的语录。叶至善参加了这次纪念会，而且还出于一个编辑的本分，抱了一大沓《抗战八年木刻选集》去出售。当然这也是为纪念会添彩的一笔——因为木刻运动是在鲁迅先生的哺育下成长起来的，而这本画册的封面题签也是集的鲁迅先生的手迹。叶至善后来曾回忆过当天的情景："才一会儿，场子里坐满了人，连过道里也挤满了，我只好退到门口。大家都注意台上来了哪几位。邵力子、沈钧儒、周恩来三位发了言，没到散场都走了，可见时局的紧迫：国民党拿下了张家口，是不是就要单方面召开所谓国民大会呢？共产党将如何应付呢？周恩来的发言悲壮沉着，显然胸有成竹，赢得了热烈的掌声。其他党派和所

---

① 该文题为《开明书店二十周年》，载叶至善、叶至美、叶至诚编：《叶圣陶集》第6卷，江苏教育出版社2004年版，第228—231页。

② 这两套丛书是开明书店从20世纪30年代就开始策划推出的，前者包罗万象，作者不限中外，旨在向青少年读者介绍各个方面的知识；后者则集中翻译介绍外国儿童文学作品。参见《电省立各中等学校为介绍开明青年丛书希予采用》，《台湾省政府公报》1948秋字第53—75期，第723页；朱晓颖：《开明书店翻译出版外国儿童文学作品的实践与理念》，《出版发行研究》2017年第3期。

谓社会贤达，倾向共产党的居多数，可还不能掉以轻心呀！纪念会安排得肃穆而不呆板，以唱缅怀先生的颂歌开端，发言之后，还放了十年前摄制的先生的葬礼纪录片。"①

1946 年 11 月 30 日，上海周公馆举行遥祝朱德将军六十诞辰酒会，叶圣陶兴冲冲地去参加了。当天是开明书店的资深职员王亚南出嫁的日子，原本说好了由叶圣陶做主婚人，结果没想到他在周公馆喝醉了酒，呼噜呼噜地睡着了。老子喝醉了酒，可以不管事了，儿子可是忙得团团转。原来王亚南把婚礼交给了明社承办，这一来叶至善这个明社总干事就有的忙了，连新房也是他帮着去向范洗人申请来的。婚礼是在福州路开明书店总店举办的。开明书店的年轻人都说这是明社招女婿，都热情地来帮忙。婚宴采取酒会形式，冷餐、点心、糖果、茶酒，全由明社的干事们分工负责，费用向店中报销。叶至善晚年回忆说："新郎姓周，家里没什么人，全听亚南的，亚南听明社的。二楼的同人早提前下班，把大部分办公桌推到墙边，腾出空间。大家七手八脚布置好礼堂，把新郎新娘拥了进来，于是红烛高烧，行礼如仪。我母亲代我父亲在明社发给的结婚证书上盖了印章。"②

由此可见，明社虽只是一个同人组织，负责的工作可不少。身为总干事的叶至善除了忙着编辑书刊外，还得兼顾社里的大小事体。史料显示，当时明社开展的活动相当丰富：在康乐方面，组织过乒乓球队、篮球队，还有棋艺组，经常举行比赛，优胜者还可获奖（一般

① 叶至善：《父亲长长的一生》，载叶小沫、叶永和编：《叶至善集·传记卷》，开明出版社 2014 年版，第 206—207 页。
② 叶至善：《父亲长长的一生》，载叶小沫、叶永和编：《叶至善集·传记卷》，开明出版社 2014 年版，第 208 页。

都是本社新书）；在演艺方面，除歌咏组外，还组织过话剧组、京剧组、昆曲组，开过西洋唱片欣赏会，演出过杨绛的《称心如意》和吴祖光的《少年游》等大型话剧；在生活福利方面，组织过员工集体到医院透视，检查肺部，办理过同人福利基金，并为大家办理了实物（以白报纸价折算）储蓄和实物贷款，以减轻当时通货膨胀、货币贬值的影响，还曾举办同人消费合作社，吸收同人入股，平价向同人销售生活必需品，年底还可分红，至于周末组织看电影、游览上海周边的名胜古迹，那更是家常便饭了；在业务进修方面，明社大力提倡同人业余加强学习，几次分批组织参观印刷厂，又在宿舍楼拨出房间办阅览室，购置新书新刊，供大家阅读，还开办了业余进修班，组织年轻员工和工友补习文化，请叶圣陶、王伯祥、周予同、吕叔湘、傅彬然、顾均正等元老级人物来为学员讲课，有时还会请社外的学者、专家、作家来演讲，其中不乏茅盾、夏衍、冯雪峰、曹禺、金仲华、顾颉刚等名家，叶圣陶还曾带着社员们去上海联华影片公司，参观电影《八千里路云和月》的拍摄现场，使大家对电影背后的工作有所了解。此外，店内员工如家遭不幸，因病或因灾急需救济，明社也会组织同人募捐，并派代表登门慰问。①

　　除了以上这些事务性工作之外，明社还承担着出版内部刊物《明社消息》的任务。抗战胜利后，开明书店回迁上海，迎来了复兴，全国分店增加到了 16 处，职员超过两百人。明社的规模随之扩大，从1947 年 1 月起，正式组建了《明社消息》编辑委员会，取代总务组全权负责刊物，计划每月 16 日出版一期。但受制于当时日益紧张的

---

① 参见王久安：《开明书店的"明社"往事》，《出版史料》2011 年第 1 期。

形势和恶化的经济环境，刊物的出版时断时续。其征稿启事写道："明社是我们大家的，《明社消息》也应该是我们大家的。在《明社消息》上发表意见是我们大家的权利，希望各位同人都踊跃的投稿，不论是写自己的生活情形，报道别位同人的生活情形，或是对明社的意见，对公司的意见，都可以写。分店同人的稿子尤其欢迎，虽然我们不同在一个地方，我们可以在《明社消息》上联系起来。"

《明社消息》没有固定的栏目设定，所编发的稿件俱是围绕开明书店及明社的内容。其中既有叶圣陶、王伯祥、吕叔湘、周振甫等编辑家写的文章，也有章锡琛、范洗人、朱达君等经理层写的业务报告，还有王亚南、庄似旭等普通职员的文字，立体地呈现了当时开明书店和开明人的面貌。

这本内部刊物以出版于1946年12月31日的第17期最值得珍视。该期题为《大家庭特刊》，是开明书店创办20周年的纪念专刊，其中收有叶圣陶的《开明书店二十周年纪念碑辞》、王伯祥的《开明二十周年纪念献辞》、范洗人的《自信与学习》等文，另载有台湾、长沙、汉口、杭州等分店的108位同人的个人小照和多幅集体照片。尤其值得一提的是，本期还收有周振甫《太平洋战时上海同人生活拾零》一文。经有关研究者查证，该文未见录于《周振甫文集》和《周振甫学术文化随笔》。文章详尽地记下了上海孤岛时期以夏丏尊、章锡琛为代表的留沪开明人，与当时由于战争原因而陷入困顿的文化人（以王统照、郭绍虞、陈乃乾为代表）在开明书店的生活与工作境况。"如今我们重读此文，依然能为艰难时局下这群出版人的信念与坚守所感动。"①

---

① 邱雪松、邝明艳：《〈明社消息〉与〈开明通讯〉：开明书店的两份内刊》，《郑州师范教育》2012年第5期。

在徐调孚的把关指导下，叶至善和欧阳文彬、王知伊一起具体参与了《明社消息》的编辑工作。"对于这样一个内部刊物，开明书店也保持着一贯的严谨出版作风……按期出版，并且编校认真，极少错字。"①

积极参与明社的诸多事务，使叶至善不仅得到了全面的锻炼，还得以和同人们打成一片，深深地浸润于"开明风"中，并进而成了这种优秀作风的践行者和拓展者。

而在这些活动之外，叶至善还目睹、见证了老一辈开明人是如何以实际行动追求进步、支持民族解放的。这无疑都是"开明风"的重要组成，对叶至善的成长起到了很大的影响。根据叶至善晚年的回忆，在上海工作的四年里，这方面有两件事让他印象特别深刻，一是跟随父亲参加李公朴、闻一多追悼会，二是见证父亲顶着巨大的压力编辑推出《闻一多全集》。

1946 年 10 月 4 日，为迎接"开明书店创建 20 周年庆祝会"，明社开了干事会，叶圣陶被推选为监事。叶圣陶在这一天的日记上，对此只是一笔带过，而主要记了带至善、至诚兄弟"参加李公朴、闻一多追悼会"的经过。

多年后，叶至善详细地回忆了当时的情景："我和至诚走进剧场……许多不三不四的人坐成好几个方阵……分明是看主子眼色行事的打手。台上挂满了挽联和悼词。""向遗像鞠躬和静默之后，打手们突然使劲鼓掌，主席讲话了。这主席原来是上海市市长吴国桢。……第一个发言的是潘公展。……打手们又不断鼓掌。两人都一字没提李

---

① 章雪峰：《中国出版家·章锡琛》，人民出版社 2016 年版，第 268 页。

公朴和闻一多。接着郭沫若发言，场中的另一半以压倒性的掌声欢迎他。他是有稿子的，念起来好像朗诵新诗，每念一句稍作停顿，正好留出时间让人们鼓掌。起稿的时候，他好像已经猜到潘公展将在会上说些什么，能句句针锋相对。""给他鼓掌的声音才渐渐落下，台下又掀起了一阵热烈掌声，邓颖超向前走了两步。等场子里静下来了，她才说，恩来有要事脱不开身，让她到会念他的发言。她打开稿纸，一字一顿地念：'今天在此追悼李公朴、闻一多两先生。时局极端险恶，人心异常悲愤。但此时此地有何话可说？我谨以最虔诚的信念，向殉道者默誓，心不死，志不绝，和平可期，民主有望。杀人者总必覆灭！'真个是从每个有心人的心底爆出来的。稍停了一小会儿，场子里才爆发出经久的掌声。"①

闻一多遇难四个月后，清华大学校长梅贻琦提请七位教授组成整理他遗作的委员会，由朱自清任主任委员。朱自清找到叶圣陶，提出拟将《闻一多全集》交由开明书店出版。叶圣陶明知此中危险重重，仍慨然应允，并同意与朱自清、郭沫若、吴晗共同署名为编者，以免将来被反动派问罪时祸及开明书店。

1947 年年初，朱自清等人商定了目录，遂分工集稿整理。至 9 月 12 日，郭沫若将全集初稿交给了开明书店。叶圣陶在当天的日记中记道："一多全集之原稿已由沫若处交来，尚缺一部分。其已来者将近七十万言。此书甚富学术性，宜为仔细校雠。"② 这之后，叶圣陶

① 叶至善：《父亲长长的一生》，载叶小沫、叶永和编：《叶至善集·传记卷》，开明出版社 2014 年版，第 202—203 页。
② 叶圣陶：《东归日记》，载叶至善、叶至美、叶至诚编：《叶圣陶集》第 21 卷，江苏教育出版社 2004 年版，第 216 页。

便带领几位同人全力投入了该书的编辑工作。叶圣陶还亲自做了一些技术性的工作。如原稿中有不少甲骨文、金文，他都一一放大临摹，让制版厂制成铅字一般大小的锌版，供排版使用。到装订前，他又亲笔题写了印在封面上的书名"闻一多全集"。①

应该说，在编辑推出《闻一多全集》这件事上，叶圣陶充分展现了编辑家的实干精神与担当胆略。诚如欧阳文彬所说："闻一多被反动派杀害后，叶老和朱自清、吴晗、郭沫若一起编辑《闻一多全集》，并决定在开明书店出版。这不仅要承担风险，还需要投入大量的资金。对于开明这样一家没有背景的民营书店，出版这部文集是很不容易的。但叶老毫不迟疑。因为，'闻一多先生被反动派看作死敌，他当然是咱们的英雄；反动派消灭了他的肉体，咱们就得拥护他的精神的永生，包括他的道德和文章'。还应当说明，叶老是一个实干家，他编《闻一多全集》，四大卷从头到尾都要亲自校对……"②

《闻一多全集》凝聚着叶圣陶和朱自清的心血，也是他们一生交谊的最后结晶。据叶至善回忆："佩弦先生在一九四八年的日记上记着，七月十一日起，他抱病看了四个半天的稿子，十五日才结束了《闻一多全集》编委会的工作。他一天没耽搁，接着就为开明编他负责的《开明文言读本》第二册。"③8 月 12 日，朱自清病逝于北大医院。

---

① 参见叶至善：《父亲长长的一生》，载叶小沫、叶永和编：《叶至善集·传记卷》，开明出版社 2014 年版，第 213—214 页。

② 欧阳文彬：《与叶圣陶相处的往事》，《世纪》1999 年第 6 期。

③ 叶至善：《父亲长长的一生》，载叶小沫、叶永和编：《叶至善集·传记卷》，开明出版社 2014 年版，第 217 页。

8月13日，叶圣陶得知噩耗后，强忍悲痛写下了《佩弦的死讯》^①一文。三天后又写了一篇长文《朱自清先生》，发表在九月号的《中学生》上。到1952年7月，时任出版总署副署长的叶圣陶又亲自出面调度，并领衔组成编辑委员会，使得《朱自清文集》很快得以问世。^②

　　叶圣陶与朱自清是多年好友，曾合作写过、编过多种好书。他们身上所体现出的为国为民的担当精神，以及编辑与作者的交谊之深切、坦荡，对刚刚走上编辑职业道路不久的青年叶至善产生了深刻的影响。

---

　　① 叶圣陶：《佩弦的死讯》，载叶至善、叶至美、叶至诚编：《叶圣陶集》第6卷，江苏教育出版社2004年版，第304—307页。

　　② 参见叶圣陶：《北游日记》，载叶至善、叶至美、叶至诚编：《叶圣陶集》第22卷，江苏教育出版社2004年版，第348—349页。《朱自清文集》系于1953年3月由开明书店出版，很可能是开明书店出版的最后一种书，因为4月份开明书店就与青年出版社合并了。文集编辑委员会阵容强大，由叶圣陶领衔，以郑振铎、吴晗、俞平伯、浦江清、李广田、王瑶、余冠英、徐调孚、季镇淮、陈竹隐等名家组成。文集共分4卷，首卷附有朱自清及家人朋友的多帧照片，共计印行2500套。

第六章

殷勤把酒呼同道[①]

1949 年 1 月 7 日，叶圣陶夫妇和傅彬然由卢芷芬、章士敽陪同，离沪经香港赴京，参加新政协，参与谋划开国大业。中央人民政府成立后，叶圣陶出任出版总署副署长兼编审局局长；傅彬然则先后担任了出版总署编审局第四处处长、图书期刊司副司长、文化部出版局副局长等职。

1949 年 5 月 27 日，上海解放。开明书店随即派朱达君、顾均正两次北上，了解出版业新政策，并听取叶圣陶等人对开明书店将来发展的意见。1950 年 2 月 16 日，开明书店董事

---

① "殷勤把酒呼同道"，引自叶至善未成词稿《菩萨蛮》，参见叶至善散文《意识波》。载叶小沫、叶永和编：《叶至善集·散文卷》，开明出版社 2014 年版，第 325—326 页。

会向中央人民政府出版总署正式提出了公私合营的申请。4 月 3 日，出版总署批复决定，根据开明书店现时条件采取公私合作，并建议其将总管理处迁到北京。6 月 15 日，开明书店总管理处在北京正式开始办公。

开明书店董事会决定北迁后，在上海的开明同人便陆续开始迁往北京。1950 年 2 月 21 日，吕叔湘夫妇最早动身。叶至善托吕叔湘夫人帮忙，先把三午带到了北京，好不耽误他春季入学。到 4 月 16 日，叶至善才与夏满子带着年已 85 岁的祖母和次子叶大奎、才两岁半的女儿叶小沫到达北京。①

新中国成立之初，万象更新，一切都呈现出欣欣向荣的光景。叶至善正当壮年，又恰逢好时代，遂热烈地投入他所热爱的编辑工作中，以所取得的业绩绽放出了耀眼的光彩。

一、短棹泊新城

叶圣陶夫妇到北京后，于 1949 年 8 月底搬到了东四八条 71 号。这是一座四合院，建于清代中后期，原为清朝内务府掌管帘子库的官员的住宅，三进院落，院内种植花草，有两株老海棠树。正房三间，左右两边带有耳房，东西厢房各三间，另还有南屋。

叶至善回忆道："我们一家住四合院的北屋，带左右两边的耳房。东屋是云彬先生家，西屋是彬然先生家，南屋是晓先先生家，文权先

---

① 关于抵京日期，叶至善在《父亲长长的一生》中误记为 1950 年 4 月 14 日，检《叶圣陶日记》可知，实为 1950 年 4 月 16 日。

生住在后院，安排得热热闹闹的。可是也有个缺点，假如晚饭过后，有位客人来东屋云彬先生家串门，跟我父亲和彬然先生都相熟，自然得打个招呼。我父亲一定往北屋里让，说，'这里宽舒。'晓先先生闻声也跟过来了。五位朋友如果说得投机，海阔天空，胜似小组讨论，两个小时是打不住的。等到客人起身来告辞走了，我父亲就颓然而卧，跟开了半夜会回家来一个样。"

当时叶圣陶、傅彬然、宋云彬（时任出版总署编审局第一处处长）、丁晓先（时任出版总署教科书编审委员会历史组负责人）皆身在出版界高层，来访的朋友大约也都是来谈编辑出版的。这对初到北京的叶至善来说，自然是难得的学习机会。

初到北京的一年半里，叶至善仍像在上海时一样，负责编辑《开明少年》。上海解放后，早已跑到苏区去的叶至诚回到上海，与哥哥叶至善见了面。至诚告诉哥哥，他根据土改宣传提纲，用江南方言写的歌词《啥人养活啥人》大出风头，唱遍了半个苏松常、杭嘉湖地区，获得了文化部和文联颁发的群众歌曲二等奖。叶至善晚年曾回忆道："我们叶家得奖的，他是头一个。远在北平的两老知道了当然高兴，尤其是母亲。"此外，时时处处总想着给刊物找好材料的叶至善还见猎心喜，忙不迭地把这支歌编进了《开明少年》。①

1950 年 6 月 17 日至 7 月 7 日，开明书店在北京召开了全店各单位负责干部会议。会上不仅通过了开明书店的组织大纲、学习方案

---

① 参见叶至善：《父亲长长的一生》，载叶小沫、叶永和编：《叶至善集·传记卷》，开明出版社 2014 年版，第 227 页。此处当为误记，据叶圣陶日记，叶至诚这支歌词获得文化部与文联颁发的群众歌曲二等奖，是 1954 年 4 月的事。参见叶圣陶：《北游日记》，载叶至善、叶至美、叶至诚编：《叶圣陶集》第 23 卷，江苏教育出版社 2004 年版，第 92 页。

等一系列决议，同时决定新出版一种同人内部刊物——《开明通讯》，以取代之前的《明社消息》。8月15日，《开明通讯》第一期出版。该期主要记述了全店各单位负责干部会议的有关情况，据其所附参会名单，叶至善参加了这次会议，当时他已是开明少年社主任兼推广部主任。除了范洗人等书店高层及会计组主任等管理人员外，在业务干部中，叶至善紧跟编审部总编辑兼主任吕叔湘、校订部主任顾均正、进步青年社主任张明养之后，排在第四位，俨然已跻身资深编辑的行列了。

1950年9、10月，第一届全国出版会议在北京召开，提出以"统筹兼顾、分工合作"的原则调整公私出版业的关系，让各家出版社确立主营方向，并决定筹建人民教育出版社。开明书店在此次会议上接受了"主营社会科学、文史和中级读物"的分工，但手头却并无充足的能够适应新社会需要的书稿，而占其营业收入大宗的教科书，由于人民教育出版社的筹建也自然旁落。在人才架构方面，开明书店也遇到了不少困难，恰如叶至善所言："老一辈的编辑大多到出版总署工作了；发行部分了出去，和各大书局书店的发行部合并，成立中国图书发行公司；在人力和财力上，开明书店都遇到了极大的困难。这是一方面。另一方面，开明同人诚心诚意向党靠拢：不论做管理工作的还是做编辑工作的，不论年老还是年轻一辈，都承认靠自己的政治水平无法做好工作。"①

《开明通讯》这本内刊也鲜明地昭示了开明书店的变化。其发刊辞中这样说："《开明通讯》是开明书店同人的刊物……它的任务是：

---

① 叶至善：《〈开明书店纪事〉序》，载王知伊：《开明书店纪事》，山西人民出版社1991年版。

传达并解释领导部分的各项方针及策略，反映各部分工作同人的意见，交流同人工作经验和学习心得，帮助同人进行批判和自我批判。"值得注意的是，在当时的时代背景下，年轻一辈开明人参与管理的积极性大大提高，大家纷纷对经营管理方式提出意见和改进办法。这方面所刊发的文章有《排字工人同志的一封信》、《本店会计工作上的几个实际问题》、《我对出版分工和发行统一的意见》、《出版事业的新方向》等。而从老一辈开明人的文章中也能看出观念开始转变了，例如章锡琛的《开明书店的新生》、章锡珊的《今后营业计划的商榷》等。这些都反映出开明书店在积极地向着适应新社会的要求转变，为后来开明书店与青年出版社的合并奠定了基础。① 身处这一变局中的叶至善，想必也会于内心深处生发出许多新的思想。

叶至善一向爱国，新中国的种种新气象更加激发了他的爱国情怀。这充分体现在他的编辑活动中。这里仅举叶至善为珠穆朗玛峰的正名所作的努力，以求从中窥见一斑。

这要从叶至善的新同事王鞠侯说起。王鞠侯，名勤垲，生于1902 年，浙江慈溪人，毕业于东南大学，是著名气象学家、地理学家竺可桢的高足。1950 年 8 月，王鞠侯经周予同介绍进入开明书店，担任自然编辑室主任。

在王鞠侯进入开明书店之前，叶至善就知道他的大名了。因为叶至善此前写《雷雨》、《台风》等科普小品时，曾参考过王鞠侯的《气象学浅说》。这本书深入浅出，处处联系实际，给叶至善留下了很好的印象。见面之前，叶至善一直以为王鞠侯是从事气象工作的，直到

---

①　参见邱雪松、邝明艳：《〈明社消息〉与〈开明通讯〉：开明书店的两份内刊》，《郑州师范教育》2012 年第 5 期。

见了面才知道，他曾是一位地理学教授，两颊瘦瘦的，戴着一副宽边眼镜，没有一点儿教授的架子。叶至善大为心折，从此与王鞠侯结下了亦师亦友的情谊。

1950年12月，开明书店的编辑部全部迁到了北京，《开明少年》重归叶至善主编。叶至善深知《开明少年》从不误期，这时赶紧动手制订1951年的整体规划。那时抗美援朝已开始，各种报刊都注重爱国主义教育，《开明少年》自然不甘后人。叶至善为此设计了好几个专栏，并跑去跟王鞠侯商量，请他写一组连载，系统地介绍中国地理，每期刊出一篇，三千字开外，总名《咱们的祖国》，说这样连载满一年，就可以编成一本很像个样子的宣传爱国主义的小册子了。

王鞠侯欣然同意。过了不到一个星期，他就把头一篇《东西南北》写出来了，是讲中国的版图和地理位置的，连插图也设计好了。叶至善喜出望外，觉得这一组连载以这样一篇大气磅礴的文章开头，刊登在《开明少年》迁京后出版的第一期1951年1月号上，还真有点儿气派，于是马上张罗发稿。王鞠侯则接着去写第二篇《大小高低》了，这一篇专讲中国领土之广大和地形之多样。

1951年1月9日，叶至善正在看《开明少年》1951年1月号的清样，王鞠侯拿着当天的《人民日报》来找他了。原来，报纸第一版右上角的"伟大的祖国"专栏当天刊出了一幅照片，展现的是喜马拉雅山主峰的雄姿，图注则说明这就是世界第一高峰——"额非尔士峰"。王鞠侯对叶至善说，"额非尔士"是个英国人，在19世纪中叶偷偷地测绘了这座世界第一高峰，硬给它标上了自己的名字；其实比他早一百三四十年，康熙皇帝派人测绘全国地图时，已经发现了这座高峰，并在地图上按藏族人民的传统称呼标上了"珠穆朗玛"这个名称。叶至善听了大感兴趣，连忙劝王鞠侯就此问题写篇文章出来。王鞠侯说他原就想在《大小高低》这篇文章中给珠穆朗玛峰正名，但看到《人民日报》这样说，真叫他左右为难。叶至善后来回忆道："两个人商量了半天，结果说给珠穆朗玛峰正名，是进行爱国主义教育的绝好题材，不能等闲弃置；文章照原来的构思写，至于《人民日报》的那则说明，文章中一句不提就是了。"①

这篇《大小高低》随即刊登在《开明少年》1951年2月号上。插图仍是王鞠侯自己设计的，文中还为当时常被误称为"外喜马拉雅山"的冈底斯山正了名。为了提请读者注意这篇文章，叶至善还特意在这一期的封二刊登了珠穆朗玛峰的照片（用的是《人民日报》刊发的那一张），并为之撰写了一则近200字的说明。

这一期《开明少年》于1951年2月16日准时出版后，引起了《人民日报》编辑胡仲持的注意。仅仅过了16天，3月4日，《人民日报》以《我们伟大祖国有世界最高的山峰》为标题，一字不改地转载了《大小高低》一文中的一大段。

此后，有关部门不断派人来访问王鞠侯，请他提供有关资料，并陪着他到北京图书馆和故宫博物院，为他查阅资料提供便利。王鞠侯当时已身患绝症，但依然强拖病体，辛勤奔波，为此忙了一个多月。功夫不负有心人，有一天，王鞠侯在故宫博物院找到一部康熙时代的地图，只见西藏那一幅上，喜马拉雅山的各个高峰都标明了名称，其上所标示的"珠穆朗玛峰"与所谓的"额非尔士峰"从经度和纬度看都在同一位置上。这就铁证如山，无可怀疑了。

---

① 叶至善：《珠穆朗玛峰的正名》，载叶小沫、叶永和编：《叶至善集·散文卷》，开明出版社2014年版，第389页。

1952 年 5 月 27 日，《人民日报》发表了正式的政府通报。而这时，王鞠侯已长眠于地下一年多了。斯人虽已殁，托体同山阿，珠穆朗玛峰就是记载着王鞠侯人生历程的无字丰碑。①

王鞠侯给《开明少年》的连载没能写完。他于 1951 年 5 月去世，得年才 48 岁半。叶至善悲痛不已，他把王鞠侯没能写完的遗稿刊登在 6 月号的《开明少年》上，紧跟在后边发表了顾均正写的《哀悼王鞠侯先生》，文中特别强调了王鞠侯是头一个提出给珠穆朗玛峰正名的人。

客观地说，王鞠侯能够发现如此重大的问题，离不开编辑职业的敏锐。他的这一功绩，至今仍在编辑出版界广为传颂。②

王鞠侯走了，好在叶至善还有另一位新结识的志同道合的朋友，能够给他以"殷勤把酒呼同道"的安慰。这位新朋友就是后来以语文教育家名世的张志公。

1950 年年底，张志公经由老师吕叔湘推荐，进入开明书店任编辑。因年龄相同、志趣相投，叶至善与张志公一见如故，结成了挚友。两人在开明书店、中国青年出版社同事凡六年，到 1956 年才分开，分别被调入中国少年儿童出版社（以下简称"中少社"）和人民教育出版社。

结识不到一年，叶至善就帮助张志公做成了一件大事——创办《语文学习》杂志。

1951 年 6 月 6 日，《人民日报》发表了由毛泽东亲自定稿的社论《正

---

① 参见张继华：《纪念为珠穆朗玛峰正名的王鞠侯先生逝世 50 周年》，《人物》2001 年第 12 期。

② 参见久安：《编辑发现大问题》，《出版史料》2007 年第 3 期。

确地使用祖国的语言，为语言的纯洁和健康而斗争!》，号召全国人民学习、掌握汉语的规律，全国各地很快就掀起了学习语法、修辞、逻辑的热潮。市场嗅觉一向敏锐的开明书店立即响应，决定创办《语文学习》杂志，由时年 33 岁的张志公任主编。

1997 年，张志公去世后，叶至善深情回忆了当年帮助老友创办《语文学习》的过程："50 年代初，志公才进开明书店，创办《语文学习》的任务就落到了他的肩膀上。志公没编过刊物，他却不慌不忙，每天中午拉两三位同事，当然少不了我，去到南小街口子上的小酒铺喝酒。都是当编辑当上了瘾的人，连喝酒闲聊，也离不开咬文嚼字。大家靠着酒缸盖，借着酒兴，你一言我一语，几个中午下来，《语文学习》的编辑方针就有了；该设哪个讲座，该辟哪个专栏，都有了眉目。有的文章甚至题目也有了，材料也有了，谁来执笔让各自认定。有的题目，大家说须得请某位先生来写才好，于是推定了由谁去约，甚至要怎样说方能打动某先生的心，使他觉得所约的文章正是他自己想写的，也商量得定定当当。才一个来月，没组织编委会，没召开座谈会，《语文学习》创刊号就贸贸然跟读者见面了，冒叫一声印了十万册。谁知十万还不够卖的，接连重印了两次。刊物再版是非常罕见的，大家得意非凡，可又说咱们得保密，别让人家知道《语文学习》竟然是在大酒缸上聊出来的。"①

《语文学习》于 1951 年 10 月创刊。创刊号可谓名家云集：开篇是孙起孟的《经常正视语言所表达的立场》，另刊有老舍、吕叔湘、朱德熙、朱文叔等人谈字词语法的文章，且转载了出版总署一个月前

---

① 叶至善：《大酒缸》，载叶小沫、叶永和编：《叶至善集·散文卷》，开明出版社 2014 年版，第 373 页。

刚刚公布的《标点符号用法》的第一部分。这部《标点符号用法》是由叶圣陶拟定的，已收入《叶圣陶集》。[①] 值得注意的是，这一期杂志还刊登了一篇《说停顿——〈标点符号用法〉解》，署名"叶墨"。[②] 这个名字很可能是个笔名。据《叶圣陶年谱长编》，叶圣陶未曾使用过这个笔名，而且他在《语文学习》上发表文章时署的是"秉诚"这个笔名[③]。结合叶至善乳名小墨来看，此文极有可能系出自叶至善的手笔。而更可佐证的是：1952 年 12 月，青年出版社推出了一册《怎样用标点符号》，著者正是叶至善。如此看来，在《语文学习》创刊的过程中，叶至善不光积极帮着出主意、做谋划，还亲自写了文章给以最直接的支持。另外值得一提的是，创刊号极为注重编读互动，在正文之后附有一份调查问卷，向读者征求意见和建议，为表诚意，还贴心地附赠一个已经打印好编辑部地址的信封。我们知道，叶至善编刊一向注重编读交流，这个主意不知道是不是他出的。

后来《语文学习》出到 1953 年 9 月号时，叶至善又为该刊写了一篇短文——《北斗七星和半个月亮》[④]，发表时署的是笔名"韦商"。

正当叶至善忙于帮助张志公创办《语文学习》杂志之时，1951

---

① 参见叶至善、叶至美、叶至诚编：《叶圣陶集》第 17 卷，江苏教育出版社 2004 年版，第 183—204 页。

② 检《语文学习》一至十五期要目索引，可知前十五期所刊发的署名"叶墨"的文章共两篇，除了创刊号上的一篇外，另有一篇《说句号——〈标点符号用法〉解》，刊于 1951 年 11 月号，即 1951 年第 2 期。

③ 叶圣陶在《语文学习》1952 年第 5 期上发表过一篇名为《介绍祁建华"速成识字法"》的文章，署名"秉诚"。该文收入叶至善、叶至美、叶至诚编：《叶圣陶集》第 17 卷，江苏教育出版社 2004 年版，第 205—208 页。

④ 该文收入叶小沫、叶永和编：《叶至善集·科普卷》，开明出版社 2014 年版，第 142—143 页。

年 10 月 12 日，《毛泽东选集》第一卷正式出版发行了，出版总署为此专门召开了庆祝会。叶圣陶在当天的日记中记道："午后二时，开《毛泽东选集》出版庆祝会，到者将近二百人。"这些人中就有叶至善的身影。四十多年后，叶至善回忆起"新中国出版史上这辉煌的一页"，仍感历历在目："《毛泽东选集》的出版，是我国人民政治生活中的一件大事。我虽然并未参与，却有幸参加了出版总署的庆祝会。……会场上的热烈气氛，发言者的真诚和自豪，一一涌现在我眼前，使我激动不已。"[1]

新中国成立后，中央要求通过"公私合营"对资本主义工商业进行社会主义改造。虽然早有吹风，但大规模的"公私合营"到 1954 年才开始。由于出版行业有很强的意识形态属性，从业者又有较高的觉悟，当时旧有私营出版企业要求实现"公私合营"的呼声十分强烈。在这方面，开明书店又一次站在了时代的潮头。早在 1951 年 3 月，开明书店就积极开始准备"公私合营"了。经由出版总署牵线指导，开明书店董事会决定与青年出版社合并。青年出版社成立于 1950 年，隶属于中国新民主主义青年团中央委员会，是根正苗红的国营出版机构。双方一拍即合，遂各自分头准备合并。

1952 年 12 月 5 日下午，开明书店与青年出版社举行了合并联欢会。叶至善等开明书店同人大都参加了这个联欢会，叶圣陶与夫人胡墨林也来了。据叶圣陶日记记载："四点开会，彬然报告合并之筹备情形。继之余讲话，致勖勉之意，并谓出版物之质量必求其佳。继之，青年团中央某君讲话，李庚宣布合并后之组织机构及人员名单。

---

[1]　叶至善：《〈毛泽东选集〉出版庆祝会》，载叶小沫、叶永和编：《叶至善集·散文卷》，开明出版社 2014 年版，第 133 页。

合并之局，至此乃定。"① 据叶至善回忆，当晚叶圣陶"以总署和开明旧人的双重身份举杯祝酒"，说："两家各有长处，如今成了一家人了，定能互相学习，亲密无间，做到真正的化合，而不是徒有其名的混合。"②

庆祝合并的联欢会虽已开过，但因尚需各自盘点家底等，直到1953年4月12日，由青年出版社与开明书店合并组成的中国青年出版社董事会才在北京召开第一次会议，时任中国新民主主义青年团中央委员会书记胡耀邦出席了董事会。三天后，中国青年出版社宣告正式成立。新华社专门发了电讯："中国青年出版社在四月十五日成立。中国青年出版社是原青年出版社和开明书店合组而成的，今后仍为国家出版青年、少年儿童读物的专业机构。中国青年出版社董事会由胡耀邦、邵力子、刘导生任常务董事，于北辰……章锡珊、章锡琛……傅彬然、杨述、郑振铎等任董事（名次以姓氏笔画为序）。青年团中央候补书记杨述兼该社社长；朱语今、李庚、顾均正任副社长；李庚兼总编辑，顾均正兼副总编辑。"③

这个时候，《开明少年》已停办一年多了——"在'开明'和'青年'商讨合并的过程中，双方都认为青少年刊物归团中央领导比较合适，决定在1951年年底停办《开明少年》……"④ 在中国少年儿童报

① 叶圣陶：《北游日记》，载叶至善、叶至美、叶至诚编：《叶圣陶集》第22卷，江苏教育出版社2004年版，第391页。

② 叶至善：《父亲长长的一生》，载叶小沫、叶永和编：《叶至善集·传记卷》，开明出版社2014年版，第230页。

③ 参见《群众日报》1953年4月20日据新华社电讯刊发的新闻稿《中国青年出版社成立》。

④ 叶至善：《我编〈中学生〉的那些年》，载叶小沫、叶永和编：《叶至善集·编辑卷》，开明出版社2014年版，第164页。

刊史上留下浓墨重彩一笔的《开明少年》，就此成为绝响。

按照上级安排，叶至善由开明少年社主任转任《中学生》主编："……在 1951 年年底停办《开明少年》，恢复《中学生》，并把《中学生》的读者对象降到初中程度，以文化教学为主，由双方各派一名主编。经过协商，'开明'派的是我，'青年'派的是刘重。'开明'和'青年'是 1953 年 3 月合并的，《中学生》早了整整一个年头。"① 叶至善对这一安排是接受的，而且还感到非常愉快："合并一年，《中学生》就归共青团中央直接领导了。我好像从此有了娘家，高兴得没法说。"②

《开明少年》从 1945 年 8 月创刊，至 1951 年 12 月停刊，共刊行 6 年多，总计出版了 76 期。这 76 期杂志，每一期都凝结着叶至善的心血。最后一期的封面仍像以往一样美不胜收，刊名"开明少年"是四个很大的白色字，以下为蓝底红图，主图是一幅人物剪纸，表现三个欢呼雀跃的孩子，孩子们的上方是排成弧形的一行标语："为劳动与卫国而准备！"丝毫也看不出最后一期的惆怅。

有论者指出，《开明少年》的创办具有鲜明的时代特点，是对当时文化背景的反映，也同时对文化发展进程产生了影响，在科学启蒙、思想启蒙和审美启蒙方面都发挥了巨大的作用，而"培养健全人格"这一议题的设置对当时青少年的成长也产生了深远影响，其编辑思想和编辑理念至今仍值得学习与借鉴。③

---

① 叶至善：《我编〈中学生〉的那些年》，载叶小沫、叶永和编：《叶至善集·编辑卷》，开明出版社 2014 年版，第 164 页。

② 叶至善：《纪念〈中学生〉七十年》，载叶小沫、叶永和编：《叶至善集·散文卷》，开明出版社 2014 年版，第 398 页。

③ 参见王丽：《〈开明少年〉杂志研究》，硕士学位论文，中南大学，2012 年。

许多年后，叶至善总结了他当年是怎样编辑《开明少年》的："我当时编《开明少年》的办法是跟父亲和老一辈的编辑学的：一是依靠读者，许多稿件是从投稿和来信中挑出来的；二是依靠信得过的作者按期供稿，如国际时事靠陈原先生，理化依靠顾均正先生，数学依靠王峻岑先生，生物依靠贾祖璋先生。至诚就成了我在文艺作品方面依靠的作者，每期要逼他写出一篇来，有时还不止一篇。"①而他本人也积极撰稿，先后写出了《纪念"九一八"说起大豆》、《黄金》、《卧看牵牛织女星》、《盐井和井盐》、《竖鸡蛋》、《扳指头》、《疟蚊·疟虫·奎宁》、《可怕的鼠疫》、《跳蚤》、《霍乱》、《猿会变成人吗?》、《海王星发现一百年》等科普小品。②

叶至善到任《中学生》主编后，很快就进入了状态："我和刘重同志根据团中央批准的办刊方针，开始筹划，定栏目，约稿子。开明书店本是个同人书店，编辑部各人管一摊，习惯于自作主张。合并以后不能再这样自由主义，得诚心诚意接受党的领导，这一点，我在当时是很明确的。……团中央宣传部的许立群同志也抓得很紧。当时他住在中南海，刘重曾带我去他那儿，跟他一起修改头两期稿子。1952年3月，改版的《中学生》出刊了，记得印了十万册，大大超过了三十年代的最高纪录，后来印数一直保持在三十多万册。"③刘重又名仇重，新中国成立前任《儿童故事》编辑，当时已是颇有名气的童话作家。

---

① 叶至善：《〈没有完的赛跑〉后记》，载叶小沫、叶永和编：《叶至善集·编辑卷》，开明出版社2014年版，第454页。

② 这些文章均收入叶小沫、叶永和编：《叶至善集·科普卷》，开明出版社2014年版，第3—111页。

③ 叶至善：《我编〈中学生〉的那些年》，载叶小沫、叶永和编：《叶至善集·编辑卷》，开明出版社2014年版，第164—165页。

中国青年出版社成立后，叶至善曾几次离开《中学生》。1953 年
10 月，因前期在开明书店参与编辑过《抗美援朝知识丛刊》，叶至善
被民主青联选派为中国人民第三届赴朝慰问团团员，到朝鲜待了三
个月。这一届慰问团组建于朝鲜停战后，总人数达 4000 余人，均由
全国各地各系统选派，总团团长为贺龙，总团副团长为老舍等 14 人，
下设 8 个分团，于 10 月 4 日离京赴朝，到 12 月中旬才开始分批离朝
回国。叶至善是 12 月 27 日回到北京的。①

这是叶至善人生中第一次出国访问，因承担着慰问任务，抽不出
时间来写文章，故而没有留下文字印记。倒是叶圣陶听了叶至善的一
些观感后，写成了一篇短文："晨起作一小文，记至善所谈在朝鲜之
一种观感。渠言每日清早，青年音乐家与技艺家皆从事练习，极为认
真，至可感动。至下午三点完篇，仅一千二三百字耳。"② 这篇文章题
为《在朝鲜慰问期间的早晨》③，发表于《中学生》1954 年 4 月号，虽
然署名为叶圣陶，但全文都是记录叶至善的讲述。

由该文可见，叶至善此番出国，印象最深、获益最多的并非异域
风情，而是同行团员对艺术的追求和平时练习的刻苦。其实编辑又何
尝不是一门技艺？叶至善的一生也始终在追求把最好的技艺贡献给作
者和读者，而他的刻苦精神也完全可以与他所赞颂的那些拳家、曲家

---

①　叶圣陶于日记中简略提及过叶至善此行：至善于 9 月 23 日得到民主青联通知，10
月 4 日由母亲胡墨林到车站送行，12 月 27 日回到北京，中国青年出版社派了三位同志前往
车站迎接。参见叶圣陶：《北游日记》，载叶至善、叶至美、叶至诚编：《叶圣陶集》第 23 卷，
江苏教育出版社 2004 年版，第 32、37、64 页。

②　叶圣陶：《北游日记》，载叶至善、叶至美、叶至诚编：《叶圣陶集》第 23 卷，江苏
教育出版社 2004 年版，第 78—79 页。

③　该文收入叶至善、叶至美、叶至诚编：《叶圣陶集》第 7 卷，江苏教育出版社 2004
年版，第 45—47 页。

相媲美。

从朝鲜归来后，叶至善继续主编《中学生》杂志。为了编好这本刊物，他于1954年4月初专门到德州、石家庄一带做了实地调查。经过调查，叶至善得出两点结论：一是这些地方的中学生年龄偏大，让他们读儿童读物，他们都觉得幼稚无聊；二是这些中学生原是有劳动习惯的，可是有的孩子却爱偷懒，入校上学的动机在于逃避劳动。据此叶至善调整了《中学生》杂志的编辑方针，提出行文中须注意避免幼稚，同时要加大对爱劳动的宣传力度，使读者都能明白学习也是为了劳动的道理。[①]

到了8月里，原由私人创办于1927年的《旅行》杂志收归团中央管理。团中央研究决定，《旅行》杂志停刊，由中国青年出版社在其基础上新创办《旅行家》杂志，主编请民国时代《大公报》的名记者彭子冈担任。叶至善因编辑期刊的经验丰富，遂被调去帮忙创刊，担纲主持该刊的编辑工作。

《旅行家》杂志于1955年1月顺利创刊，创刊号印行了5万册。当期刊发有叶圣陶、冯至、侯仁之、叶浅予、戈宝权等名家的文章，封面主图为关广志画的北京天坛祈年殿。其发刊词写得清新平实，虽非出自叶至善的手笔，但当经过其加工润色。

与《开明少年》相仿，《旅行家》装帧精美，编排活泼，版式疏朗，图文并茂。所不同的是，为了更好地使用图画、照片来展现风景名胜，该刊的开本放大到了16开，给读者的感觉更为大气。由于当时的风气是出版工作者都隐身做幕后英雄，并不在出版物上署名，

---

① 参见叶圣陶：《北游日记》，载叶至善、叶至美、叶至诚编：《叶圣陶集》第23卷，江苏教育出版社2004年版，第94页。

《旅行家》杂志的版权页上也就只能见到"编辑者　旅行家月刊编辑委员会"的字样。叶至善想必是进入了这个编辑委员会的，而且还应该和主编彭子冈一起发挥了主导的作用。1998年，彭子冈的儿子作家徐城北曾回忆道："我母亲常说自己当年得到两位文坛前辈的提携，一位是叶圣陶'叶爷爷'，再一位是沈从文'沈伯伯'。前者，我记忆中的接触不多。他家解放后住在东四八条的一个四合院当中……我母亲在1957年前是常来这儿的，因为她当时和'叶爷爷'的长子叶至善合作主编《旅行家》，常有工作要谈，顺便再看看当年的老师，于公于私，跑一趟就'都有了'。"①

《旅行家》杂志走上正轨后，叶至善就该回《中学生》杂志社了。谁知到了1955年年中，随着"农村社会主义高潮"的涌起，中国青年出版社接到了一项重大任务——编写出版供全国初级农业生产合作社使用的语文课本和算术课本。这一任务主要由时任二编室副主任的吴小武承担，社里考虑到叶至善在编写教材方面有经验，就把他调过去帮忙。吴小武，曾用笔名萧也牧，著名作家、编辑家，在新中国成立初期曾为"三红一创"等作品的问世作出过贡献。

在叶至善被借调的日子里，《中学生》杂志主要由刘重负责。这样的景况一直持续到1956年6月中少社成立，叶至善被任命为社长兼总编辑。实际上，自1954年夏起的近两年时间里，叶至善基本上没有在《中学生》杂志社上过班，只是名义上还挂着主编罢了。

出任中少社社长兼总编辑后，叶至善仍兼任《中学生》杂志主编。《中学生》杂志同时划归中少社。刘重转任中少社文学组负责人，杂

---

① 徐城北：《叶圣陶老人有半本〈文心〉》，《博览群书》1998年第8期。

志编务交由叶至善和燕生负责。过了四年，《中学生》出到 1960 年第 5 期后，因国家经济极为困难、纸张越来越匮乏而无奈停刊，后来到 1965 年 1 月才又复刊，但彼时叶至善已不再参与其编辑工作了。

从 1952 年 1 月起到 1960 年 5 月终，叶至善与《中学生》杂志相伴走过了八年时光，并先后为该刊写了《化学做了些什么》、《太阳——光和热的源泉》、《风和雨的规律》、《蒸发和溶解》、《跳伞》、《鼓风炉》、《地底下的火焰》、《星空时钟》、《你用得着物理学吗?》、《玻璃奇谈》等科普小品①，以及《失踪的十五年》（后更名为《失踪的哥哥》）、《割掉鼻子的大象》（与迟叔昌合作）、《电脑》（与迟叔昌合作，后更名为《没头脑和电脑的故事》）等科学幻想小说②。因此，叶至善的心中除了有《开明少年》的情结外，也有个《中学生》情结。这既与他曾主编该刊多年有关，也与这份刊物的光荣历史有关。

《中学生》杂志创刊于 1930 年，首任主编是叶至善的岳父夏丏尊，后由叶至善的父亲叶圣陶接任，经傅彬然、张明养而传到叶至善。叶至善是该刊的第五任主编，也是唯一一位"编二代"。他肩负着传承父辈荣誉的责任，肩上的担子是很重的，压力自然也就很大。好在他胜任愉快，主编《中学生》的八年中，虽因时代原因而未能超越前人，也算圆满完成了历史交予他的任务。

1930 年，夏丏尊在为《中学生》创刊号写的发刊词里说："我们是有感于此而奋起的。愿藉本志对全国数十万的中学生诸君，有所贡

---

① 这些文章均收入叶小沫、叶永和编:《叶至善集·科普卷》，开明出版社 2014 年版，第 112—179 页。其中《太阳——光和热的源泉》一篇篇末标明"一九五二年三月刊于《开明少年》"，其时《开明少年》已停刊，疑为《中学生》。

② 这三篇小说均收入叶小沫、叶永和编:《叶至善集·科普卷》，开明出版社 2014 年版，第 250—299 页。

献。本志的使命是：替中学生诸君补校课的不足；供给多方的趣味与知识，指导前途；解答疑问；且作便利的发表机关。"虽然时移世易，但叶至善接过接力棒后，仍与同事们牢记这一办刊宗旨，并为此作了许多大胆、有益的尝试。

著名出版家陈原曾总结道："有的人说，《中学生》是一种平淡无奇的杂志。是的，你想寻找刺激，而你尽会失望。不消说，这里边一定没有'眼睛吃冰淇淋'之类的东西，甚至连慷慨激扬政治号召性的文字也不常有的。然而平淡不等于衰萎。《中学生》对于一般青年读者，也恰如对于中学生似的，它可能成为每一个人的恳切而善良的教师、朋友和同志。当你不知不觉地从它那里学会了呼吸正义、诅咒黑暗的时候，才会惊骇于一种平淡的刊物竟也会在人的心中唤起一种力量来。"[①]《中学生》能产生这样大的影响，当然离不开编者的苦心孤诣与辛勤付出。叶圣陶晚年曾谈道："我和朋友当时编《中学生》，确有这样的想法：不要教训，要劝说；不要灌输，要启发；不要以教育者自居，要像对待朋友一样对待读者，了解他们的生活情况和学习情况，知道他们需要什么，喜爱什么，跟他们一起商量一起探讨，解决一些他们面临的问题。"[②] 这一点，叶至善是得到了父亲的真传的。翻阅他所主编的《中学生》杂志，以 1960 年第 4 期《纪念列宁诞生 90 周年》专刊为例，就可轻易地感受到这种好比"面前站着一个中学生"的风格。

---

① 陈原：《我与开明书店》，载中国出版工作者协会编：《我与开明》，中国青年出版社 1985 年版，第 5—6 页。

② 出自叶圣陶 1980 年在《中学生》杂志复刊座谈会上的讲话。转引自金易之：《关于〈中学生〉的回忆》，《人民教育》1981 年第 11 期。

二、上水千帆健

编辑要能写,是叶圣陶一贯的主张。叶至善非常认同这一主张,曾经就此总结道:"编辑自己能写,跟作者约稿,看作者的稿子,出的主意、提的意见可以中肯一些;跟作者打交道,商量讨论,可以有共同的语言。"①

但是,虽然年纪轻轻就已与弟、妹合出了两本散文集,叶至善却并未继续在散文写作之路上向前开拓,而是为了配合编辑《开明少年》、《中学生》等杂志的工作需要,逐渐转向了科普写作。晚年他曾回忆道:"当了编辑,我写得比较多,主要为自己编辑的书刊写。拿科普文章来说,当时我编一种综合性的少年刊物,需要跟读者讲点儿科学知识,一时找不到作者,约不到稿子,我就自己写起来了。""在编辑刊物的时候,有什么新的想法,我总要自己先试一试,像科学幻想故事啦,科学相声啦,甚至给科学读物做广告,我都下过点儿工夫,都是为了编辑工作的需要。"②

叶至善之所以在科普方面"写得比较多",除了编辑工作需要之外,还要归因于其个人对科普有着浓厚的兴趣。这兴趣一方面来自他从小就对自然界充满好奇,另一方面也来自他到开明书店任编辑后的耳濡目染。前一方面我们已经在第一章中述及,这里不再赘述,仅说

---

① 叶至善:《准备和尝试》,载叶小沫、叶永和编:《叶至善集·编辑卷》,开明出版社2014年版,第103页。

② 叶至善:《准备和尝试》,载叶小沫、叶永和编:《叶至善集·编辑卷》,开明出版社2014年版,第103页。

说后一方面。

1985 年 11 月，在开明书店创建 60 周年纪念会上，叶至善谈道："顾均正先生讲物理化学的书，刘薰宇先生讲数学的书，索非先生讲医学的书，贾祖璋先生讲生物的书，大家都知道上开明书店去买。甚至有几位国外的科普作家，如法布尔、伊林、别莱利曼的作品，几乎也让开明给包办了。"[①] 叶至善在开明书店之时，不光可以读到大量的世界一流的科普作品，还能直接得到顾均正等当时最负盛名的中国科普作家的耳提面命，并与陈原、茅以升、王鞠侯、王峻岑、方宗熙、董纯才、方白和迟叔昌等科普作家相交颇深。

顾均正（1902—1980），1928 年进入开明书店，开始曾与赵景深、徐调孚一起翻译过安徒生童话。1931 年，他翻译了法布尔的《化学奇谈》，以后又翻译了《每日物理学》，均刊登于《中学生》杂志，同时还为开明书店编写了《开明自然课本》。由此一发而不可收，先后出版了科普小品集 4 部，科学小说集 1 部，科幻小说集 1 部，还翻译出版了科普作品《物理世界的漫游》、《乌拉波拉故事集》。此外，1939 年时，他还曾与索非合办科学杂志《科学趣味》，到 1942 年停刊，共出版了 36 期。他为该刊所写的科普文章，于 1947 年结集为《科学趣味》一书，由开明书店出版。科学普及出版社于 1981 年 9 月推出了《顾均正科普创作选集》。

顾均正的作品对叶至善的科普创作起到了指引作用。叶至善不仅在编辑《开明少年》和《中学生》时为顾均正的科普作品撰写了许多

---

① 叶至善：《办好出版社的三个条件——在开明书店创建六十周年纪念会上的发言》，载叶小沫、叶永和编：《叶至善集·编辑卷》，开明出版社 2014 年版，第 131 页。

图书广告，还在退休后为其《少年化学实验手册》写了重版前言。①

刘薰宇（1896—1967），1919 年毕业于北京高等师范学校数理系，曾先后任教于浙江春晖中学、上海立达学园，1928 年到法国巴黎大学留学，研究数学，1930 年回国后，重返立达学园，并在同济大学等校兼课，后进入开明书店任编辑。刘薰宇与夏丏尊相交甚笃，二人合著有《文章作法》；他还出版过散文集《苦笑》；其他著作就都是关于数学的了，有《初中代数》、《解析几何学》、《数学的园地》、《数学趣味》、《因数和因式》、《马先生谈算学》等。

刘薰宇一贯积极为《中学生》撰稿，影响很大。叶至善曾担任《中学生》主编，又对数学特别感兴趣，在数学科普写作方面自会受到刘薰宇的影响。

索非（1899—1988），开明书店元老之一。著有杂文集《龙套集》，科普作品集《孩子们的灾难》、《疾病图书馆》，科普小说《人体旅行记》等。除了从事科普创作，索非还与好友顾均正一起创办了《科学趣味》，合办了天工实业社，设计、销售"少年化学实验库"，"那是一个小箱子，里面装着一套简单的仪器、十七种小份包装的药品。读者只要购买一个'实验箱'，就可以按着手册，把书中的实验全都做一遍，真是方便极了。"②

贾祖璋（1901—1988），1920 年毕业于浙江省第一师范学校，曾先后在商务印书馆、开明书店任编辑，新中国成立后，历任中国青年

①　此文首发于顾均正：《少年化学实验手册》，中国少年儿童出版社 1982 年版。收入叶小沫、叶永和编：《叶至善集·编辑卷》，开明出版社 2014 年版，第 449—450 页。

②　叶至善：《〈少年化学实验手册〉重版前言》，载叶小沫、叶永和编：《叶至善集·编辑卷》，开明出版社 2014 年版，第 450 页。

出版社副总编辑、科学普及出版社总编辑、中国科普创作协会副理事长等。他是中国科学小品文的开拓者之一，擅长用生动的独具风格的科学小品体裁，向读者描绘奇妙的生物世界中的种种珍闻趣事。他曾编辑过《中学生》、《进步青年》、《旅行家》、《农村青年》、《学科学》等杂志，编著有《开明新编高级生物学》、《高中生物学纲要》等中小学教材，著有《中国植物图鉴》、《生物学碎锦》、《生物素描》、《碧血丹心》等科普专著，其作品《花儿为什么这样红》荣获全国优秀科普作品一等奖。2001 年 9 月，福建科学技术出版社推出《贾祖璋全集》5 卷本，叶至善受邀为之写了序言。

叶至善与贾祖璋共事多年，知道贾祖璋的原配夫人于抗战期间去世，他一个人带着三个男孩过活，非常不容易。于是在 1946 年，把夏满子的一位表姐介绍给了贾祖璋。1947 年元旦，贾祖璋与这位表姐结婚，从此和叶至善成了表连襟。近水楼台先得月，叶至善在生物科普方面的创作，想来会向贾祖璋请益。

陈原（1918—2004），1938 年毕业于中山大学土木工程系，先后在新知书店、生活书店、三联书店任编辑。年轻时曾从事地理学科普创作，编译有《苏联学校的地理教学——地理教学参考资料》、《苏联新地理》，著有《现代世界地理之话》、《世界地理基础》。

陈原以语言学家、编辑出版家、世界语专家名世，科普创作不过是他年轻时的一段经历，但其科普作品在当年很有影响。叶至善编《开明少年》时，关于国际时事方面的稿子，主要是请陈原译述的，而在地理学科普方面也曾多次相与切磋。

茅以升（1896—1989），著名的土木工程学家、桥梁专家、教育家。其代表性著作有《中国古桥技术史》、《武汉长江大桥》、《中国的古桥和新桥——从赵州桥到南京长江大桥》等。

叶至善少年时期就非常崇拜茅以升，后来还曾向茅以升约过科普方面的书稿。茅以升去世后，安徽少年儿童出版社拟推出《茅以升科普作品精选》，邀请叶至善为之作序。叶至善在这篇序言中详细回忆了与茅以升的交往。[①] 检诸叶至善的文章，怀念师友的很多，但他以"英雄"呼之的，只有茅以升。读这篇序文可知，除了爱国情怀使然外，茅以升的科普意识和为少年儿童服务的热情，都是使叶至善心生崇敬的原因。两人虽然辈分不一，事功也不同，却有着同样的爱国情怀、科普意识和为少年儿童服务的热情。

王峻岑（1910—1982），又名王联榜，1934 年毕业于北京大学数学系，后在中学、大学执教，并致力于数学科普创作。叶至善曾写过一篇《怀念王峻岑先生》，文中详细记录了他们之间的交谊。[②] 通过这篇文章，我们可以看到作为编辑的叶至善是怎样友善地对待作者朋友的。可他本人却觉得做得很不够，在文章的开头就说："我老是觉得，作为一个编辑，我有负于这本小册子的作者——峻岑先生。"结尾又一次自责道："这本《比一比》出版，峻岑先生看不到了，真是非常可惜的事。……至于我呢，想起曾经对作者如此冷漠，心里总感到内疚。这不是做人应有的态度，更不是当编辑的应有的态度。"[③] 叶至善在这里显然是对自己过于苛责了，这应该是出于他对王峻岑的敬重，

---

① 参见叶至善：《〈茅以升科普作品精选〉序》，载叶小沫、叶永和编：《叶至善集·编辑卷》，开明出版社 2014 年版，第 494—495 页。

② 叶至善：《怀念王峻岑先生》，载叶小沫、叶永和编：《叶至善集·编辑卷》，开明出版社 2014 年版，第 282—284 页。

③ 叶至善：《怀念王峻岑先生》，载叶小沫、叶永和编：《叶至善集·编辑卷》，开明出版社 2014 年版，第 282—284 页。

以及对编辑职业和数学科普事业的热爱。

方宗熙（1912—1985），中国海藻遗传学的奠基人，一生著述颇丰，著有《生物学引论》、《普通遗传学》等，并与周建人、叶笃庄合译有《物种起源》、《动物和植物在家养下的变异》等。在生物科普方面，代表作有《古猿怎样变成人》、《生命发展的辩证法》、《遗传与育种》、《生命进行曲》、《遗传工程浅学》、《生物基础知识》等。

叶至善回忆，1951 年，父亲叶圣陶曾对他说起过："署里新来了一位留学生，叫方宗熙，学生物的，人挺好。有问题可以请教他，还可以约他写点儿什么。"叶至善就想找个机会去拜访方宗熙，谁知还没等拜访，方宗熙倒先给叶至善写来了一封信，就叶至善当时在编的一套"我们的书"提了一大堆意见。"说实话，我那时年少气盛，泛泛的称赞又听得比较多，看了他的信，我让这一大堆意见给噎住了，不痛快了好些天。可是噎一下很有好处……我从此把方宗熙同志看成畏友。"[1] 从此，叶至善与方宗熙交往不断，在科普创作方面亦多有切磋交流。

董纯才（1905—1990），著名教育家、翻译家、科普作家，一生从事教育和科普创作与研究，是中国科普事业的开拓者之一。他最早把苏联著名科普作家伊林的作品翻译介绍给中国读者，在创作方面，总计写出了 200 多万字的科普作品。他还是我国科普理论探索的一位先行者，明确指出要面向大众普及科学知识、科学思想、科学方法和科学精神。

董纯才是叶至善走上科普道路的领路人之一，对叶至善的影响集

---

[1]　叶至善：《悼念方宗熙同志》，载叶小沫、叶永和编：《叶至善集·散文卷》，开明出版社 2014 年版，第 287 页。

中表现于两点：一是他翻译的伊林著作，成了叶至善进行科普创作的入门参考，叶至善曾感叹说自己的科普创作"学伊林没学像"；二是他对《开明少年》的认可，给了身为该刊编辑的叶至善莫大的鼓励。[1]

方白（1903—1980），1937年开始从事通俗读物编辑工作，1947年写成科普读物《人和水》。该书由开明书店于1948年4月出版。叶至善随后在《开明少年》上为其撰写了一篇长达1500多字的图书广告。[2]

迟叔昌（1922—1997），1956年发表处女作《割掉鼻子的大象》，随后又发表了《起死回生的手杖》、《大鲸牧场》、《3号游泳选手的秘密》等科幻小说，成为那个时期创作量最大、最有代表性的科幻作家。其代表作还有《科学怪人的奇想》、《冻虾和冻人》、《人造喷嚏》等。除科普创作外，迟叔昌还翻译了《小林多喜二选集》等作品。

前此我们介绍的几位科普名家，大都是叶至善的长辈或前辈，而迟叔昌则是叶至善的平辈。他的作品常在《中学生》发表，两人也合作了几篇作品。1997年迟叔昌去世后，有出版社要推出《迟叔昌科普作品集》，邀请叶至善作序，叶至善遂借此回忆了他与迟叔昌之间的交往。[3]

至于叶至善提到的三位外国科普作家，法布尔是众所周知的法国

---

[1] 参见叶至善：《董纯才先生和开明书店》，《科普创作》1991年第3期。该文收入《叶至善集》时，略掉了第一段。参见叶小沫、叶永和编：《叶至善集·散文卷》，开明出版社2014年版，第344—345页。

[2] 参见叶至善：《人和水》，载叶小沫、叶永和编：《叶至善集·编辑卷》，开明出版社2014年版，第541页。

[3] 参见叶至善：《〈迟叔昌科普作品集〉序——惆怅的往事》，载叶小沫、叶永和编：《叶至善集·编辑卷》，开明出版社2014年版，第512—514页。《迟叔昌科普作品集》一书后来没有出版。

昆虫学家；伊林是苏联科普名家；别莱利曼也是苏联著名科普作家，一生写了 105 本书，大部分是趣味科学读物，开明书店于 1946 年推出了他的《趣味物理学》，叶至善随即在《开明少年》上为之撰写了《永动机》、《请站起来》等图书广告。

三、急桨荡轻舟

新中国成立前后，在师友们的引领与激励下，叶至善在做好编辑工作的同时，开始在科普创作方面发力。经过一番努力，他取得了令人瞩目的创作成绩。叶至善晚年总结自己的科普创作时曾说："给孩子们写科普文章，我是一九四五年开的头。""一九四五年，我开始当编辑，给孩子们编综合性期刊。刊物上什么文章都得有……如果缺了什么，一时找不到作者，当编辑的就得自己凑上一篇。""因为编的是综合性刊物，我哪个方面都得写；写得最多的数科普文章，长的短的，有二三百篇。"[①]

除了写作短篇的科普小品，叶至善还大胆尝试科学幻想故事、科学相声等文体的创作。

1955 年 7 月，叶至善写成了《到人造月亮去》。这是他的第一篇科学幻想故事，以第一人称讲述了"我"和同学李建志跟随张老师到人造月亮上参观的经历。叶至善在这篇处女作中充分调动了他在天文学、物理学、植物学等方面的知识积累，为小读者们打造了一个五光

---

① 叶至善：《〈科普杂拌儿〉后记》，载叶小沫、叶永和编：《叶至善集·编辑卷》，开明出版社 2014 年版，第 322 页。

十色的科学万花筒。尤为值得称道的是，为表明本故事的科学幻想属性，叶至善特别讲求叙事艺术，通篇以一个梦的形式予以展现，而在结尾处才揭出"我定了定神才明白，原来我做了一场梦"。这样处理，可谓深得文学三昧，能够使小读者在掩卷深思之际，生出意犹未尽之感，从而带给他们丰饶的启发与畅想。

1955 年春，迟叔昌写出了科幻小说处女作——《二十世纪的猪八戒》，讲的是 1975 年，中国人开发出了一种新技术，培育出了跟大象一般大的猪，重达 12 吨半。他把稿件投寄给《中学生》杂志社，结果杳无音讯。直到一年之后，这篇来稿才被刘重拿给了下乡回来的叶至善。叶至善回忆说："严格地说，这不能算一篇稿子，写在案头日历废页的背面，总共十来页，每页多的百把字，少的二三十字，写得龙飞凤舞，句子也不太连贯。可是有两点让我给看中了……我于是把叔昌的原稿当作提纲，按他的思路，敷衍成了《割掉鼻子的大象》，交还给刘重。刘重给发表了，在署名'迟叔昌'的后边，加上了我的笔名'于止'。我说这样做不行，刘重说这样才公平。反正刊物已经发行，争论也无济于事了……"[1] 因为此事，叶至善"总觉得对不住他"[2]，但据科幻作家、时任《中国少年报》编辑的赵世洲回忆："迟叔昌童心很强。但他的稿子从来都是草纸写，不连贯，必须经过重新整理……叶至善要进行第二次创作。"[3]《割掉鼻子的大象》发表在《中

---

① 叶至善：《〈迟叔昌科普作品集〉序——惆怅的往事》，载叶小沫、叶永和编：《叶至善集·编辑卷》，开明出版社 2014 年版，第 512—514 页。

② 叶至善：《〈迟叔昌科普作品集〉序——惆怅的往事》，载叶小沫、叶永和编：《叶至善集·编辑卷》，开明出版社 2014 年版，第 514 页。

③ 吴岩整理：《中国科幻口述史：赵世洲谈往事》。参见吴岩的新浪博客，2008 年 6 月 22 日，http://blog.sina.com.cn/s/blog_484a22af0100a75r.html。

学生》1956 年 4 月号上，一炮打响，被收入作家出版社编选出版的《1956 儿童文学选》。冰心在该书序言中称赞道："迟叔昌把科学道理融合在故事里，引人入胜。"

1956 年 7 月，叶至善又与迟叔昌合写了一篇《电脑》（后更名为《没头脑和电脑的故事》），发表在《中学生》1956 年 7 月号上。后来，二人又合写了《科学怪人的奇想》①，通过对比新旧社会两代科学家的不同遭际来展现社会的变革，发表后也收到了很好的反响。

同一年，叶至善还根据当时引进中国上映的捷克斯洛伐克彩色影片《史前探险记》编写了一篇科幻故事，发表在《中学生》1956 年 10 月号上。

1957 年春夏之交，叶至善写成了其科幻小说代表作《失踪的哥哥》，以《失踪的十五年》为题，连载于《中学生》1957 年第 6、7、8 月号。这是一篇中篇小说，讲述了张春华的哥哥张建华，在上小学三年级的时候突然失踪了；15 年后，渔业码头的一家冷冻厂的速冻车间出现故障，工人们在检修时意外发现了一个冰冻的男孩；报案后，人们才发现这个男孩就是张春华的哥哥张建华；后来，科学家利用"热波灯"红外线升温技术，让冰冻了 15 年的张建华复活了，于是就出现了哥哥还像个小孩、弟弟却比哥哥要高要大的奇妙结局。

这篇科幻小说甫一问世，就以奇思妙想的情节、引人入胜的故事、悬疑重重的推理和饶有趣味的科学知识，走进了许多小读者的

---

① 　与《割掉鼻子的大象》、《没头脑和电脑的故事》不同，《科学怪人的奇想》未收入《叶至善集》。1963 年 5 月，中少社出版的《大鲸牧场》（迟叔昌著）收入该文，并在目录中注明其为"与于止合作"。

心，让他们读来欲罢不能。同时，这篇小说也引起了儿童文学界的关注，被作家出版社选入了《1957 儿童文学选》。

这篇作品在 1957 年出现，应该说并非偶然。当时国家提出了"向科学进军"的口号，社会上科技氛围浓厚，自然也影响到了文学创作。在"百花齐放，百家争鸣"的方针指引下，当时的科幻小说界出现了令人欣喜的新气象——这一年，郑文光的科幻小说《火星建设者》在莫斯科世界青年联欢节上荣获了大奖，为中国科幻界争得了第一个国际荣誉。种种情势刺激着身为《中学生》杂志主编的叶至善，使他不由得动了"先写一写，试一试"的念头。而触发叶至善灵感的是当时报上的一则新闻：苏联有一个人掉进雪坑，被雪埋了 18 个小时，后来被医生奇迹般地救活了。他由此浮想联翩，最终写成了这篇小说。①

叶至善后来曾谈道："我着力表现的自然是我的主人公——医生和工程师，可是大多数读者似乎只看到那个失踪的哥哥和他的弟弟；我讲的是关于生命冷藏的设想，可是大多数读者感兴趣的却是弟弟变成了哥哥，哥哥变成了弟弟；我还想向读者灌输一点儿科学活动的基本态度，在这方面，读者似乎一点儿也没有觉察到。"基于这些，叶至善本人认为这篇小说"彻底失败了"。②

但是，叶至善没有想到的是，从作品的受欢迎程度和作品的影响之深远来看，这篇小说所取得的成功远远超出了他的判断。举例来

---

① 叶至善：《关于〈失踪的哥哥〉的自白》，载叶小沫、叶永和编：《叶至善集·编辑卷》，开明出版社 2014 年版，第 66 页。

② 叶至善：《关于〈失踪的哥哥〉的自白》，载叶小沫、叶永和编：《叶至善集·编辑卷》，开明出版社 2014 年版，第 68 页。

说，2019 年 4 月 3 日，《散文》杂志主编董兆林在《中华读书报》上发表了《我拥有的第一本书》一文，讲述了他与《1957 儿童文学选》的故事，说《失踪的哥哥》是这本书里他最喜欢看的一篇作品。

《1957 儿童文学选》，由作家出版社编选，1958 年 9 月出版。其中科学文艺作品只收了 2 篇，一篇是科幻小说名家郑文光的《人造卫星之歌》，另一篇就是叶至善（署名于止）的《失踪的哥哥》。而到了 1980 年，第二次全国少年儿童文艺创作评奖揭晓，《失踪的哥哥》荣膺科学文艺类二等奖，并在二等奖四部获奖作品中名列第一。而这个类别的一等奖只有两部作品，分别是叶永烈的《小灵通漫游未来》和郑文光的《飞向人马座》。由此可见，《失踪的哥哥》实在是取得了巨大的成功。

值得注意的是，《1957 儿童文学选》一书的"曲艺"部分还收入了叶至善与顾均正合作的科学相声《一对好伴侣》（署名顾均正、于止）。这使得叶至善成了该书中三位被收入两篇作品的作者之一，另两位分别是当时已大名鼎鼎的陈伯吹和金近。

北京大学中文系教授商金林指出，叶至善"最先把相声、小说、戏剧等形式移植到科普创作中来，写出了科学相声、科学小说、科学戏剧。早在一九五七年创作的科学相声《一对好伴侣》，就如何用相声这一形式介绍科普知识作出了可贵的尝试"[1]。

到 1961 年，叶至善又创作了一段科学相声，题为《兄弟俩》，讲的是 1 和 0 这两个数字。这一段发表于《我们爱科学》1961 年 12 月号上。叶至善后来曾说："《兄弟俩》这篇相声，材料来自王峻岑先生

---

[1] 商金林：《〈叶至善集〉序》，载叶小沫、叶永和编：《叶至善集·编辑卷》，开明出版社 2014 年版，第 9 页。

的数学小品《1和0》。先是顾均正先生给《中学生》写了篇稿子,讲作用力和反作用力,用的对话形式,我给改成了相声。只怕有人说顾先生这么大年纪了,反倒油腔滑调起来,所以我在他的名字后边加署了我的笔名,如果在形式方面受到指责,责任由我来负。后来出我意料,好些科普刊物也出现了相声,表明这种形式是受读者欢迎的。"在同一篇文章里,他就科学戏剧创作也作了说明:"戏剧我也试过,没得到反应;我想戏剧的形式应该是可以用的,得怪我自己没把剧本编好。"①

1950年3月,叶至善将五年前为《开明少年》写的科普小品《黄金》改题为《黄金的悲喜剧》,交由开明书店出版。这是一本只有30页的小薄册子,推出后很受欢迎,当年12月就实现了再版。

眼见自己的短篇科普创作产生了非常好的影响,叶至善一鼓作气,又开始了长篇科普作品的编译工作。搬家到北京前后,叶至善和妹妹叶至美合作,编译了一部科普读物——《日月星辰》。该书于1950年4月由开明书店列入"开明青年丛书"印行,一年后的1951年6月又印了第二版。叶至善专为此书写了一篇精短好读的序言。这篇序言体现了他的编写理念——"希望你读着这本书的时候,好像在电话机中,听一个熟朋友在谈话。而不是在收音机面前,听一个完全陌生的人的广播演讲。"文字叙述要达到使读者感到就像面对电话机、熟朋友的程度,较之收音机、陌生人的感觉,不知要难上多少倍,这就要求作者必须为此付出数倍于人的时间和精力。

新书印出来后,叶至善在《开明少年》上为它做了一个广告。这

---

① 叶至善:《跟同道们谈心——〈竖鸡蛋和别的故事〉后记》,载叶小沫、叶永和编:《叶至善集·编辑卷》,开明出版社2014年版,第314—315页。

则广告非常之短，只有几句话："本书从离我们最近的月亮讲起，说到天空中最亮的太阳，地球的弟兄们——行星，再说到太阳系外的空间。最后还介绍了天文仪器和天文工作。插图明晰，立论新颖，文字亲切。"因为作者惜墨如金，这几句话无一不切中肯綮。特别要指出的是，"文字亲切"这四个字说说容易，要做到可就难了，其中甘苦，想来叶至善和叶至美兄妹是最清楚的。

1957 年，叶至善新写成了一本科普小书——《太阳·月亮·星》，于当年 12 月由科学普及出版社推出。这是一本旨在给农村青少年讲天文知识的科学小品集。[①]

除了以上科普作品，这一时期叶至善还写过多篇科学家小传。后来他曾回忆说："五十年代曾掀起过一次'向科学进军'的高潮，许多刊物都介绍科学家，刊登科学家的小传；我为自己编的刊物写，也应付别的刊物的约稿。写来写去，我越写越乏味，小传嘛，无非姓名籍贯，生年死月，功绩成就，能变出个什么花样来呢？说是写，实质是变着法儿抄袭。我于是给自己起了个笔名，叫'任逸云'——别人也这么说过，我只是人云亦云，把现成的材料搬到我的稿纸上而已。"[②] 但正当叶至善摩拳擦掌，想要转而向科学家传记小说进军之

---

① 叶至善所撰《太阳·月亮·星》一书，在 20 世纪 80 年代之前一共出了三个版本，初版（1957）、二版（1965）、三版（1979）均为科学普及出版社出版。叶至善在该书后记中说第一版由农村读物出版社出版，当系误记。另，该书后记收入《叶至善集》，文末注明写于"一九七五年五月"，亦属不确，因文中提到该书编写于 1957 年，又说"这本小书是二十二年前编写的"，则此文显系写于 1979 年。再结合科学普及出版社于 1979 年 12 月推出的新版，叶至善的后记就是写给这个新版的，更可证。后记原文参见叶小沫、叶永和编：《叶至善集·科普卷》，开明出版社 2014 年版，第 235—236 页。

② 叶至善：《准备和尝试》，载叶小沫、叶永和编：《叶至善集·编辑卷》，开明出版社 2014 年版，第 108 页。

时，政治风向变了，有的科学幻想故事被批评为"只看见一群资产阶级知识分子在那里摇来晃去"。在这样的情势下，叶至善只得打消了写科学家传记小说的念头。而《失踪的哥哥》虽然反响热烈，但是小读者读过之后往往是记住了故事而忘记了科学，使得叶至善通过科幻小说来教会读者科学知识的想法落空了。这样的失望情绪，直接导致叶至善放弃了这类作品的创作。

四、和乐醉人心

初到北京，叶至善就喜欢上了这座城市。在北京住了50年后，叶至善曾回忆起初到北京时的感觉："那时我三十才出头，觉得跟上海相比，北京样样都好。头两个月，我跑遍了天安门、故宫和内城的几个公园，外城的天坛和天桥，西郊的颐和园和清华园，还有东安市场和隆福寺。处处都好，看个没有够，赞叹个没有完。新中国的首都，是该建在北京。"[①]

当然，年轻的叶至善对北京也并不是什么都满意。他在回忆文章中提到了两点不好的地方，一是北京的公共交通设施跟上海相比差得太远，路线少，车辆也少；二是北京的电影院比上海少太多，使他这个电影迷深感不便。

当然，这一点点不满很快就被火热的生活给冲刷掉了。当时市场上新到了一批捷克产的自行车，可以分期付款，叶至善就跑去买了一

---

① 叶至善：《家居北京五十年》，载叶小沫、叶永和编：《叶至善集·散文卷》，开明出版社2014年版，第382页。

辆，经常骑着它去看各种晚会："那时怀仁堂举行什么晚会，我得到入场券，骑上自行车就去了，常常能看到毛主席和周总理。他们跟别的领导人总要临到开幕才入场，坐在靠左边的第五或第六排上。我多么想挤上前去握一握他们的手呀，可总是来不及，灯光已经渐渐暗下来，开场锣鼓已经敲打起来了。"①

1958 年，为迎接新中国成立 10 周年，当时规划的北京十大建筑全面破土动工了。一时间人们的爱国激情迸发出来，争着抢着参加义务劳动，都觉得能去到工地铲上一锹土，搬上一块砖，心里就会充满幸福和自豪。叶至善也激情满满地投身而入："我有幸去天安门广场参加过两次义务劳动。一次是人民英雄纪念碑才落成，挖掘栽种松树的大坑，在纪念碑西侧。一次是清除最高法院旧大楼拆毁后留下的瓦砾。那片地面后来经过平整，成为大会堂东门外广场的一部分。"②

由上述回忆可以想见，叶至善初到北京的几年里，生活舒心，事业顺遂，日子过得可谓"和乐醉人心"：崭新的共和国充满希望，父亲的事业达到了巅峰，一家人热热闹闹地安居乐业，祖母、母亲身体康健，妻子到北京后没再安排工作，在家中全心全意地相夫教子、照料老人，就连子女的教育问题，也都得到了很好的解决。

至于叶至善本人，除了安于编编写写的本职工作之外，在政治上也取得了巨大的进步。由于他当时供职的单位系由团中央直接领导，因而经常能见到时任团中央书记的胡耀邦。胡耀邦非常重视团结党外

---

①　叶至善：《家居北京五十年》，载叶小沫、叶永和编：《叶至善集·散文卷》，开明出版社 2014 年版，第 383 页。

②　叶至善：《家居北京五十年》，载叶小沫、叶永和编：《叶至善集·散文卷》，开明出版社 2014 年版，第 384 页。

知识分子，特别尊重叶圣陶。他在工作上与叶至善接触较多，对这位才高而谦逊的年轻人印象非常好，再加上叶圣陶这一层关系，就格外器重叶至善。1954年12月4日，中国人民政治协商会议第一届全国委员会常务委员会第六十二次会议选出了第二届全国政协委员559人，任期自1954年12月至1959年4月。在胡耀邦的推举下，年仅36岁的叶至善得以与丁聪、吴晗等一起被选为本届全国政协委员，界别为中华全国民主青年联合会。此后，叶至善连续当选为第三至九届全国政协委员，并成为第六至九届全国政协常委，还曾担任第六届和第七届全国政协副秘书长。

经历过战乱时期的颠沛流离，叶至善由衷地喜爱平静的生活。也正是在这样温馨平和的环境中，他才能心无旁骛地编编写写，取得一个又一个骄人的成绩。可惜叶至善没有记日记的习惯，我们只能从叶圣陶日记中找到印证这和美日子的一个小小片段。那是1955年4月24日，星期天，叶至善的37岁生日。叶圣陶在日记中记道："至善参观捷克展览会回来，购捷克啤酒两瓶，午饭时分饮之，苦味颇清美。"[①]

叶圣陶自少年时期起就嗜好饮酒。叶至善晚年曾回忆道："那些年，父亲每天午餐晚餐都喝酒，由我陪着，一喝就是个把钟头。有亲戚朋友来，就拉着一块儿喝。父亲喝张裕白兰地，我喝剑南春或五粮液。客人随意挑，不喝也可以。"[②] 正所谓人生得意须尽欢，新中国成立之初的那几年，当是叶氏父子都倍感惬怀的日子。

---

① 叶永和、蒋燕燕整理：《叶圣陶未刊日记（1955年·续一）》，《出版史料》2011年第3期。

② 叶至善：《陪父亲喝酒》，载叶小沫、叶永和编：《叶至善集·散文卷》，开明出版社2014年版，第174页。

叶至善（1918—2006）

叶至善、夏满子夫妇

叶至善（后排左一）与父亲叶圣陶、弟弟叶至诚、妹妹叶至美

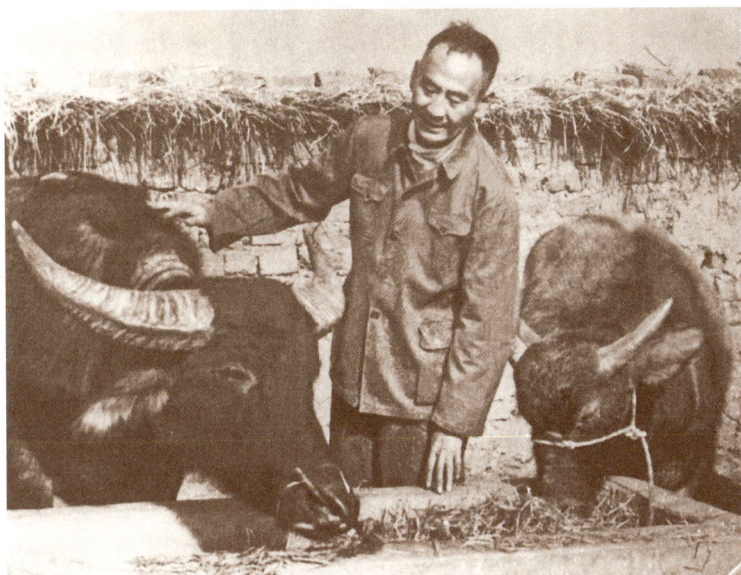
叶至善在干校喂牛

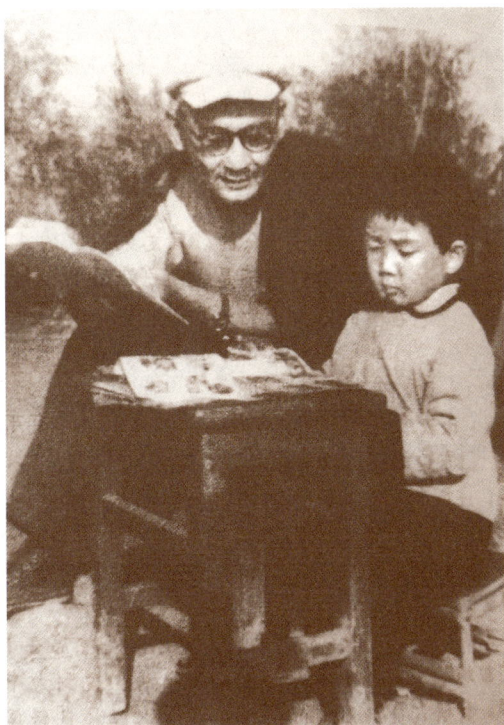
叶至善在干校辅导同事的孩子读书

1978 年 3 月 3 日，叶圣陶、叶至善父子一同参加全国政协会议，新华社记者为他们拍了这张合影

叶至善为《中国少年报》编辑讲解怎么给孩子写科普文章（摄于 80 年代）

叶至善编辑的部分杂志

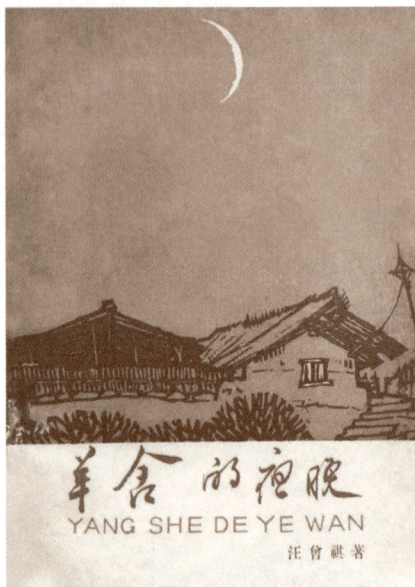

叶至善为迟叔昌、汪曾祺、孙幼军、老舍编辑出版的图书

叶至善的部分著作

叶至善的部分著作

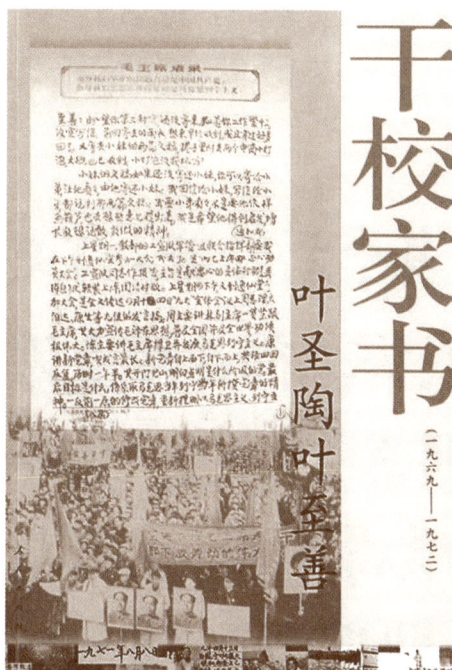

《叶圣陶叶至善干校家书》

1969—1972 年间叶圣陶叶至善的部分家书

〔蝶恋花〕乐在其中无处躲。订史删诗，元是圣人做。神见添毫添足叵，点睛龙起点腮破。 信手丹黄宁复可？难得心安，怎解眉间锁。句酌字斟还未妥，案头积稿又成垛。

至善求正

叶至善手迹

第七章

且不悔为人作嫁①

1953 年 9 月，中共中央宣传部召开了专门研究少儿读物出版工作的会议。1954 年，全国基本完成了对私营少儿出版业的社会主义改造，新版再版少儿图书 1260 种，印行 1369 万册。但少儿图书奇缺的现象依旧十分严重。这不但引起党和国家各有关部门的重视，也引起了毛泽东的高度重视。时任团中央书记胡耀邦经过调研，提出了"少年儿童读物奇缺的问题"，鼓励、支持青年知识分子"为少年儿童创作"，"向科学进军"。1955 年 8 月 15 日，团中央书记处向党中央呈报了《关于当前少年儿童读物奇缺问题的报告》，提出在北京创办

---

① "且不悔为人作嫁"，引自叶至善：《贺新凉·望六书怀》，载叶小沫、叶永和编：《叶至善集·创作卷》，开明出版社 2014 年版，第 537 页。

中国少年儿童出版社，同时建议江苏、浙江、山东、河北等 15 个省、自治区的人民出版社设立儿童读物编辑室。毛泽东看了团中央书记处的报告后，先后两次作出重要批示，要求有关部门认真对待这一问题，迅速改进工作，大量地创作、出版、发行少年儿童读物。

毛泽东的关注与批示，对新中国成立初期的少儿出版形成了强大的推动力，共和国很快迎来了第一个少儿文艺创作、出版的高潮。1955 年 10 月 25 日出版的《中国青年报》，以一大整版的篇幅，发表了文学、美术、科学工作者响应号召"为少年儿童创作"的文章。

在党中央和团中央的重视与推动下，1956 年 6 月 1 日，中国少年儿童出版社宣告成立，社名由郭沫若题写，叶至善被任命为社长兼总编辑。"这是共和国的第二家专业少儿出版社，从此形成了'南有上少，北有中少'的少儿出版新格局，以及'科普读物找上少，思想教育读物找中少'的少儿读物内容新格局。"①

所谓"上少"，是指上海的少年儿童出版社。该社成立于 1952 年 12 月，是新中国第一家专业少儿出版社，当时归团中央领导。它是以上海的新儿童书店为基础，整合中华书局、商务印书馆和大东书局的儿童读物编辑部门，组建而成的一家公私合营性质的出版社。"中少"与之不同，完全是共和国的新生儿。这个新生儿，甫一出生便交到了时年 38 岁的叶至善的手上。

---

① 海飞：《童书业六十正年轻——新中国少儿出版 60 年述评》，《编辑之友》2009 年第 10 期。

一、执掌中少社

中少社建社之初，只有 8 个人。[①] 其中骨干有叶至善、遇衍滨、刘重、燕生等。

新成立的中少社，脱胎于中国青年出版社。中国青年出版社的前身之一青年出版社，早在 1951 年就设立了儿童读物编辑室。虽然中少社正式挂牌了，但"当时的'中少'实际上还只是个规模不大的'编辑部'，隶属于中国青年出版社"[②]。用叶至善的话说，中少社"实际上是一个专编少儿读物的编辑部门，跟中青共一个党组领导"[③]。当时的中国青年出版社党组书记、社长兼总编辑为朱语今，他实际上同时是中少社的政治领导。

叶至善担任中少社社长兼总编辑，只有不到两年的时间。且因为他不是中国共产党党员，无法出任党内职务，故在担任社长兼总编辑期间，实际上只是主持该社的业务工作。叶至善对这一安排深为理解并完全接受。其实，在这之前的几年里，身为《中学生》杂志主编的叶至善已经习惯了在政治上接受党员搭档的领导，生性淡泊的他还风趣地称先后和他搭班子任副主编的刘重和燕生为"政委"，表示"得

[①]　参见海飞：《少儿出版　大路朝阳——为中国少年儿童出版社成立 50 周年而作》，《中国出版》2006 年第 6 期。

[②]　谷斯涌：《他们两位，缺一不可——纪念〈儿童文学〉创刊 50 周年忆德华同志》，收入徐德霞主编：《时光传奇：〈儿童文学〉创刊 50 周年纪念文集》，中国少年儿童出版社 2014 年版。

[③]　叶至善：《跟〈小布头奇遇记〉的奇遇》，载叶小沫、叶永和编：《叶至善集·编辑卷》，开明出版社 2014 年版，第 118 页。

诚心诚意接受党的领导"。① 也正是由于先前有这样的经历，叶至善出任中少社社长兼总编辑后，作为业务主官，与朱语今配合默契。到了1958年，政治空气趋于紧张，团中央决定由时任少年儿童部部长的刘祖荣担任中少社社长，叶至善改任副社长兼总编辑。

1960年12月刘祖荣逝世后，中少社社长一职空缺了一年多。1962年年初，团中央决定调少年儿童出版社副社长兼副总编辑胡德华进京，任命她为中国青年出版社党组副书记、中少社总编辑，后又兼任社长。这样一来，叶至善的中少社总编辑的头衔也没有了，所担任的职务只剩下一个副社长。而一向淡泊名利的他依旧还是乐呵呵的，平静地接受了组织的安排。

1964年秋，胡德华被调去江西省永修县工作。而随着"文革"风雨欲来，中少社的业务也已渐渐濒于停滞。

1967年11月，在社里"革命派"的勒令之下，叶至善开始住机关蹲"牛棚"。1969年4月，叶至善随团中央全体被下放到了河南潢川的五七干校劳动。1973年12月底，叶至善调回北京，工作单位仍是中少社，但实际上却是无工可做。

1979年年初，国家开始拨乱反正，团中央下属的出版社迎来了新的春天。4月，朱语今重新出任中国青少年出版社党组书记、中国青年出版社社长兼总编辑②；陈模被宣布为中国青少年出版社党组副书记，兼任中少社社长、总编辑。叶至善继续担任中少社副社长。

---

① 参见叶至善：《我编〈中学生〉的那些年》，载叶小沫、叶永和编：《叶至善集·编辑卷》，开明出版社2014年版，第164—165页。
② 参见佚名：《朱语今同志生平》，《出版工作》1988年第11期。

1981 年，已连续担任了四届全国政协委员的叶至善因社会活动过多，主动提出退至二线，任中国青少年出版社编审委员会副主任，但他仍没有放下所热爱的编辑工作。

总的来说，叶至善在中少社工作了 25 年，是该社首任社长兼总编辑，后来虽不再担任社长，但仍一直担任社领导，为该社的创建、发展和壮大作出了不可磨灭的贡献。

虽然有过这样一段骄人的从业资历，但叶至善始终抱持一颗"我是编辑"的平常心，兢兢业业地做了一辈子咬文嚼字的工作。他后来回忆起这段岁月时曾这样说："后来我也被推上了领导岗位，当过一阵子中少社社长兼总编辑，才知道领导可不是好当的，凭我这点儿水平，干得再卖力，能尽个责任编辑的责任已经不错了。"① 从中不难读出他一贯敬事的谦卑态度。

当然，叶至善此处所说不过是自谦之词，事实上他对如何经营好一家出版社是非常有经验的。在开明书店创建 60 周年纪念会上，叶至善就曾谈到办好一个出版社需要具备三个基本条件：第一要有好编辑，第二要有好作者，第三要有好书。② 可见，叶至善始终能够抓住出版属于内容产业这个核心要点，深知要经营好出版社就要集中精力抓好内容建设这个牛鼻子。而他在中少社任上所做出的工作业绩，也基本上都是围绕内容建设这个中心而取得的。

---

① 叶至善：《〈贾祖璋全集〉序》，载叶小沫、叶永和编：《叶至善集·编辑卷》，开明出版社 2014 年版，第 517 页。

② 参见叶至善：《办好出版社的三个条件——在开明书店创建六十周年纪念会上的发言》，载叶小沫、叶永和编：《叶至善集·编辑卷》，开明出版社 2014 年版，第 130—132 页。

二、年年压金线

出版社以出书为根本，只要拥有稳定的稿源，全社上下就可以做到"手中有粮，心中不慌"。多年的从业经验告诉叶至善，对一家新成立的出版社来说，一旦搭建好了编辑队伍，就没有什么比拿到高质量的书稿更重要的事了。

俗话说："新官上任三把火。"叶至善出任中少社社长兼总编辑后的第一把火就烧向了解决稿源问题。面对稿荒，叶至善很自然地想到了找父亲叶圣陶求援。叶圣陶是中国儿童文学的奠基人，其童话作品拥有极大的影响力和号召力。拿到他的童话书稿，对一家刚刚成立的专业少儿出版社来说无异于捡到了金蛋。客观地看，当时叶至善正处在职业生涯的关键时刻，也急需叶圣陶帮扶一把。正所谓"上阵父子兵"，这种时刻叶圣陶绝不会坐视不管，所以他以最快的速度拿出了自己最好的作品，帮叶至善推出了象征着中少社开张大吉的第一本书。

于是，一个奇怪的现象在中国出版史上出现了：中少社是1956年6月正式挂牌成立的，而在成立之前的1956年5月，就隆重推出了第一本书——《叶圣陶童话选》。

为了把这本书出好，叶氏父子可以说是使出了浑身解数。首先是叶圣陶亲自从自己的童话作品中精挑细选了10篇出来；其次是在发排之前，叶圣陶又出面请了他在人民教育出版社的同事张中行，给帮着修改润色一遍；张中行改过后，叶圣陶还不放心，又请了一位北方口音极标准的小学老师给帮着朗读一遍，务必使作品达到"念起来顺口，听起来入耳"的效果。① 书稿交到叶至善的手上后，他首先想到的是要请名家来画插画，最终请来了当时在中央美术学院任教的著名画家黄永玉。黄永玉为该书制作了 9 幅精美的木刻插图，并精心绘制了用作封面题图的稻草人，还把封面装帧设计一并给做了出来。叶至善看到后倍感鼓舞，连忙画好版式，写好书文次序和印制要求，把书稿交给了中国青年印刷厂的排字师傅。当时双色印刷还属于尖端工艺，为了充分表现出黄永玉木刻插图的美感，叶至善做主拍板，要求印刷厂把这本书所有的木刻插图都以双色印刷。书印出后，果然堪称完美之作，从封面设计到内文版式再到木刻插图，每一个细节都让人感觉赏心悦目，爱不释手。

这本书同时推出了精装版和平装版。精装版首印 22000 册，平装版首印 13 万册。由于作者名头够大，作品质量过硬，编辑呈现又堪称完美，该书推出后很快销售一空，后来多次再版重印。1961 年 1 月，外文出版社推出了该书的英文版。后来到七八十年代，又陆续推出了德文版、法文版、阿拉伯文版、乌尔都文版、孟加拉文版、蒙古文版等，使得叶圣陶童话在那个年代就早早地实现了"走出去"。

《叶圣陶童话选》为新生的中少社实现了开门红，全社上下都为之振奋不已。作为这家出版社的新任社长，这本书的责任编辑，叶至善当然有理由为此倍感欢欣，这是他从 1956 年年初就为成立中少社倾力准备所应得的回报。

首战告捷后，趁着出版社刚刚成立的热乎劲，叶至善带领同事们再接再厉，继续着力开拓稿源。这时候，他把目光投向了自己最为

---

① 　参见叶至善：《父亲长长的一生》，载叶小沫、叶永和编：《叶至善集·传记卷》，开明出版社 2014 年版，第 315 页。

熟悉的科普领域。为了组织好这方面的稿源，叶至善主持召开了一次少年儿童知识读物选题座谈会，把茅以升等大科学家请了来。多年以后，叶至善曾回忆当时的情景："头一回跟茅以升先生接近，是在讨论少年儿童知识读物选题的座谈会上。我们邀请他，他老先生到时候就来了。他用心地听大家发言，不时点头赞许，又鼓励大家认真把书写好编好，还说自己愿意试一试。有他这样一位桥梁专家带头，真个再好也没有了，大家热烈地鼓起掌来。"①

虽然选题座谈会开过以后，茅以升并没有给中少社写稿，但在他的鼓励之下，叶至善带领一班人很快就把科普版块做起来了。

1956 年 11 月，中少社推出了迟叔昌与叶至善合著的《割掉鼻子的大象》一书。该书共 1.7 万字，由陈永镇、沈培插图，封面为淡绿色底，主图为黑白插画，画的是一个医生爬到了梯子上，正在给大象锯鼻子，大象疼得直流眼泪，医生和大象都被包裹在一个巨大的问号中。该书整体洋溢着童趣，对小读者来说吸引力十足。

此后，中少社又推出了迟叔昌的科学童话集《乌鸦老博士和金钥匙》和《自动落帆的机帆船——介绍九种科学玩具》一书。

自建社起到"文革"前，科普读物一直都是中少社的主打品牌之一。1957 年起，中少社先后推出了鲁克的科幻童话《小黑鳗游大海》、赵世洲的科学幻想故事集《活孙悟空》、伍律的科学考察小说《蛇岛的秘密》、迟叔昌的科学幻想故事集《大鲸牧场》，并推出了科学童话集《"小伞兵"和"小刺猬"》、科学幻想小说集《布克的奇遇》和科学相声集《一对好伴侣》。

---

① 叶至善：《〈茅以升科普作品精选〉序》，载叶小沫、叶永和编：《叶至善集·编辑卷》，开明出版社 2014 年版，第 495 页。

在少年儿童科普作品方面取得了一定的成功后，叶至善与同事们开始做低幼科普文学作品。首先是 1958 年 3 月，中少社推出了夏霞编写、万籁鸣绘图的《猴子捞月亮》。[1] 这原本是个流传久远的民间故事，最早公开出版于 1929 年，那时候它还只是一则寥寥几行的短文。[2] 此番由中少社重新推出后，它被收入小学语文课本，影响了几代人。

1959 年年初，中少社收到了一部优秀的自投稿，这就是《小蝌蚪找妈妈》。这个故事是上海市南京西路幼儿园教养员盛璐德创作的。该园园长方惠珍听了她的讲课后告诉她，中少社需要低幼读物，不妨把这个故事寄给他们看看。于是，就由盛璐德口述，方惠珍记录整理成文，将稿件寄给了中少社。[3] 收到书稿后，时任副社长兼总编辑的叶至善敏锐地认识到了其中所蕴藏的文学启蒙和科普价值，对此高度重视，请了上海美术电影制片厂的动画设计师钱家骍为之绘制彩色插图，只用了几个月的时间就完成了编辑出版工作。1959 年 5 月，这本生动有趣、图文兼美的低幼读物顺利问世，受到了广大幼儿教育工作者和幼儿们的热烈欢迎。1960 年，上海美术电影制片厂根据此书改编和拍摄了同名美术片，在国际电影节上获得了很高的荣誉，先后荣膺瑞士第十四届洛迦诺国际电影节"短片银帆奖"、法国第四届安纳西国际美术电影节"儿童影片奖"和戛纳电影节"荣誉奖"。该

---

① 该书封面及出版年月，参见黄洁、王泉根：《炫彩童年：中国百年童书精品图鉴》，人民教育出版社 2016 年版，第 144—145 页。

② 参见解旭华：《〈猴子捞月亮〉的奇妙故事》，《中国新闻出版广电报》2017 年 12 月 4 日。

③ 参见盛祖宏：《党和人民没有忘记我——访问〈小蝌蚪找妈妈〉的作者盛璐德》，《人民教育》1980 年第 9 期。

书由中少社于 1963 年推出新版，改由本社美术编辑杨永青绘画，后来在 1980 年举行的第二次全国少年儿童文艺创作评奖活动中，与《萝卜回来了》、《小马过河》同时并列低幼（幼儿读物）一等奖。[①] 这本书曾多次被改编选入小学语文教材，广为流传，其所取得的社会效益和对中少社所做出的品牌贡献是难以估量的。

1961 年 12 月，中少社隆重推出了著名作家老舍的童话剧《宝船》，收入《宝船》和《青蛙骑手》两部童话剧。这是老舍唯一一部根据民间故事改编的童话剧作品集，叶至善当然知道它的分量有多重。他带着编辑们一起努力，从中国儿童艺术剧院请来了舞台美术设计师范思廉，为该书绘制插图并进行装帧设计，使得该书得到了臻于完美的呈现。当时正值"三年困难时期"，国家严重缺纸，叶至善四处奔走，多方协调，终于为该书争取到了用纸配额，首印即印行了 3 万册。该书在"文革"开始前曾重印过一次，总计印行了 5 万册，与《小蝌蚪找妈妈》堪称中少社在"十七年时期"推出的低幼文学双璧。[②]

对一家专业少儿社来说，经营好儿童文学作品是重中之重。经验丰富的叶至善深知这一点，带领同事们在这一领域深耕细作，继《叶圣陶童话选》之后，推出了郭墟的《接关系》、秦牧的《回国》、杨朔的《雪花飘飘》、胡奇的《五彩路》、袁静的《小黑马的故事》、刘知侠的《"铁道游击队"的小队员们》、顾工的《勇敢地挥动马刀》、颜一烟的《小马倌和"大皮靴"叔叔》、徐光耀的《小兵张嘎》、江峻风

① 参见吴振尘：《论〈小蝌蚪找妈妈〉及其改编》，《电影评介》2013 年第 4 期。

② 据叶小沫、叶永和说，当时叶至善还带领着社里的编辑们出版过低幼读物《小鲤鱼跳龙门》和《神笔马良》。参见叶小沫、叶永和：《襟怀孺子牛——叶至善小传》，载叶小沫、叶永和编：《叶至善集·传记卷》，开明出版社 2014 年版，第 350 页。此说当不确，检《小鲤鱼跳龙门》和《神笔马良》二书，均为上海的少年儿童出版社于 20 世纪五六十年代推出。

的《小武工队员》、张天翼的《宝葫芦的秘密》和《大林和小林》、孙幼军的《小布头奇遇记》、李涌的《小金马》、刘厚明的《小雁齐飞》、吕远的《小冬木》、黎白的《龙潭波涛》、汪曾祺的《羊舍的夜晚》等一大批脍炙人口的儿童文学作品。这些作品的体裁包括长篇少年小说、长篇童话、儿童长诗以及儿童剧。

1964 年 10 月后，"文革"山雨欲来，中少社的业务工作趋于停滞，儿童文学作品的出版中断了。

在集中推出科普读物、儿童文学作品之外，叶至善带领同事们策划出版了《少年百科丛书》、《中国历史故事集》等一批优秀的少年知识读物。

《少年百科丛书》，按照叶至善的规划，应为一套包含 300 多种图书的大丛书，范围涉及古今中外，内容包括社会科学、自然科学各个领域的基础知识。由于当时各方面条件不成熟，叶至善的这一雄心壮志未能如愿以偿。据笔者检索，"文革"前中少社的《少年百科丛书》只出版了 4 种。这套书真正迎来春天，是在改革开放后了。

《中国历史故事集》是叶至善、遇衍滨等人在 20 世纪 60 年代初策划出版的。原计划出一套，每个朝代编一本，每本书七八万字，讲述各个朝代的有名人物和重大事件。著名教育家、语言学家林汉达应约担任作者，"文革"前写出了《春秋故事》、《战国故事》、《西汉故事》，分别于 1962 年 3 月、1962 年 7 月和 1963 年 10 月顺利出版，且各印行了 10 多万册。叶至善对这三本书倍加重视，亲自为它们各写了一篇"编者的话"予以推介。后来，林汉达把《东汉故事》也写了出来，但因"文革"而未能出版。1972 年林汉达因心脏病突发去世。到改革开放后，这套书才得以重新大放异彩，叶至善还为之写了一篇旨在纪念林汉达的序言。

此外还值得一提的是，当时的中少社，因"还没有力量把摊子全面铺开"，故而"跟上海的少年儿童出版社商定，翻译作品的组稿、编辑、出版，仍旧全归他们负责，收到稿件都转给他们处理"。"文革"前，叶至善和同事们只出过一本翻译作品——《印第安小猎人》，作者是南斯拉夫作家帖波尔·塞凯里，"他自己请朋友译成了汉文才送来的。真个盛情难却，稿子又真不错。——违约仅此一回"①。

在本节收束之时，需要特别说明的是，以上扫描并非全景式。在叶至善的带领下，中少社在"文革"前的10年里出书虽不是太多，可也堪称品种丰富。据1956年10月出版的《接关系》一书附录的书目来看，成立不到半年，该社就已推出了18种新书，包括《不动脑筋的故事》、《去见毛主席》、《大红马》、《白丁香》、《擒匪记》、《伤疤的故事》、《大兴安岭历险记》等等。想必后续几年中该社出版的新书更多，我们在这里不可能一一穷尽，谨留待有心人钩沉。

三、结缘"小布头"

1961年12月，中少社推出了长篇童话《小布头奇遇记》。该书署名为"孙幼军写"，由沈培绘制插图并设计封面，同时推出精装本和平装本，平装本"文革"前共计印行6次，总印数达15.3万册；"文革"后于1977年12月重印，在1983年9月印到了第11次，总印数

---

① 叶至善：《名著和名译》，载叶小沫、叶永和编：《叶至善集·编辑卷》，开明出版社2014年版，第206—207页。

达 81 万册。按照 20 世纪五六十年代的惯例，初版本没有编辑署名，只有作者和插图作者的署名。1994 年 4 月，该书推出第 2 版时，才在版权页上印上了"责任编辑叶至善、李庚"。据笔者检索，该书在中少社最后一次印行是 1996 年 11 月，系总第 19 次印刷，当次印刷 3.1 万册。

《小布头奇遇记》的影响可谓非常之大，问世近六十年来，始终畅销不衰。20 世纪 80 年代后，该书由外文出版社先后推出了英文版、德文版、乌尔都文版等，并由天津人民美术出版社改编成连环画出版。1987 年，中少社策划推出"幼儿故事宝库"系列，该书又被改编成 24 开彩色画本出版。

《小布头奇遇记》主要刻画了"小布头"的形象。在作者孙幼军的笔下，它原本在城市里生活，不懂得爱惜粮食，后来"离家出走"到了农村，了解了农村的生活，知道了农人生产粮食的辛苦，也明白了什么是真正的勇敢，终于成长为一个"标准的儿童"。从这个角度来看，小布头的奇遇实际上就是它的一部成长史。孙幼军对自己的作品很有信心，但没想到出师不利，该书遭到了少年儿童出版社的退稿。据孙幼军回忆说，原因在于没有表现好主题，缺乏鲜明的教育意义。

被退稿后，孙幼军不死心，又把书稿投寄给了中少社。不久，这部书稿到了李庚手里。当时李庚遭到错误对待，已被撤掉中国青年出版社副社长兼总编辑的职务，被分派到中少社文学组"监督使用"。他看过稿子后觉得很不错，就汇报给了叶至善。叶至善看后也觉得很好，遂拍板决定出版。这是 1961 年夏末的事。

时隔 24 年后，1985 年 9 月 28 日，叶至善写了一篇万字长文，详细回忆了"跟《小布头奇遇记》的奇遇":"日期记不真了,总之是1961年的下半年。……有一天,李庚拿了一部稿子,就是孙幼军同志的《小布头奇遇记》,来到总编室。他站着对我说(记得我也站了起来):有一部反映现实生活的童话,是另一家出版社的退稿。作者是一位新人,不抱出版的希望,只要求我们看一看;他看过了,觉得很不错,问我是否愿意看一遍。我当时就把稿子接了过来。一则,只要有空,我是很喜欢看作者自己投来的稿子的,要是能发现一本好稿子,发现一位新作者,我的喜悦真是难以言说。……二则,李庚当时虽然受监督,对于他的眼力,我仍旧毫不怀疑……稿子只十万字左右,誊写得很清楚,只花了一个下午和一个晚上,我就从头到尾看了一遍。第二天我去文学组找李庚,对他说稿子的确不错,就交给我处理吧,他不必管了。李庚说,他也认为由我处理比较恰当,因为这部稿子的语言很有特色,他相信我决不至于损害作者特有的风格。事儿就这么决定下来了。……记得当时就给孙幼军同志回了信。告诉他我们决定接受他的稿子,而且用不着作什么改动,等插图配好就可以付排,请他放心。至于信是李庚写的还是我写的,却记不真了。"①

叶至善是苏州人,普通话说不太好。为了确保书稿的语言规范,他在编辑《小布头奇遇记》时把女儿叶小沫也给用上了:"我看稿子的习惯,先很快地看一遍,目的在于尽快作出决定,稿子能否采用……如果决定采用,再看第二遍。这第二遍,我得逐字逐句仔细咀嚼,本着对读者负责的精神,作一些编辑职责之内的小修小补。孙幼军同志的语言简洁、浅显、生动、流畅,我估计如果念得好,幼儿园

---

① 叶至善:《跟〈小布头奇遇记〉的奇遇》,载叶小沫、叶永和编:《叶至善集·编辑卷》,开明出版社2014年版,第119页。

的孩子能够听懂；三四年级的小学生就可以自己看自己念了。为了验证我的估计，在看第二遍之前，我让女儿小沫先看一遍，她那时才念小学五年级。小沫拿起稿子就放不下了，几乎是一口气看完的。看十万字的一部故事，在她还是头一回；看她这样入迷，我还用得着问什么呢？只挑出两段来，让她念给我听。小沫是在北京长大的，普通话说得好，念得很顺溜，就跟说话一个样，听着挺有神。这当然得归功于作者孙幼军同志，他掌握了孩子们说话的特点，句子简短，用词明确，比喻具体，很少啰里啰唆的形容语句，又不故意装什么'娃娃腔'。只有少数词儿对孩子来说有点儿陌生，小沫念着要打疙瘩，最好换一下，别扭的句子极少，虽然少，也得理一理顺，还有'因为''所以''而且''但是'这类词儿稍多了点儿，不必要的可以划去一些。听小沫念了这么两段，我心里就有了谱了，于是开始看第二遍。……每一句话，我得在心里默念两遍三遍，直到没有一点儿疙瘩了才肯放过。默念完一大段，我又翻到前边，再默念一遍两遍，看整段的语气是否连贯而且自然。"[1]

经过这样几番认真的咬文嚼字，《小布头奇遇记》的文字质量已达上乘，但编辑工作还没有做完，接下来，叶至善将精力放在了美术呈现上。为了给这本书画好插图，五天里他去找了画家沈培三次："下一步是找人画插图，我选定了沈培同志。沈培同志当时是《中国少年报》的美术编辑，连环画连载《小虎子》的作者，在给我和迟叔昌合作的《没头脑和电脑的故事》配插图的时候，我和沈培同志有过一回非常默契的协作，因而我信得过他。我看完了第二遍，当天晚上

---

[1]　叶至善：《跟〈小布头奇遇记〉的奇遇》，载叶小沫、叶永和编：《叶至善集·编辑卷》，开明出版社 2014 年版，第 119—120 页。

就拿了《小布头奇遇记》的稿子，到少年报的单身宿舍去找沈培同志。我对沈培说，这是一部挺有趣儿的童话，虽然这么厚一大本，不用花多少工夫就能看完，相信他看完之后，一定愿意给这部童话配上插图，说定三天以后去听回音。过了三天，我又去到他的宿舍，他说他看过了，的确很有意思，他很乐意给配上插图，而且已经为主角小布头画了四幅不同的肖像，问我哪一幅好。我端详了一会儿，挑出了一幅来，他说他也认为这一幅好。我说且慢，让我带回家再让我女儿挑一下，她已经看过稿子，看她脑子里的小布头的形象跟哪一幅最接近。我回到家里让小沫一看，她挑的正是我选中的，也是沈培自己认为最满意的。作者、编辑、读者意见完全一致，这可是少有的。第二天晚上又去找沈培，催他赶快动手画，哪儿需要插图，一共插多少幅图，都由他自己决定，并且一再怂恿他发挥他的想象和创造，作者写到的可以画，作者没写到的，他认为需要也可以画。"①

叶至善在合作中摸透了沈培的脾气：只要答应了的事，他决不马虎。沈培也知道叶至善在工作方面极其认真，虽然当时正忙着操办婚事，可是并没有把叶至善求他的事搁下来。那时叶至善已经把版面设计的原则考虑停当了。他选定了28开的开本，用新四号字排。28开比大32开只稍稍宽一点儿，看起来却大多了；用新四号字是考虑到本书的读者对象主要是低年级的小学生，对他们来说字大一点儿好。他告诉沈培，有些插图可以"出版口"，这样就能突破版面的长方形的框框，显得活泼一些；但是也不能让所有的插图都"出版口"，"出版口"的插图太多，会使整本书的版面显得零乱；少数插图甚至可以

---

① 叶至善：《跟〈小布头奇遇记〉的奇遇》，载叶小沫、叶永和编：《叶至善集·编辑卷》，开明出版社2014年版，第121—122页。

"出血"——就是故意把插图安排在边上或者角上,装订好以后切齐的时候,让插图被切去一条边或者相邻的两条边。叶至善把这些想法提前都交代清楚,是为了让沈培在构思的时候充分利用这些条件。

在那段日子里,叶至善常常晚上去看沈培,沈培就会把已经画好的部分一幅幅拿给叶至善看,有的还简要说明为什么要这样画。叶至善一般总是点头,不提什么意见。他心里是这样想的:一则沈培的确画得不错,二则他已经有了整体的设想,尽可能不要打乱他的构思。至多在沈培碰到了某个疙瘩,提出来跟叶至善商量的时候,叶至善才会说一点儿供他参考的意见。有时候,叶至善还会给他找一些参考资料。例如画到老鹰时,沈培画了好些幅,自己看着都不满意。叶至善那时正集邮,而且专收集各国的动物邮票和植物邮票,就把所有的画着老鹰的邮票从本子上取下来给沈培送了去。在那些日子里,叶至善三天两头去找沈培,只有在沈培结婚的那天晚上,他是诚心诚意去贺喜的,两个人没有谈起小布头的插图。很多年后,叶至善回忆起当时的情景还感叹不已:"这样和谐的合作,真个值得怀念。"①

终于,沈培画完了插图,来找叶至善交稿了。他抱着一大包插图,连同《小布头奇遇记》的原稿,来了叶至善的办公室。这些插图大的相当于《中国少年报》的版面,小的只豆腐干一般大,大概有一百七八十幅。这样一来插图算是圆满解决了,接下来就要设计封面、封底和扉页了。沈培问有什么要求,叶至善只提了一条,那就是封面封底的底色要深,最好是黑的。

原来,叶至善是这么考虑的:这本书估计孩子们一定很喜欢看,

---

① 叶至善:《跟〈小布头奇遇记〉的奇遇》,载叶小沫、叶永和编:《叶至善集·编辑卷》,开明出版社 2014 年版,第 123 页。

如果底色是白的，在孩子们的手里传来传去，要不了多久就会显得很脏。封面封底当然要美观，要能够吸引孩子们，可是还得起保护作用，两者都应该照顾到。这个细节，足以证明作为编辑家的叶至善是多么的心细如发。沈培认同叶至善的意见，后来《小布头奇遇记》的封面封底就采用了黑色做底子。

送走沈培后，叶至善马上全身心地投入到了安排插图的工作中。这一百七八十幅插图，要一一安排妥帖，可不是件容易的事。因为编辑图文书的原则就是插图不能跟文字脱离，某一幅图是为某一段文字画的，最好跟这段文字安排在同一面上，不得已求其次，最远也只能安排在相对的一面上。占整面的插图最容易安排，其余的插图有适宜于放在上方的，放在下方的，适宜于放在角上的，放在两段文字之间的，这些叶至善都得一一端详，仔细体会沈培画插图时候的意图。沈培还灵活地运用了"出版口"和"出血"的条件。譬如有一幅图，下面是一片树林，沈培只画了树梢，上面是两只老鹰在飞翔。叶至善就把树梢安排在这一面的下方，让它"出血"齐切口，表示下面还有树干树身，而上面的两只老鹰则让它们"出版口"，以显其高。另一幅图画的是小布头哭了，掉下三大滴眼泪。叶至善把这幅图安排在这一面的右下角，让最下面的一滴眼泪掉出了版口。还有一幅图，一只老鼠在洞口窥伺着小母鸡，正要蹿出来，小母鸡已经发觉，赶紧逃跑。那只小母鸡只画了后半身。叶至善把这幅图处理成了"出血"，以便让小读者看到小母鸡快要逃出书去，决不会被狡猾的老鼠抓住，从而放心地舒一口气。

在安排插图的时候，还要避免版面的雷同，至少，相对的两面得避免雷同。所以叶至善得一面一面地设计版面：图版制成多大，放在哪儿，占多少地位，图边上排不排字，如果排字，一共排几行，每行排多少字。为了使插图紧跟文字，他又得把文字一段一段地数，同时把图版的大小一幅一幅地计算，如果实在跟不上，那就想法改变版面的设计和图版的大小，甚至得改变前头几面的版面设计和图版大小。就这样，叶至善数了一遍又一遍，算了一遍又一遍，大概花了一个星期，才把整本书两百多面的版面画好，把所有插图的尺寸标好。插图制成图版后，叶至善把图版的样张一张张地贴在画好的版面上，这才交给出版部门付排。他交出去的除了一厚本稿子，还有一厚本版面设计，请排版员务必按照他的设计一面一面往下排。到这里，这本书的编辑工作就已接近尾声了。

收尾的工作主要是写辅文。发稿之前，编辑按例要写一则内容提要。叶至善在这方面虽已是斫轮老手，但对这一篇却是着意创新了写法的。他是这样写的：

这本书讲些什么？

有一个小朋友，名字叫苹苹。苹苹得到了一个小布娃娃，名字叫小布头。

小布娃娃干吗要叫"小布头"呢？

这……你看了就知道啦！

小布头想做一个勇敢的孩子。有一回，他从酱油瓶上跳下来……

干吗要从酱油瓶上跳下来呢？

这……你看了也会知道的。

小布头从酱油瓶上跳下来，碰翻了苹苹的饭碗，把饭米粒儿撒了一地。苹苹可生气啦，她批评小布头不爱惜粮食。小布头也生气啦，他不接受苹苹的批评，从苹苹那儿逃了出来。

以后，小布头遇到了许多奇奇怪怪的事情，认识了许多新朋友，听他们讲了许多很有意思的故事。这些事情，这些故事，书上都写得清清楚楚，明明白白。你快自己看吧！

小布头后来怎样了呢？

后来，小布头懂得了为什么要爱惜粮食的道理。他变成了一个真正勇敢的小布娃娃。当然喽，他又回到了苹苹身边。

前后忙活了将近半年，《小布头奇遇记》终于出版了。叶至善拿到样书后，又是激动，又是高兴，赶忙给作者孙幼军寄样书，又挟上几本亲自给插图作者沈培送了去，当然也没忘了给为本书义务当了试读编辑的女儿叶小沫一本。他还兴奋地把这本书拿给了父亲叶圣陶。叶圣陶看后，也说这部童话确实不错。转眼就到了1962年儿童节，《文艺报》来向叶圣陶约稿。叶至善抓住这个好机会，请父亲给"小布头"写一篇评介。这篇文章题为《谈谈〈小布头奇遇记〉》，发表在《文艺报》1962年第9期上。叶圣陶在文章中称赞这部童话从故事结构、人物塑造到表现手法，都处理得相当好，切合孩子们的心理，很能吸引小读者，还特别指出，"这部童话对运用语言有极大的优点，简洁，活泼，有情趣，念下去宛若孩子的口气，可是没有孩子常有的种种语病"。叶圣陶眼界高，对年轻人要求严，文中也坦率指出了一些缺点，比如作品中某些段落比较拖沓，情节进展不快，有的故事没有编好。

叶至善后来曾不无得意地说："为《小布头奇遇记》，我们一家三代人都尽了力，这在出版史上不知有没有类似的先例。"①

当时叶圣陶已年近古稀，能够抽出时间为一部新人新作撰写一篇五六千字的长文，固然体现了他对文学新人的满腔热忱，但也应该看到：叶至善的从旁促成，发挥了很大作用。

在叶至善堪称保姆级的打造之下，《小布头奇遇记》出版之后广受好评，尤其是得到了广大小学生的欢迎。中央人民广播电台在其《小喇叭》节目里做了连续广播，许多幼儿园组织集体收听，小朋友们也都很喜欢听。

"文革"中，《小布头奇遇记》受到了批判。"文革"以后得以重新出版，开本和版式都做了调整。叶至善那时已不再负责这些具体工作了，可是还时刻挂念着《小布头奇遇记》这本书。1985年9月，在《跟〈小布头奇遇记〉的奇遇》一文的最后，叶至善这样深情地写道："我不在其位不谋其政，可是还时刻挂念着这个'嫁出去的女儿'，当然也时刻挂念着孙幼军同志和沈培同志。我认为像《小布头奇遇记》这样一本受孩子们欢迎的童话，应该任何时候都可以买到。可是遗憾得很，我去书店总见不着这本书的面。倒是前几天又遇到一位三十来岁的同志，他听说我是编少儿读物的，就兴冲冲地告诉我说，他小时候看过一本挺有趣儿的书，叫做《小布头奇遇记》。"

在这篇文章中，叶至善以一个编辑的身份，追溯了当年他从审稿、改稿、定稿，到插图、版式、开本、装帧，再到和文字作者、美术作者合作的整个编辑过程，并详细地说明了在这个过程中他是如何思考、如何运作的。从事编辑工作，本就该像叶至善这样不避琐屑。

---

① 叶至善：《跟〈小布头奇遇记〉的奇遇》，载叶小沫、叶永和编：《叶至善集·编辑卷》，开明出版社2014年版，第126页。

这些细枝末节，对编辑行业的后来者有着很好的借鉴意义。

1980 年，《小布头奇遇记》在第二次全国少年儿童文艺创作评奖中获童话类一等奖。1991 年，又获得国际安徒生奖提名奖。这是我国第一部获得国际安徒生奖提名奖的儿童文学作品，历史证明了叶至善的编辑眼光。《小布头奇遇记》如今已印行数百万册。它的版权也已输出到国外，有了韩文版。

儿童文学编辑家谷斯涌曾撰文指出：《小布头奇遇记》生命力之长久，流传之广，在我国当代童话园地里是不多见的。这首先应归功于作者的耕耘，但编辑的业绩也功不可没，叶至善从沙砾中挑出了一块黄金，为读者推出了一部佳作，也为我国文坛发现了一位杰出的童话作家。他除了自己全身心投入，还动员父亲和女儿来帮忙，三代人同心协力，为扶植"小布头"效劳出力，在编辑出版界和当代儿童文学界留下了一段佳话。① 如今，《小布头奇遇记》早已成为中国儿童文学史上的一个奇迹。它"最大的奇迹在于，出版至今产生了持久的影响力，深受各个时代的小读者的喜爱，影响了几代人。处女作就能获得巨大的荣誉并产生不凡的影响，充分显示了孙幼军的创作才情和艺术天分，有学者称其为张天翼之后的天才作家"②。

四、创办新期刊

叶至善是期刊编辑出身，虽然早就编辑过图书，在担任中少社领

---

① 参见谷斯涌：《"叶氏三代"和〈小布头奇遇记〉》，《中华读书报》2015 年 6 月 10 日。
② 黄贵珍：《〈小布头奇遇记〉的版本比较》，《乐山师范学院学报》2017 年第 1 期。

导职务后更是把主要精力放在了图书出版工作上，但他心里始终有着一种期刊情结，具体地说是儿童期刊情结，这种情结显然是在多年主编《开明少年》和《中学生》的过程中生发的。

在 20 世纪五六十年代，全国只有两家专业少儿出版社，出版的图书品种不多，远不能满足孩子们的阅读需求。在这种情势下，儿童期刊的重要性愈加凸显。为了给广大少年儿童及时地献上优秀的精神食粮，叶至善带领一班人先后创办了三种新的期刊——《儿童文学丛刊》、《红色少年》丛刊和《我们爱科学》。需要说明的是，这三种期刊在"文革"前并未取得刊号，都是使用书号，以丛刊的形式不定期出版的。

1958 年年初，《中学生》杂志 1958 年 1 月号在封三上打出了一则广告——《中少社即将出版一种儿童文学丛刊》。

这份《儿童文学丛刊》果然于 1958 年 2 月出版了第一集，时任全国人民代表大会常务委员会副委员长的宋庆龄为丛刊题写了祝词。可惜到 1958 年 10 月，该刊出版到第三期后就停了。

1959 年 1 月，按照团中央的统一部署，中少社与少年儿童出版社联手，合两社之力推出了《儿童文学研究》丛刊。

仅仅过了一年，这一合作就宣告结束，1960 年开始，《儿童文学研究》丛刊转而由少年儿童出版社独自出版。这一来，中少社就落了空。可作为一家专业少儿出版社，儿童文学期刊又是必须要有的。当时正值国家经济困难时期，儿童文学刊物很少。茅盾、叶圣陶、冰心、严文井、金近等关心儿童文学的作家对此很着急，就一起筹划要创办一本刊物，由中国作家协会和团中央联合主办。很快，这本刊物落户到了中少社。中少社内部管这本刊物仍叫"儿童文学丛刊"，但是刊名上不再出现"丛刊"二字，直接就叫《儿童文学》。

1963 年 10 月，赶在国庆 14 周年之际，《儿童文学》第 1 期正式问世。中国作家协会和团中央联合为该刊组建了强大的编辑委员会，由叶圣陶领衔，委员中有著名儿童文学作家严文井、张天翼、谢冰心、金近、袁鹰、胡奇等，还有著名漫画家华君武。当时没有设主编，由金近主持工作。

创建之初，《儿童文学》就确立了两个方针：一是为少年儿童提供优秀的儿童文学作品，二是为中国儿童文学创作队伍培养作家。① 在这样的编辑方针指引下，第 1 期除发表有冰心的《在火车上》、金近的儿童文学代表作《狐狸打猎人的故事》等老牌儿童文学作家的作品外，还刊发了青年小说家邱勋的《雪夜》、青年作家柯岩的《打电话》、青年儿童诗人金波的《在牛背上唱的歌》。这些青年作家后来都成了儿童文学界的中坚力量。

除了积极刊发青年作家的优秀作品，《儿童文学》还很注意通过举办培训班来培养青年骨干作者。1964 年暑期，《儿童文学》举办了第一期讲习班，有近 20 位作家参加了。这个班的师资可谓"天团"，叶圣陶、老舍、冰心、张天翼、严文井、周立波、艾芜、胡奇等都被请来为学员授课。时任文化部部长的周扬、时任团中央第一书记的胡耀邦亲切接见全体学员并合影留念。这些工作能够顺利推进，当然离不开作为中少社主要业务领导的叶至善的支持与助推。

时至今天，有着五十多年历史的《儿童文学》早已成为定期刊发的正式刊物，并已发展成唯一一种期发过百万册的少年儿童刊物，被誉为"中国儿童文学第一刊"。

---

① 参见徐德霞：《〈儿童文学〉承载历史记忆》，《北京晨报》2013 年 7 月 22 日。

1958 年 11 月，鉴于《儿童文学丛刊》已停止出版，中少社新推出了《红色少年》丛刊。该丛刊创刊号首印 20 万册。第 1 集刊登了 10 篇文章，以曾任毛泽东主席警卫员的陈昌奉的《在毛主席身边》打头，文章之外还刊载有"毛主席和小八路"插页和编辑部"致少年读者"的一封信。封面主图为两个少年形象，一个是抗战时期的儿童团团员，一个是和平时期的少先队员；封二为《共产儿童团歌》；封三是"稿约"；封底则是新书《铁道游击队的小队员们》的广告。1962 年 6 月，《红色少年》丛刊出到了第 12 集，该集印刷了 10 万册。这是笔者能检索到的该刊最后一期。该期的插页为罗工柳的油画作品《毛泽东同志在井冈山上》，封面画为王雪涛的写意花鸟画，内文有董辰生、阿老、姚治华、潘世勋、裘沙等绘制的插图，封底则是为李涌新作《小金马》所做的广告。

这个刊物，实际上是刘祖荣、叶至善等一班人受中国青年出版社推出《红旗飘飘》丛刊的启发而创设的，推出后虽未能像《红旗飘飘》那样洛阳纸贵，但仍受到了其目标读者也就是孩子们的真诚欢迎。当时就有评论家指出："从形式和内容上看，这个丛刊和《红旗飘飘》相似，只不过一个是以青年为对象，一个是以少年为对象。《红色少年》把当前少年儿童共产主义运动中的新人新事放在首要的地位……它可以帮助少年儿童树立敢想敢干的共产主义风格，帮助他们学习和继承革命前辈艰苦奋斗，英勇牺牲，为革命为人民贡献自己一切的崇高品质。"[1]

作为那个火红年代的特殊产物，《红色少年》在版权页上并未体

---

[1]　姜汝：《简评〈红色少年〉丛刊》，《读书》1958 年第 20 期。

现编委会，停刊后也没有复刊。当时具体负责编辑该刊的，是刚刚从大学毕业的青年作家杨世铎。叶至善当时是中少社副社长兼总编辑，对这个新来的年轻人多有提携，特别是在编辑《红色少年》方面帮他出了不少主意，还曾多次亲自为该刊的文稿质量把关。

前述两种丛刊均属于文学性丛刊，叶至善虽有着丰富的期刊编辑经验，但并没有直接参与创办和编辑工作，这或许与他还是更加乐于编辑儿童科普期刊有关。

1960年，在叶至善的主导之下，中少社创立了《我们爱科学》。作为主事者，这本儿童科普丛刊从谋划到创刊，叶至善都是深度参与了的，因而创刊后，他亲自兼任该刊的主编。当时他的主要助手为青年编辑郑延慧。

叶至善对郑延慧的工作非常满意："我首先要说的是《我们爱科学》，郑延慧对这个期刊的感情之深，简直跟母亲对子女一个样儿。这也难怪，孕育者是她，她担负了创刊的实际工作；哺养者是她，每一期，从整体设计到定稿发稿，她都付出了无数心血。难怪一谈起《我们爱科学》，她就像个母亲似的，嘴上尽管说子女不成器，却掩盖不住心底的欢喜。也难怪在她不得不调离出版社的时候，她最舍不得放不下的，就是《我们爱科学》。"① 由此可以想见，当时主编叶至善与同事们的合作是非常愉快的，这保证了这本新创刊物的顺利诞生。

《我们爱科学》于1960年3月出版第1集，首印达30万册。创刊号刊载有郭沫若的题词和著名科普作家高士其的献诗，并刊发了迟

---

① 叶至善：《为了孩子们的成长——记少儿科普工作者郑延慧》，载叶小沫、叶永和编：《叶至善集·编辑卷》，开明出版社2014年版，第133—134页。

叔昌的科普小品《倔强的蓝藻》、李永铮的科学幻想小说《魔棍》等，封面表现少先队员登上月球的情景，宇航服、太空飞船及运载火箭等元素的运用，赋予了整本刊物以十足的科幻感和强烈的吸引力。

该刊"文革"前共出版了 14 集，到 1966 年 5 月停刊。停刊号封面表现的是少先队员在苗圃劳动的情景，封底为科普图画《煤的综合利用》，印行了 20 万册。

叶至善后来曾总结过《我们爱科学》的编辑方针："《我们爱科学》的读者对象是小学高年级和初中低年级的学生，就是十岁到十四岁的在校少年儿童；它的方针任务是开发他们的智力，帮助他们学好各门基础知识，启发他们学习科学的兴趣和爱好，培养他们动手和动脑的能力；目的在于为培养建设社会主义的人才打基础。《我们爱科学》的编辑就应该扣紧这个方针任务来工作，开辟什么栏目，刊登什么文章，都要符合这个方针任务；如果不符合，我们就不要干。《我们爱科学》举办过一次'小小发明'活动，动员读者自己搞发明，把搞发明的设想、设计、制作经过等等写成文字来投稿，最好附上成品，因为这样的活动能够开发读者的智力，培养读者的能力，使读者熟悉各门基础知识，增进学习科学的兴趣和爱好。但是我们决不搞什么习题解答，因为搞习题解答是为了提高所谓的'应试得分率'，不符合《我们爱科学》的方针任务。符合方针任务的就搞，不符合的就不搞；这叫作'有所为，有所不为'。"①

在这样纯粹得近乎理想化的编辑方针指导下，《我们爱科学》特别重视寓教于乐，讲求激发小读者对科学进行探究的兴趣。据统计，

---

① 叶至善：《编辑科普刊物的体会——在科普报刊编辑记者学习班上的讲稿》，载叶小沫、叶永和编：《叶至善集·编辑卷》，开明出版社 2014 年版，第 50—51 页。

"文革"前出版的 14 集《我们爱科学》共刊发了李永铮的《魔棍》等 8 篇科学幻想小说，成为"十七年时期"科幻小说发表的最重要阵地之一，为当时中国原创科幻小说的发展作出了巨大的贡献。该刊首发的萧建亨小说《布克的奇遇》，于 1980 年获得第二次全国少年儿童文艺创作评奖科学文艺类二等奖。

叶至善具有很强的"书刊联动"意识。在他的主持下，《我们爱科学》编辑部于 1961 年 12 月结集推出了科学童话集《"小伞兵"和"小刺猬"》；1962 年 9 月，又结集推出了科幻小说集《布克的奇遇》。

五、文字细斟酌

叶至善被业界称颂为"一个一生咬文嚼字的人"，在编辑工作中特别注重对文字的修润，"无论是审稿还是编稿，总是目光如炬，运笔如刀，追求一种至善的文字境界"。[①]

在文字方面，叶至善一向要求严格，自己写起来更是一丝不苟。他写的字是典型的"编辑体"，从不龙飞凤舞。凡是字形相似的字，如"活"与"话"、"崇"和"祟"、"没"和"设"，他下笔的时候总是点是点，横是横，确保每一个字都清晰可辨。在编辑界广为流传着这样一则佳话：1985 年 12 月，叶至善写下了《细数家珍》一文，原稿中写的是父亲"以前每隔一两年，总要到苏州看看"，后来定稿时

---

① 楚山孤：《叶至善：一个一生咬文嚼字的人》，《编辑学刊》2006 年第 4 期。"楚山孤"为《咬文嚼字》杂志主编郝铭鉴的笔名。

把"到苏州看看"改成了"回苏州看看"。①

编辑家郝铭鉴指出："这一字之改感情含量大不一样。'到苏州'，叶圣老可以到，其他人也可以到，连外国人也可以到，只要你有时间，有精力，谁都可以到；而'回苏州'，只有苏州籍的人才称得上'回'。一个'回'字，点出了叶圣老和家乡的特殊的感情联系。什么叫咬文嚼字？这就是咬文嚼字。"②

据叶小沫、叶永和回忆，叶至善走上领导岗位后，也"不是那种只指挥不动手的领导，相反从审读来稿、制定选题，到最后修改定稿他都参与，重点的图书他都亲自修改润色"；他"当编辑，一年三百六十五天，天天坐在书桌旁看稿、改稿，这一辈子审阅了多少稿件，编发了多少作品，多得数也数不清。许多几乎不成样子，但还有些想法的稿子经他修改被挽救。不少差点被枪毙，很有特点的文艺形式被他肯定获得新生。他真诚对待每个迈入这个门槛的初学者，热情地鼓励他们，帮他们改稿，教他们入门。不少作者在他的帮助下成长了，出名了。他不善于演讲，却从不推辞在为编辑举办的讲座上讲课，认真地准备每一次讲稿。他还多次写文章和同道们谈心，坦诚地讲述自己在创作上的经验教训和成败得失，希望大家能从他的经历中有所借鉴和帮助"。③

---

① 参见汪家明：《为叶先生编书》，载《难忘的书与人》，生活·读书·新知三联书店2014年版。叶至善《细数家珍》一文曾收入散文集《舒适的旧梦》（山东画报出版社2000年版），该书责任编辑即汪家明，其回忆是可信的；遗憾的是，此文收入《叶至善集》时，采用的却是原稿"总要到苏州看看"。参见叶小沫、叶永和编：《叶至善集·编辑卷》，开明出版社2014年版，第48页。

② 楚山孤：《叶至善：一个一生咬文嚼字的人》，《编辑学刊》2006年第4期。

③ 叶小沫、叶永和：《襟怀孺子牛——叶至善小传》，载叶小沫、叶永和编：《叶至善集·传记卷》，开明出版社2014年版，第350、355页。

在叶小沫的少年记忆里，爸爸叶至善"总是坐在书桌前"："那时候爸爸每天都要工作到深夜，常常是我一觉醒来，爸爸书桌上的台灯还亮着，他趴在桌前改稿子。收音机里放着我一点也听不懂的交响乐。……这个几乎天天都出现的情景，给我留下的印象太深了。"①

这段回忆，真可以说是叶至善平日里埋首于编辑工作的形象写照，淋漓尽致地展现出了一位编辑家的敬业精神和文化追求。

为所负责编辑的图书写作内容提要，是身为编辑的分内职责。叶至善饱经历练，尤擅此道。他认为，写内容提要跟写别的文章一个样，首先要认定主要是写给谁看的。对于少年儿童读物的内容提要来说，可以写给孩子的父母和老师看，向他们说明这本书讲些什么，对孩子有什么好处，让他们把书介绍给自己的子女或者学生；也可以直接写给具备独立阅读能力的孩子看，那就要注意除了让他们知道这本书的内容，还要尽可能有点儿吸引力，能够引起他们阅读这本书的愿望和兴趣。在为《小布头奇遇记》写内容提要时，叶至善采取了后一种方法，把"内容提要"这个标题也改掉了，代之以"这本书讲些什么？"为了跟全书协调，叶至善写这篇辅文时还特意"效学了孙幼军同志的笔调"。②该文我们前已引述，兹不赘，只需强调指出：《小布头奇遇记》出版后能够广受小读者欢迎，与叶至善所付出的心血是分不开的，单看这篇内容提要，就巧妙地渗透着宣传广告意识，有效地推动了该书走进小读者的手中。

1956 年 12 月，叶至善亲笔为迟叔昌的科学童话集《乌鸦老博士

① 叶小沫：《我少年记忆中的爸爸叶至善》，《新民晚报》2008 年 6 月 1 日。
② 叶至善：《跟〈小布头奇遇记〉的奇遇》，载叶小沫、叶永和编：《叶至善集·编辑卷》，开明出版社 2014 年版，第 120—121 页。

和金钥匙》撰写了内容提要。文中叶至善运用了以前撰写图书广告时提炼的好办法，又举例子又设问，很好地吊起了小读者的胃口。

1961 年 12 月，《我们爱科学》编辑部结集推出科学童话集《"小伞兵"和"小刺猬"》。叶至善身为杂志主编、该书编辑，为表重视，亲自为它撰写了一篇编辑后记：

这十六篇科学童话，是从少年儿童的报刊和书籍中选出来的。我们谨向各位科学童话的作者，致深深的谢意；也向这些报刊和书籍的编者，致深深的谢意。

我们选这些科学童话有两个标准：一是要有科学知识，二是要有童话的特点。我们想，利用童话的形式来向孩子进行知识教育，是一种很好的手段。

这本集子的名字叫《"小伞兵"和"小刺猬"》，不只因为里面有这样一篇童话，还想借这个题目来说明我们的编辑意图。我们希望科学童话像"小伞兵"（蒲公英的种子）和"小刺猬"（苍耳的种子）一样，到处传播，到处扎根，开出千千万万鲜艳的新的花朵。[①]

这篇短文可谓编辑为文的典范：叶至善写文章一贯发自内心，第一段的两个"深深的谢意"，令人入眼便觉君子之风扑面而来；第二段交代编选标准，简明扼要，清楚明白；最后一段借由书名申发编辑意图，可谓巧若天成，叫人禁不住拍案叫绝。

以上所引，均是可以确定为叶至善所撰写的编辑辅文。除了这几

---

① 该文收入叶小沫、叶永和编：《叶至善集·编辑卷》，开明出版社 2014 年版，第 444 页。

篇，还有一些编辑辅文，虽不能确定是否出自叶至善笔下，但显然带有他的文风。考虑到叶至善当时曾先后任社长兼总编辑、总编辑兼副社长、副社长，作为编辑业务主官，本就肩负把关文稿质量的职责，再加上他是有"编辑瘾"的资深编辑，总喜欢编编写写，则这些文章很有可能曾经被他修改润色过，其中有的或许就出自他的手笔。

如汪曾祺《羊舍的夜晚》一书的内容提要：

> 这本书里有三个短篇故事。
>
> 《羊舍的夜晚》和《看水》写了小吕、老九、留孩、丁贵甲四个人，虽然他们有着不同的性格和爱好，但是他们都是乐观、向上、热爱自己工作的年轻人。《王全》写的则是一个爽朗、憨厚的热爱集体的老伯伯。看起来他们都是一些普普通通的人，但是，如果我们能够仔仔细细地看一看他们的那些表现，就可以从他们身上发现许多很可贵的，值得我们学习的地方。

从中便可见到叶至善的文气与文风，即便不是由他亲笔撰写，也很可能经过他的修改润色。

六、务求装帧美

对书刊编辑来说，核心工作是将作者写成的稿件呈现为物质形态的书刊。在这个过程中，编辑都会尽力确保内容质量，这占去了他们大量的心力，结果往往顾东顾不了西，忽视了还要兼顾形式质量。只有既注重内容质量，又注重形式质量，才能使所编辑推出的书刊达到内外兼美的艺术品水准。

叶至善在出版界工作多年，出任一社之长前已做了 11 年编辑，对书刊的理解自是精到之至。他深知书刊装帧是稿件呈现的重要环节，直接决定其最终的物质形态，因而对此倍加重视。在回忆当年约请沈培为《小布头奇遇记》做装帧设计的文章里，叶至善曾提到："我一向主张一本书应该是一件完整的艺术品。"故而在请沈培绘制插图的同时，叶至善把该书的封面、封底、扉页、环衬的设计工作，也一并拜托给了沈培，"请他费心'一手落'"。[1]

因了父亲叶圣陶的交游广阔，叶至善年纪轻轻就得以受到一代美术大家弘一法师、丰子恺等人的熏染，从而具备了超卓的审美眼光。加上他从事编辑工作之初，就为《开明少年》做过题花、尾花等美术编辑工作，多年耳濡目染，在装帧设计方面也积累了丰富的实践经验。基于此，叶至善深知书刊插图的重要性，曾指出："有些插图引人入胜，甚至不必依附于文字，本身就可以称作艺术品。至于启发读者的想象，就少儿读物来说，插图的作用有时甚至超过了文字本身。因为形象的图画更能吸引和感染孩子们，使孩子们在不知不觉中锻炼了自己的观察能力和思维能力。"[2]

正是由于书刊插图如此重要，叶至善曾对此认真作过一番研究，并提出了富有针对性的指导意见："我约画家配插图，总要啰唆这么

---

[1]　叶至善：《跟〈小布头奇遇记〉的奇遇》，载叶小沫、叶永和编：《叶至善集·编辑卷》，开明出版社 2014 年版，第 123 页。

[2]　叶至善：《跟〈小布头奇遇记〉的奇遇》，载叶小沫、叶永和编：《叶至善集·编辑卷》，开明出版社 2014 年版，第 122 页。

几句。我认为插图有装饰的作用，有说明的作用，还有启发的作用。有的插图纯粹是装饰性的，不表现什么意义，能把一本书装饰得很美观；这当然是很必要的，可是得注意，插图的风格应该跟文字和谐协调。说明性的插图是最常见的，就是文字的形象化，是否可以这样说：作者把形象的东西用文字表达出来，写成作品；画家做的是还原的工作，把文字还原成形象，那就是插图。说起来似乎很简单，做起来可不容易。如果真跟图解似的，文字写了些什么，插图就画上些什么，那可不好了。画家得努力提高自己的文学修养和阅读能力，包括理解的能力、鉴赏的能力和想象的能力。在动笔之前，要把作品反复读几遍，理解得越细致越好，越透彻越好，等到形象浮现在眼前了，然后把它画下来。这样的插图才能使读者受到启发，帮助读者加深理解和感受，帮助读者进入作者的思想境界。"[1]

插图作者所从事的是艺术创作工作，能够自由发挥是保证作品质量的重要条件。叶至善深知，作为编辑，只要为自己编辑的图书选好风格契合的插图作者就行了，剩下的工作要完全信赖人家。因而他十分尊重插图作者，在约插图的时候，从来都是只说基本要求，绝不干预人家的创作。而且很多时候，他还会提前做好相关工作，为插图作者进行创作提供方便。比如，在请沈培为《小布头奇遇记》画插图之前，他就已经把版面设计的原则考虑停当。见到沈培后，叶至善把这些想法都跟他一一交代清楚，好让他在构思和创作的时候充分利用这些条件。

叶至善把编辑工作做得这样细，插图与装帧所取得的效果可想而知。著名儿童文学作家伍美珍曾回忆道："印象中，我读到的第一本

---

① 叶至善：《跟〈小布头奇遇记〉的奇遇》，载叶小沫、叶永和编：《叶至善集·编辑卷》，开明出版社2014年版，第122页。

书是童话《小布头奇遇记》。那年我大概 5 岁。……我拿到的《小布头奇遇记》是一本破损不堪的书，连封面和封底都不见了，还卷着边。但它里面的插图太精彩了，小布头画得好可爱呀，而且每页的文字都配有插图。我立刻扑进了这本可爱的书里。天知道当时还是个小文盲的我，是怎样把这个故事给看懂的（或许有哥哥姐姐的讲解吧，我已经不记得了）。总之，这个故事我至今还印象深刻。"① 这一案例说明，精美的插图会引发孩子对书刊的热爱，并进而驱使他阅读文本内容，可谓生动地印证了叶至善对插图重要性的判断。

在叶至善主持中少社编务期间，该社与诸多插图作者开展合作，在为所推出的一众新书增色殊多的同时，也培养造就了一批在中国儿童插画史上熠熠生辉的画家。

我们说叶至善极为重视书刊的装帧设计，还有一条重要的论据，那就是在中少社成立之初，全社仅仅只有不到十位员工的情况下，叶至善就主持招纳了三位美术编辑。对于一家出版单位来说，即使以今天的标准来看，这样的文编美编配比也是相当奢侈的。这三位元老级的美术编辑是杨永青、陈兆祥和王玉泉，当时还都是青年画家，后来都成长为享誉海内的儿童书刊插画家。

在用好用足本社美术编辑的同时，叶至善还坚持目光向外，注重约请社外的优秀青年画家。外请的插画家，除前举《中国少年报》沈培和上海美术电影制片厂的万籁鸣、钱家骍之外，还有范思廉、路坦、缪印堂等。

据笔者不完全统计，除了以上几位插画家，当时出现在中少社所

---

① 伍美珍：《来之不易的阅读》，《小学阅读指南（3—6 年级版）》2010 年第 10 期。

出版书刊上的插图、装帧设计作者还有：黄永玉、陈永镇、姚有多、韦启美、吴文渊、李石祥、江荧、苗地、林凡、董辰生、王文彬、华克雄、秦耘生、贺友直、范一辛、朱新晖、陈旭、丁午、沈云瑞等。这些人都是当时活跃的儿童书刊插画家，有不少后来成了著名画家。

七、尽心做推广

我们知道，作为一位编辑，因为深知个中辛苦，会把每一本经手编辑的书刊都看成自己的孩子。在编辑出版界，流传着这样一句话："当编辑不光要会'生孩子'，还要会'养孩子'。"在编辑的工作清单上，文字加工、邀约插图、进行装帧设计、安排印刷装订等印前工作，都属于"生孩子"这个环节，而"养孩子"则主要指书刊的宣传与推广。正所谓"酒香也怕巷子深"，这一环节的重要性即使说不超过上一环节，那也至少与之处于同等地位。毕竟，哪一位编辑不希望自己经手推出的书刊能够广受欢迎、大行其道呢？

虽然 20 世纪五六十年代我国实行的是计划经济体制，"营销"二字无从谈起，图书销量与编辑的经济收入也不挂钩，但出于以出版开启民智、昌明文化的编辑理念，出于以童书促进新中国教育进步、扶助新中国少年儿童健康成长的编辑追求，叶至善朴素地认为，应该尽心尽力做好书刊的宣传推广工作，为此付出了诸多努力。

首先，叶至善非常重视做广告。1956 年 7 月，中少社刚刚成立，就在《中学生》杂志上打出了广告，而且这个广告还是很巧妙的"植入式广告"。当时，叶至善与迟叔昌合写了一篇科幻小说——《电脑》

（后更名为《没头脑和电脑的故事》），发表于《中学生》杂志 1956 年
7 月号。在这篇小说中，叶至善将其中一节的标题处理为"不动脑筋
的故事——摘自中国少年儿童出版社《新书目录》"。这就既向读者推
介了《不动脑筋的故事》这本新书，同时也向读者宣示了中少社的横
空出世。

1958 年 11 月，《红色少年》丛刊创刊以后，就形成了每期在封
底上为重点新书做广告的传统。该刊第 1 集的封底刊登了刘知侠少年
小说《铁道游击队的小队员们》的广告，广告文字是把该书的内容提
要稍加改动而成。该刊印数很大，且读者对象与少年小说的读者对象
高度重合，因而对这一重点新书起到了很好的宣传推广作用。

《我们爱科学》于 1960 年创刊后，也非常重视书刊联动，辟设了
"科学书架"栏目，专门用来推介中少社推出的科普科幻类新书。值
得一提的是，出版于 1963 年 3 月的《我们爱科学》第 8 集"科学书架"
栏目，刊载了叶至善为《布克的奇遇》一书撰写的一则广告，生动有
趣地向小读者们介绍了这本书。

其次，叶至善善于抓住各种机会，运用媒体连载、邀约书评等方
式，宣传推广新书。1961 年 9 月，伍律的科学考察小说《蛇岛的秘密》
出版。在叶至善的建议下，该书出版后不久即交由《中国青年报》进
行连载，并约请科幻名家郑文光撰写书评，发表在《文汇报》上。这
些都为该书的推广起到了非常好的广告宣传效应。

最后，叶至善还极为重视通过评奖等活动来推介所编辑推出的图
书。这突出地表现在他奋力为《小布头奇遇记》鼓与呼上。

叶至善曾说："作者把一部稿子交给出版社，那种既高兴而又担
心的心情，就像把女儿送到婆家去一个样，咱们当编辑的应该理会作

者的这种心情。话虽这么说，咱们当编辑的自己何尝不是如此。一本稿子在手上反反复复摆弄了多少遍，好容易印成书出版了，就像把女儿妆妆扮扮地扶上了花轿一个样，高兴的是女儿终于嫁出去了，担心的是她离开了家将会遭到什么样的命运。"①

但是，《小布头奇遇记》出版后，当时的儿童文学理论界并没有给以应有的重视，就连对将该作品归入童话文体都持否定态度，更谈不上欢迎了。叶至善在回忆文章中，曾为此打抱不平："在看第二遍的时候，我常常想，这样好的一部稿子，那一家出版社为什么不接受呢？会不会李庚和我都看失了眼呢？那一位编辑同志的看法跟我们在哪一点上不相同呢？会不会认为现实的社会生活不适宜作为童话的题材？这不至于吧，安徒生的《卖火柴的女孩儿》，王尔德的《少年国王》，不都取材于现实的社会生活吗？只要用孩子的眼光去观察，用孩子的感情去理解，用孩子的语言来表达，现实题材也能写成出色的童话。那么此外还有什么别的缘故呢？会不会嫌有些段落写实的成分多了点儿，认为不太像童话呢？这倒不是完全没有可能的。'文化大革命'之后，有一位童话作家写了一篇很长的论文，评述新中国成立以来童话创作的成绩，对《小布头奇遇记》就一句也没提。"②

在这样的情势下，1980年第二次全国少年儿童文艺创作评奖活动对《小布头奇遇记》的艺术成绩和巨大影响也选择了漠视。这引发了叶至善的怒火，他在评奖现场当众发了脾气。虽然叶至善在回忆文

---

① 叶至善：《跟〈小布头奇遇记〉的奇遇》，载叶小沫、叶永和编：《叶至善集·编辑卷》，开明出版社2014年版，第126页。

② 叶至善：《跟〈小布头奇遇记〉的奇遇》，载叶小沫、叶永和编：《叶至善集·编辑卷》，开明出版社2014年版，第120—121页。

章中曾自我检讨，说过自己身上有公子哥的做派，脾气不是太好，但见诸同行记忆的当众发火，这却是他一生中的唯一一次。

就这一事件，著名儿童文学编辑家谷斯涌回忆说："1980年，我国儿童文学界迎来一件大事：第二次全国儿童文艺评奖。叶至善被聘为评委。在评议会上，他对'小布头'从作品的艺术质量、读者反应和社会影响等方面认真介绍，说得有理有据，建议评为一等奖。老叶在会上发言，通常都是慢言细语，很少大声疾呼。不料，他的发言竟未引起主持人的充分重视。后来，初次评议的获奖篇目中，居然没有把《小布头奇遇记》列入一等奖。叶至善闻讯后大为光火，他直接找到有关领导一再申辩，并郑重声明：'这一回，"小布头"要是评不上一等奖，我退出评委会！'他的意见，也得到了有的评委支持，'小布头'终于得了它应得的荣誉。当时，没有现代化通信设备，这个变动难以及时通知到作者，致使身在北京的获奖作家孙幼军，未能出席五月二十日在人民大会堂举行的颁奖大会。第二天晚上，他才去景山公园参加了获奖作家与少先队员的联欢活动。"①

今天，《小布头奇遇记》早已以其首获国际安徒生奖提名奖的荣誉，获得了儿童文学理论界的认可与推崇。回首当年，若是没有叶至善为之打抱不平、据理力争，那次评奖它就会名落孙山，后来能否推向国际也就未可知了。

比评奖结果更令人感喟的是，这一事件所折射出的叶至善全心全意为作者的编辑精神。审视1980年第二次全国少年儿童文艺创作评奖获奖名单，孙幼军《小布头奇遇记》跻身童话类一等奖，而叶至善

---

① 谷斯涌：《"叶氏三代"和〈小布头奇遇记〉》，《中华读书报》2015年6月10日。

本人的《失踪的哥哥》只获得了科学文艺类二等奖，且名列二等奖第一名，距离一等奖只有一步之遥。可是叶至善并没有为自己去争取大奖，而是竭力为自己的作者和其作品去争取，这是一种何其伟大的编辑精神！

第八章

曳犁踯躅行①

　　1957 年 7 月 16 日，叶至善乘北京—莫斯
科直达火车，去往苏联莫斯科参加第六届世
界青年联欢节，直到 8 月 22 日才回到北京。
关于这次出国，叶至善并未写过纪行文章，
只在日后的回忆中留下了只言片语："1957 年
夏天在莫斯科举办的青年联欢节上，我看到
捷克青年们的胸前都佩着伏契克的像章……
我多么希望自己也有这样一枚庄严的像章呀。
在联欢节上，要求交换纪念品是不会遭到拒
绝的，可是我不愿意这样做。反法西斯战士
的像章，以交换得之，不是太轻率了吗？轻率

---

　　① "曳犁踯躅行"，引自叶至善：《黄堰夜牧》，载叶小沫、叶永和编：《叶至善集·创
作卷》，开明出版社 2014 年版，第 545 页。

得近乎亵渎。"①

世界青年联欢节是苏联为首举办的大型国际活动，主题是反对侵略和战争，歌颂和平与友谊。第六届是规模最为盛大的一届，共有131个国家，派出了3.4万多名代表参加。中国代表团阵容很大，包括16个民族1202人，代表性非常广泛。②组委会对各国参加展演的节目和作品进行了评奖，中国青年艺术家共获得80多枚奖章。科幻小说作家郑文光的《火星建设者》获得了第六届世界青年联欢节大奖，成为中国第一篇获国际大奖的科幻小说。置身联欢节现场、当时正醉心于科幻小说创作的叶至善听闻这个喜讯，自是欢欣鼓舞。

可惜，没过几年，在命运的大手操弄之下，属于叶至善的美好生活无奈地暂时画上了休止符。

一、"命运的敲门声"

贝多芬的《命运交响曲》，第一乐章传达出压抑、阴暗、悲怆的情绪，被作者本人称作"命运的敲门声"。对交响乐有着很高鉴赏力的叶至善，想必深谙这一乐章的奥义。只是他没有想到，自己的人生也会遭遇这"命运的敲门声"，被那四个有力的音符狠狠打击到。

第一个打击，是丧母之痛。

人民教育出版社成立后，叶圣陶兼任社长、总编辑。胡墨林被调

---

① 叶至善：《〈绞刑架下的报告〉前言》，载叶小沫、叶永和编：《叶至善集·编辑卷》，开明出版社2014年版，第504—505页。

② 参见石崀宾：《从第六届世界青年联欢节归来》，《中国穆斯林》1957年第3期。

去担任校对科科长。1952年年底，胡墨林因病辞职回家休养。1953年年初，胡墨林身体见好，转到人民文学出版社担任校对科科长。1954年3月底，胡墨林发觉右侧腹内隐隐作痛，按摸似有硬块，拖了两个月后去北京医院检查，被确诊为癌症。到1956年秋，胡墨林已开了两次刀。1957年春节过后，胡墨林癌症复发，又住进了北京医院，不久就撒手人寰，享年65岁。

叶至善晚年回忆道："三月二日下午，我在政协礼堂听了报告出来，天飘着雪花。赶到北京医院，望见母亲的病房门前的那堆才撤下来的被单，护士跨出门来叫我快去太平间。太平间的门还开着，满子和至诚两个站在母亲遗体两旁。我轻轻揭开蒙在母亲脸上的白布，看了不止三分钟吧，想牢牢记住，其实像在梦里。"①

2002年，叶至善已是84岁的老人了，心底仍深深地怀念着母亲。这一年年底到第二年3月，他动笔为母亲写了三万多字的传记。据叶至善的小儿子叶永和回忆，他"原本写奶奶的传记是想练练手，看看自己能不能写好一部文学传记，因为这种写法他还没尝试过，心里没有把握，另外也是为了纪念母亲"②。后来由于出版社催着叶至善写《父亲长长的一生》，这事就放下了。而等到写完《父亲长长的一生》，叶至善想要再回头为母亲写完传记时，已是心有余而力不足了——他病倒了，直到一年后去世再也没能离开医院，留下了永久的遗憾。2007年，叶永和、蒋燕燕夫妇重新整理了叶至善写的胡墨林传记，交给

① 叶至善：《父亲长长的一生》，载叶小沫、叶永和编：《叶至善集·传记卷》，开明出版社2014年版，第249页。
② 叶永和、蒋燕燕：《编后记》，载叶至善：《中了头彩的婚姻——叶圣陶与夫人胡墨林》，同心出版社2008年版，第227—229页。

《苏州杂志》分六期进行连载；此后又从《父亲长长的一生》中摘录
了和胡墨林有关的章节和段落，并做了尽可能的补充，编成《中了头
彩的婚姻——叶圣陶与夫人胡墨林》一书，交由同心出版社于 2008
年 9 月出版。①

第二个打击，是"三年困难"。

叶至善后来曾回忆起当时的困难情形："只记得我原来是三十二
斤，减到了二十七斤，粗粮细粮按规定的比例配给，除了上学的孩
子，一家人都减，以体力消耗的大小为准。……油、糖、豆也按定量
分配。记得那时的白粥分外香，饭前还真个觉得饿。父亲和我总是书
生之见：六亿人口都在挨饿，我们没有特殊化，一同挨饿，这才是正
道。没有特殊化，其实并不彻底，父亲和我都有'特供'，跟司局级
干部一个样，每月另加糖和豆；父亲有两斤肉，我也有一斤；香烟都
是一条，父亲是'红牡丹'，我是'大前门'。特供的价钱跟市价一个
样，可是在困难时期，在全国六亿人口中，这点儿特供，已经叫我们
特殊化得羞于启齿了。"②

叶氏父子都爱喝酒，可"售价转眼间翻了几番，尽管这样，名牌
白酒在市场上竟一抢而空，剩下的只有浅黄色的金奖白兰地，喝惯国
产烈性酒的人嫌它不过瘾，又不习惯陈年橡木桶的那种怪味。人舍我
取，我父亲就专喝白兰地。一瓶十五元，兑上四分之一的凉开水，等
于十二元。我还嫌贵，找到了一种调制的白玫瑰，味道太甜又异香冲

---

① 参见叶永和、蒋燕燕：《编后记》，载叶至善：《中了头彩的婚姻——叶圣陶与夫人
胡墨林》，同心出版社 2008 年版，第 227—229 页。

② 叶至善：《父亲长长的一生》，载叶小沫、叶永和编：《叶至善集·传记卷》，开明出
版社 2014 年版，第 261—262 页。叶至善关于"三年困难时期"的回忆，均引自该书，以
下不再一一注出。

鼻，难喝极了，好处是才五元一瓶，哪儿都有卖的，兑上凉开水，酒价还能下浮。父子俩对饮，各喝各的，都自己骗自己"。

第三个打击，是家人的离散。

1961 年 2 月 3 日，叶至善祖母去世，享年 96 岁。

四年内胡墨林和叶老夫人先后离世，使叶家蒙上了一层浓重的悲哀。而与自然规律支配下的死别相比，人为造成的生离带给当事者的伤害更大。"文革"开始不久，叶家人就在时代的潮流裹挟之下，零落天涯了。

1963 年 12 月 5 日，叶圣陶、叶至善父子同时填写了加入中国民主促进会的申请表，介绍人是民进中央秘书长徐伯昕。时任民进中央主席周建人和叶圣陶曾在商务印书馆共事；徐伯昕是生活书店的创建者之一，新中国成立前就常跟叶圣陶打交道。他们两位由于统战工作的需要，劝说叶圣陶加入民进，叶圣陶就答应了。徐伯昕又跟叶至善说："一个人没有个组织不好，就跟你父亲一同参加民进吧。"叶至善"于是双手接过了要我填写的入会申请表"。①

1966 年 8 月，新上任的教育部部长何伟召见叶圣陶和林砺儒，说教育部要改组，两位老先生不复参加行政工作，问有无意见。两位不约而同，都说没有意见。这一来叶圣陶就形同赋闲了。

光是赋闲还好，9 月中旬，教育部有个什么战斗组还贴出了一张四千多字的大字报——《坚决打倒文教界祖师爷叶圣陶》，称叶圣陶是"横在社会主义大道上的僵尸"，应该"剁成块，烧成灰，扬入河，清除叶的反动影响，涤荡叶遗留的污泥浊水，把语文教学的阵地夺

---

① 叶至善：《父亲长长的一生》，载叶小沫、叶永和编：《叶至善集·传记卷》，开明出版社 2014 年版，第 270 页。

回来"。① 这些恶意攻击使得叶圣陶抑郁不已。这样过了一年，好不容易心情好些了，他的身体又出了问题，于1967年9月21日入院治疗。在医院住了近两个月后，叶圣陶出院碰上的第一件事，是孙女叶小沫报名参加第一批"上山下乡"，志愿去黑龙江军垦农场。

当时叶小沫正在农大附中读高中。面对女儿的一腔热血，叶至善表示赞同，说"十年前我就打定主意要改换门庭，不支持子女继承父辈祖辈尽干笔墨的营生"②。

其实在这之前，叶至善的大儿子叶三午已自师范毕业，当了小学教师，后来精简下放时被分配到了密云水库林场当工人。而叶至善的二儿子叶大奎，也早已于"三年困难时期"去了黑龙江，在团中央办的泰康县生产基地和农业中学半工半读，后在泰康县印刷厂当了名临时工。

叶三午和叶大奎兄弟俩身体都不太好，如今刚刚20岁的叶小沫又要去遥远的边疆，夏满子心里很是舍不得。叶圣陶给她做思想工作，说年轻人就想过一种全新的生活，让小沫自己去闯一闯好；如果年轻五十几，他也会报名去的。叶至善后来回忆说，妻子还真想通了，给女儿打点起行装来。1967年12月8日清晨，夏满子帮女儿穿上才领到的厚厚实实的棉大衣，送她上了公共汽车。③

后来叶小沫听大哥叶三午说，那天，很少掉眼泪的爸爸叶至善，在火车开出站的那一刻流下了眼泪。这事儿谁也没有发觉，让偶然间

---

① 叶至善：《父亲长长的一生》，载叶小沫、叶永和编：《叶至善集·传记卷》，开明出版社2014年版，第267页。

② 叶至善：《父亲长长的一生》，载叶小沫、叶永和编：《叶至善集·传记卷》，开明出版社2014年版，第273页。

③ 参见叶至善：《父亲长长的一生》，载叶小沫、叶永和编：《叶至善集·传记卷》，开明出版社2014年版，第273页。

回头的三午看见了。

1967 年年底，按照中少社里的"革命派"的命令，叶至善开始住机关蹲"牛棚"。他是家里的主心骨，蹲了"牛棚"后，有些事就得靠父亲叶圣陶操心了。当时叶圣陶已是 73 岁的老人，却不得不操持一家人的生活，这让叶至善心下甚为不安。

1969 年 2 月 2 日，在外语学校只念满了一个学期的小儿子叶永和，也去了陕北延长插队。这一来，四个子女中就只有大儿子叶三午因身体不好而病休在家，还能陪伴陪伴叶至善了。

眼见一家人分处北京、东北、西北，叶至善心中对孩子们的牵挂可想而知。然而随着形势的发展，很快他也不能再留在北京了。叶永和去陕北才两个月，叶至善就被要求随团中央全体去河南潢川的五七干校。动身之前，社内的"革命派"给他放了三天假，叫他回家收拾行李。第二天，叶至善夫妇带着孙女佳佳，陪父亲叶圣陶去动物园玩了半天。一家人拍了一张合影，由照片可见，叶至善戴着当时流行的解放帽，虽然面容沧桑，但精神头儿并不颓唐。叶圣陶在当天的日记上也说"兴亦颇好"。1969 年 4 月 15 日，叶圣陶记道："至善以晨七点三刻离家到社中。全家诸人送之于门首。"①

至此，叶至善本人也离开了北京。这之后，在河南潢川五七干校的三年零八个月里，叶至善想必会"每逢佳节倍思亲"，而念及一家老小各处飘零，想必更会感喟"一夜乡心五处同"了。

第四个打击，是事业不顺。

20 世纪 50 年代中，受到向"科学进军"口号的鼓舞，叶至善出

① 叶至善：《父亲长长的一生》，载叶小沫、叶永和编：《叶至善集·传记卷》，开明出版社 2014 年版，第 274 页。

于想要激发青少年学习科学的热情，不光在《中学生》杂志上刊发了大量谈科学知识的文章，还推出了一系列科普图书。在 1957 年的"反右"运动中，叶至善侥幸没有摊上"帽子"。可到 1958 年，在中少社开展的业务思想大批判中，他就成了重点对象："说（我）是脱离政治、脱离实际、脱离群众，鼓吹知识不但有用，而且有趣，完全是资产阶级的一套。我想想好像是这么回事儿，直懊悔自己没抓紧改造。可是要改造好一时也难，我没什么可做的了，只好咬文嚼字。"①"我编的书发的稿，都成了批判我的材料，《割掉鼻子的大象》和《乌鸦老博士和金钥匙》成了典型。由此而牵涉到叔昌，说他油腔滑调，给新社会抹黑，连穿西装吃西餐也没放过。又说我赏识和结交的都是他那样的作者，应了'物以类聚'这句古话。"② 这些攻讦对叶至善造成的困扰与伤害可想而知。

1960 年，《中学生》杂志出到第 5 号后宣告停刊，叶至善这个主编也就自然而然地"下野"了。很多年后，当他回忆起当年时，语气中仍不免有一丝酸楚："后来《中学生》又复刊，又停刊，又复刊，跟我都没什么关系了。"③

这一时期，虽然他名义上仍任中少社副社长，但所兼任主编的《我们爱科学》杂志已停刊，《中学生》杂志的主编也不再由他兼任。这两年中，他能做的工作其实只有埋头审稿，"咬文嚼字"。

---

① 叶至善：《我编〈中学生〉的那些年》，载叶小沫、叶永和编：《叶至善集·编辑卷》，开明出版社 2014 年版，第 165 页。

② 叶至善：《〈迟叔昌科普作品集〉序——惆怅的往事》，载叶小沫、叶永和编：《叶至善集·编辑卷》，开明出版社 2014 年版，第 513 页。

③ 叶至善：《我编〈中学生〉的那些年》，载叶小沫、叶永和编：《叶至善集·编辑卷》，开明出版社 2014 年版，第 164 页。

　　自 1965 年 11 月 10 日，《文汇报》刊发了姚文元的《评新编历史剧〈海瑞罢官〉》后，批判历史剧、历史类著作蔚成风潮。这股风潮很快波及中少社。1966 年 5 月，《山东教育》杂志发表了济南三中初二学生解维坪、侯少伟的《〈战国故事〉是本坏书》一文。文中提出："我们看了《战国故事》，觉得这本书的编著者在这本书中抹杀了封建社会实际存在的阶级和阶级斗争，赞扬了忠君思想，使少年儿童看了会受到不好的影响。"并质问："请问本书编著者，你是属于哪一个阶级的文艺家呢？"直指作者林汉达是"资产阶级的知识分子"，"用为升官发财而读书的资产阶级思想腐蚀青少年"。

　　《战国故事》是《中国历史故事集》中的一本，由叶至善、遇衍滨等人策划出版。当时，叶至善明知林汉达已被打成"右派"，却仍觉得他是最合适的作者，最终拍板向他约稿。这本书于 1962 年 7 月出版，印行了 10 多万册。叶至善非常欣赏林汉达的讲史才华，专门写了"编者的话"予以推介。四年后该书招致如此严厉的批判，是叶至善做梦也不曾想到的。

　　应该说，20 世纪 60 年代中到 70 年代中，是叶至善人生中的低谷。但是即便身处低谷，出身世家、饱经磨炼的叶至善仍能从容应对，在淡然地迎接"命运的敲门声"的同时，也拼尽全力去争取扼住命运的咽喉。

二、得失塞翁马

　　1969 年 4 月 14 日，叶圣陶在日记中记道："至善以明日动身赴潢川，随身简单行李，包扎已齐备，余亦无甚惜别之意，唯嘱其常寄信来，详告学习与劳动之近况。"①

按照父亲的要求，去了潢川后，叶至善给家里写信写得很勤。在他离家的前夜就说定了，到干校后每十天写一封信回来。结果实测了两地邮程后，发现往返一次只需六天，于是就掐准了一星期写一封；最后缩短到三天一封，偶尔也有一天一封的，让此来彼往的信件在邮路上擦肩而过。

之所以会写这么多信，主要是因为叶至善放心不下父亲。平日里他陪父亲喝酒聊天，帮父亲接待来客，为父亲出谋划策，给父亲排忧解难，甚至帮父亲执笔代笔，已经是父亲身边不可或缺的人了。他这一走，叶圣陶难免会感到孤独和寂寞。于是他就靠写信来慰藉父亲。② 叶至善曾写道："我在干校那些年，四个孩子都去农村接受再教育了，家里只剩下父亲和我的妻子满子两个，父亲的寂寞可想而知。我扣定日子写信，先是每星期发一封，渐渐缩到每三天一封。给父亲的信总是很长，拣他喜欢知道的新鲜事儿写，就跟在家时陪他喝酒闲聊一个样。"③

父子间的第一封信写于 1969 年 5 月 2 日，是父亲叶圣陶写给儿子叶至善的。最后一封信是 1972 年 12 月 21 日叶至善写回家的，这之后不久他就结束干校的生活回家了。在 3 年又 8 个月的时间里，父子俩共有近 500 封通信，总字数近 70 万字。当时他们全无意于发表

---

① 叶圣陶日记至今未全部出版，此条转引自叶至善：《父亲长长的一生》，载叶小沫、叶永和编：《叶至善集·传记卷》，开明出版社 2014 年版，第 274 页。

② 参见明晋：《叶圣陶叶至善的"干校家书"》，《民主》2014 年第 1 期。

③ 叶至善：《改诗》，载叶小沫、叶永和编：《叶至善集·散文卷》，开明出版社 2014 年版，第 115 页。

或让别人阅读，也正因为如此，这些书信就更加具有了亲历亲闻亲见的历史见证的价值。这些书信的内容极其丰富，叙事状物细致入微、生动有趣，给我们留下了那个特殊时代极其珍贵的史料，是反映20世纪中国知识分子心路历程的不可复制的文化遗产，具有历史和文化的双重价值。①

这些书信真实记录了叶圣陶叶至善父子在那个特殊年代对自己家人和朋友的亲情和友情，另一方面则又是家事、国事、天下事，事事关心。同为高级知识分子，叶氏父子在书信中讨论的问题既有深度，又有广度。而且父子俩毕竟都是出版人，当时虽然不能从事编辑出版工作了，但对那个时代的书刊出版状况仍会给以特别的关注。

在1972年3月1日的信中，叶圣陶说到了一件颇有意思的书事："报上发了出新书的消息。昨天叫永和去买，买到六七种。像百货店和菜市场一样，也排老长老长的队"，"在尼克松来京期间，书店里陈列出《红楼》《水浒》之类的书。买客看见很高兴，抢着买了、到收银柜上去付钱。谁知收银柜上说这些书是不卖的，你就交在这儿吧。大概也引起些口舌。消息也真灵通，外国记者对此事报道了，苏修也广播了，就在以后的一两天内。于是周总理知道了，叫吴德去处理此事……"结果，《红楼梦》、《水浒传》、《三国演义》、《西游记》得以出版，"每天发行一千部，各处书店都排长队"。

除了图书出版的情况外，父子俩在家书中也谈到了很多那个时期出版界的人物与动态，如周振甫、郭绍虞参与"二十四史"的点校，徐调孚编辑《柳文指要》，陈原、陈翰伯重回出版界"主持业务"

---

① 参见张秀平：《留住那个"特殊年代"的真实史料——〈叶圣陶叶至善干校家书〉编辑后记》，《北京观察》2008年第1期。

等等。①

　　1969 年，叶至善 51 岁，方届知天命之年。少年时期所受的良好教育，青年时期的颠沛流离，加上过去 20 年工作生活带给他的激动与无奈、高亢和低回，使得他已深刻理解中国传统哲学的要旨——"祸兮福所倚，福兮祸所伏"。故而即使身处破漏污秽的牛棚之中，叶至善心中仍能留有一方澄明，一片宁静。

　　只是，在这澄明与宁静之间，叶至善还难以做到如老僧入定。正当壮年，却不能从事自己所热爱的工作，他的心情即使不说悲苦抑郁，也至少是苍凉无着的。这样，他就一方面以"塞翁失马"来自我安慰，另一方面则全身心地投入到劳动中去，以便既能充实度日又能麻醉灵魂，从而不再惦念那张书桌、那些稿件。

三、襟怀孺子牛

　　在五七干校，叶至善全身心地投入到了劳动中。也许是出于对党外知识分子的照顾，干校将叶至善分到了养牛组，这里的劳动强度相对要小一些。虽然叶至善此前从未干过农活，握了半辈子笔杆子的手也从未牵过牛缰绳，但既来之则安之，他很快就适应了干校的环境，安心地在这里做了三年多的"看牛佬"。

　　叶至善自小就被教育要靠自己的双手吃饭，因此终其一生都发自内心地尊重劳动。报考大学时，他按照父亲的建议选了农产制造专

　　① 参见张洪涛：《那些留在斑驳记忆中的文革书事——读〈叶圣陶叶至善干校家书〉》，《中国青年报》2008 年 1 月 22 日。

业，毕业后当过技师，亲手制造过酒精、麦片等。他天性勤勉，后来当了编辑，每天都是孜孜矻矻，一心扑在稿子上；走上领导岗位后，他仍不改编辑本色，尽忠职守之余，每晚都要焚膏继晷，编编写写。编辑出版界一向务实，历来赞赏像这样埋首奋蹄、勤恳耕耘的编辑家，称他们有着"老黄牛精神"。而提到这"老黄牛精神"，出版人总会首先想起叶圣陶、叶至善这一对编辑家父子。

叶圣陶对牛有着朴素的感情。1946 年时，他曾写过一篇题为《牛》①的散文，对牛寄寓了深切的同情。他写这篇文章的时候应该不会想到，二十多年后，长子叶至善会被命运之手牵引着做了牛倌，与牛朝夕相伴了三年多。

慢慢地，叶至善对牛有了感情，在给父亲的家书中多次谈到他的放牛生活。他向父亲详细描述过一天的劳作安排："每天 5:15 起床，顾不得洗脸，第一件事就是把牛牵出牛棚，免得它们在棚里多拉粪。晚上 9:30 给牛把了尿屎，一条条牵进棚去，然后洗脸洗手洗脚上床，大概已经 10:30 了。现在是早晨 5 点开始用牛，7:30 歇工，9:30 又上工，11:30 休息。下午 2:30 上工，到 6:30 歇工。这样一来，养牛的工作跟着紧张起来，早晨 3 点就得开始喂牛。我自愿担负早晨喂牛的工作。现在是 2:45 起床，3 点喂牛，给牛吃铡好的草和泡好的豆饼。5 点牛上工，可以再睡一会儿，其实也睡不着了。早饭以后，清理牛场上的尿粪，切豆饼，洗刷牛槽，下午可以睡个午觉，以后就铡草，挑水，泡好晚上喂的和第二天早上喂的豆饼，在槽里放好草，为第二天早晨做好准备。"

---

① 该文 1946 年 12 月发表于《新文化》半月刊第 2 卷第 11、12 期合刊，收入叶至善、叶至美、叶至诚编：《叶圣陶集》第 6 卷，江苏教育出版社 2004 年版，第 259—261 页。

　　在家书中，叶至善还向父亲详细描述了自己养牛的种种细节："现在是晚上 11 点钟，给 15 条水牛把尿把完了才完事；早上是 5 点钟，再把它们牵出来把屎把尿，早、晚是轮流的。水牛一泡尿少说有一脸盆，要是不及时拉它们出来，牛棚里就成了尿池子了。这些辛苦，不放牛是体会不到的。这两天晚上给牛把屎把尿也冷得够呛。两个人值班，给 15 头牛把屎把尿，得花一个小时，但是我很乐意，从没有抱怨过。"

　　叶圣陶在给叶至善的回信中说，把牛一条一条地牵出来，像照顾小孩一样把屎把尿太过繁琐，应该改进。叶至善接受了父亲的意见，在试验了一段时间后，写信给父亲说："我们做了一些试验，简化了一些工作，如给牛把屎把尿，去年夜里 11 点一次，第二天清早 5 点又搞一次，弄得人起早贪黑，牛也不胜其烦，得不到很好的休息，真是人困牛乏。现在经过试验，水牛晚上 9 点把一次，到明晨 6 点再把，也不会出什么大问题。"

　　叶至善天性爱钻研，对养牛这件事，他也绝不敷衍，而是认认真真地对待，简直拿出了做编辑的专注精神。从他给父亲的信中谈到的对牛鼻叉的改进，可以看出他那种干什么就把什么研究透的劲头儿："这半个多月来，我一直在琢磨改革牛鼻叉这个问题。这一带的牛鼻子，是用树杈穿住的，树杈小了，很容易滑出来，并且很容易使牛的鼻孔愈撑愈大。牛戴了这样一个大叉子，吃草也不方便。另有一种是沟形的，也用树杈来做，这种鼻钩看起来比鼻叉好些，我做了一些给牛换上了，但是还不理想。还有一种像个木槌，槌头塞在牛鼻孔里，不伤鼻孔，可是牛一定不好受。也有人试用过铁环的，铁环比较利落，但农民不同意用，说是会把牛鼻子磨破，并且太重。前两天我用粗铁丝做了一个环，套上两层塑料管，给一条牛装上了，问用牛的人有什么意见，用牛的人说可以，一拉牛绳，牛的反应很灵敏。但是我观察的结果，环拖在鼻子下面，吃草不方便，于是又想用塑料线把环挂在两个牛角上，这样一改，似乎比较理想了，外观也很漂亮。"为了把这个问题说明白，叶至善还在信中画了几张不同牛鼻叉的示意图。

从这些叙述中可以看到，叶至善对放牛这份工作非常负责，而且依旧保持着那份对什么事情都感兴趣、都细心观察和体会的情怀。做编辑，叶至善会悉心钻研"编辑经"；养起牛来，他也能专注地钻研"养牛经"。正是凭着这样一种精神、这样一股子劲头儿，叶至善做编辑能做到被推崇为"编辑的楷模"的程度，而养牛也养得格外好，甚至引发了农民朋友的羡慕："我们现在又增添了牛，水牛有了14条，黄牛有了6条，加上1条毛驴，共21条。赶出去放的时候一大队，真有点儿壮观。附近的农民看了很羡慕，一是羡慕我们牛多，二是羡慕我们牛壮。据兽医说，全农场的牛，就是我们连的牛膘情最好。他还说，像我们这样起早摸黑，打着电筒放牛，是从来没有过的事。还有用短草碎料（把稻草铡短，黄豆磨碎）喂牛，这里过去也是没有的。"

1972年12月10日，在当了三年又八个月的"看牛佬"后，叶至善写信给父亲说："10天以后，大概要做回京的准备了，喂牛的工作，可以说今天结束。"

通过叶氏父子留下的文字来看，他们对牛的爱重，应该还与敬仰鲁迅先生有关。叶圣陶早年间从事童话创作，曾得到鲁迅的赞赏。1927年10月，鲁迅由广东到上海，叶圣陶曾在生活上给他多方照料。1931年12月，鲁迅给叶圣陶写信说"相濡以沫"，二人由此深交。1936年10月，听闻鲁迅逝世后，叶圣陶当即前往瞻仰遗容，送别先生，并写了多篇怀念文章，后来还曾参加纪念鲁迅先生逝世9周年、10周年的集会，并发表讲话。叶至善在上海工作时，曾参加过鲁迅先生逝世10周年纪念会，亦曾写过多篇谈鲁迅先生的文章。

1931年3月，鲁迅写了一首五言律诗——《无题·大野多钩棘》。时隔40年后，这首诗多次出现在叶氏父子的通信中。那是1972年春天，叶至善在放牛之余，开始学写古体诗。当时他写成了一首五古，把草稿寄给父亲，巴望父亲能帮他改一改，并几次问起鲁迅先生的那首五律。叶圣陶在回信中首先肯定了此作"写出了真情实感，全无做作"，然后提了几条具体的修改意见，并提到了"鲁翁那首五律就是破例通押的例子"。

叶至善收到父亲的回信后，高兴极了，说没想到自己头一回学作古体诗就得到了父亲的称赞。他按照父亲的建议对诗做了修改，父子俩再一次讨论后，这首《黄堰夜牧》得以定稿：

> 春耕不失时，犁耙无休歇。
>
> 蹚垄望牛归，牛归日之夕。
>
> 曳犁踯躅行，汝其饥且渴。
>
> 饮汝柳树塘，食汝黄堰侧。
>
> 黄堰草初长，萋萋不盈尺。
>
> 春草如春韭，焉足供大嚼。
>
> 俄顷新月落，四野向昏黑。
>
> 但闻龁草声，札札何自得。[1]

---

① 叶小沫、叶永和编：《叶至善集·创作卷》，开明出版社2014年版，第545页。

这首五古是写放牛情景的，叶至善在创作过程中当学习了鲁迅先生那首五律的写法。而鲁迅先生另有诗云："横眉冷对千夫指，俯首甘为孺子牛。"这也对叶至善产生了直接的影响，使得他在养牛的日子里吟出了这样一副对联："得失塞翁马，襟怀孺子牛。"

无疑，这是一副言志联，叶至善以此来表达自己的胸襟和情怀。他写信告诉了父亲。叶圣陶收信后非常高兴，表示特别欣赏这副对联，认为其内容和结构俱佳，堪称妙品。时隔五年后，在83岁生日那天，叶圣陶特地用篆字把这副对联写成了条幅，题款说："至善撰此联寄怀，语我已久，请为书之。今日为一九七七年十月二十八，余之生日也。圣陶。"后来，叶至善自己又曾书写此联，并具款云："'文革'期间在干校放牛，作于牛棚中，先父戏称之为'牛马联'。"①

在干校的几年里，忙于放牛的叶至善无暇投身写作，除了写家书外，仅有的动笔就是写了几首古体诗和这副对联。但他仍保持着阅读的习惯：父亲叶圣陶在"文革"中读过的那套《战争与和平》，是自己动手将四大厚本拆开，分钉成了二十几本小本子，叶至善把这套书带到了干校，"先是偷偷地读，后来被人发现了，偷偷地借去读，不知传到了谁的手里。"②

对叶至善来说，"襟怀孺子牛"是自况，也是自勉。这襟怀不光体现于与他朝夕相伴的牛身上，还体现于他对子女们的牵挂上。

那时，叶至善的大儿子三午患了严重的类风湿性关节炎，只得

---

① 叶小沫、叶永和：《襟怀孺子牛——叶至善小传》，载叶小沫、叶永和编：《叶至善集·传记卷》，开明出版社2014年版，第384页。

② 叶至善：《父亲长长的一生》，载叶小沫、叶永和编：《叶至善集·传记卷》，开明出版社2014年版，第330页。

在家病休。叶至善鼓励他不要消沉，建议他学摄影，给他买了架旧莱卡。二儿子叶大奎其时已在黑龙江省泰康县印刷厂当了工人，自理能力也较强，叶至善对他比较放心。儿女中最令叶至善牵挂的，是在黑龙江兵团的女儿叶小沫和在延长插队的小儿子叶永和。检《叶圣陶叶至善干校家书（1969—1972）》，在一众亲人中，叶氏父子提及这姐弟俩的时候最多。

2007 年，叶小沫和叶永和姐弟整理好了《叶圣陶叶至善干校家书（1969—1972）》。该书出版后，姐弟俩又写文章交代了整理出版这本书的初心："我们整理出版这本《家书》，本不是为着听人们说些赞美之词，只是想让人们知道，在'文革'的年代里，有一家人是这样思考和生活的，而它或许能从一个侧面记录和反映那一段的历史。这大概是我们整理出版这些家信的最最原始的初衷。"①

叶至善以家书的形式记录下了他的所思所想，为我们复原其这段时间的个人生活提供了第一手资料，也让我们得以窥见他那"得失塞翁马，襟怀孺子牛"的高尚情怀。应该说，这对勾勒出叶至善的动人形象是至关重要的。

当然，还应强调，叶氏父子的家书并非只是对一人一家来说有重要的意义，而是更可视作珍贵的时代印记。正如该书责编张秀平所指出的那样："《家书》中的父子俩，以独特的眼光和善良的心态，毫无雕琢，秉笔直书了'特殊年代'里北京政治、社会和文化及他们周围的人物悲欢、世态炎凉。《家书》既可以让我们更具体、更深刻地了

---

① 叶小沫、叶永和：《我们为什么要整理出版〈叶圣陶叶至善干校家书〉》，《人民政协报》2008 年 1 月 7 日。

解这一段历史，也可以作为这一段国史的旁证。"①

　　从这个意义上来看，叶至善在面对人生低谷时，仍以他独特的方式扼住了命运的咽喉，为历史留下了空谷足音般的悠远回响。

　　① 　张秀平：《留住那个"特殊年代"的真实史料——〈叶圣陶叶至善干校家书〉编辑后记》，《北京观察》2008 年第 1 期。

第九章

点睛龙起点腮破[1]

"我调回来了！"1972年12月30日清晨7点半，叶至善提着铺盖卷跨进北京东四八条的院子，兴奋地放大嗓门高声喊道。

"调回来"就是不用再去潢川干校了。从这一天起，叶至善就可以每天两回陪年近八十的老父亲叶圣陶吃着酒闲聊天了，而叶圣陶也不用再掐着指头等儿子的信了。

这时"文化大革命"尚未结束，叶至善得以提前返京，与当时中央领导人开始重新重视童书出版有着一定的关系。

---

[1] "点睛龙起点腮破"，引自叶至善：《蝶恋花》，载叶小沫、叶永和编：《叶至善集·创作卷》，开明出版社2014年版，第538页。

一、雨洗长空碧①

随着"文革"造成的"书荒"愈演愈烈，全国各地要求恢复出版业的呼声日趋强烈。1970 年 9 月 17 日，周恩来总理召集国务院文化组、科教组和出版口负责人开会，对出版工作提出了意见，并针对小学生复课开学后连一本小字典也买不到的严重的"书荒"现实，指示科教组组织力量，修订《新华字典》，争取尽快恢复出版发行。1971 年 2 月 11 日，周恩来又一次召集出版口负责人开会，指出：青少年没有书看，新书要出，旧书也可选一点好的出版嘛！② 并指示召开一次全国出版工作座谈会。1971 年秋，全国出版工作座谈会开完后，中国青年出版社和中少社的部分工作人员，奉命从五七干校回京，成立图书清理小组，着手清理"文革"前出版的图书，准备重印。

1972 年冬，叶至善"调回北京，其实社内并无工作"③。

虽然社里没有给安排工作，但一向勤勉惯了的叶至善怎么会闲得住呢？他想起当初创办中少社时出版的《叶圣陶童话选》，觉得还是留有遗憾，于是就翻找出该书来，悄悄地在家过起了"编辑瘾"。叶至善后来回忆说："我从干校才回来那阵子，没有正经的工作可做，就在父亲的童话中挑出我从小喜欢的几篇，陆续修改了出来。老人家定下规矩，还要亲自检查：只许理顺语言，不得改动他当年幼稚的想

---

① "雨洗长空碧"，引自叶至善：《贺新凉·叙事》，载叶小沫、叶永和编：《叶至善集·创作卷》，开明出版社 2014 年版，第 541 页。

② 参见方厚枢：《1966—1976 商务印书馆的片段回记》，《中华读书报》2014 年 1 月 8 日。

③ 叶至善：《父亲长长的一生》，载叶小沫、叶永和编：《叶至善集·传记卷》，开明出版社 2014 年版，第 276 页。

法，不准拔高。有几篇，经父亲同意，交给少年儿童刊物发表。"①

1973年5月初，中共中央统战部组织民主人士去江南参观学习。叶至善作为父亲叶圣陶的陪同亲属，参加了这次活动。从离家到回家，历时48天，先后去了南京、苏州、上海、井冈山等地。

1976年12月31日，叶圣陶记完了又一年的日记，添了句结束语："今年为变化极大之一年，而结果则举国欢畅，此可记也。"②借助叶圣陶的日记，我们大略可以知道，叶至善在这变化极大的一年参加了哪些重要活动。

1976年9月18日，毛泽东追悼会在北京天安门广场举行。当晚叶圣陶记道："下午三点，在室内看电视播送之追悼大会实况。……至善在社中，兀真在天安门前，佳佳在彼校中，阿牛在街道委员会某会之所。追悼会之实况，以广播及电视播送及于全国，实为举国参加追悼也。"

1976年10月18日，叶圣陶记道："下午至善往听团中央负责人传达华国锋讲话之要点，党员已先听之，今日则告知党外人员。要点即宣布王洪文、张春桥、江青、姚文元'四人帮'之种种反动行为，又有彼辈之爪牙迟群、谢静宜，现皆扣留，隔离审查。余八日所记之可惊消息，即指此事。"

三天之后，叶圣陶又记道："至善回来，言今日开始群众游行，游行将连续三天。星期日则在天安门开百万人之大会，且将通过人

① 叶至善：《父亲长长的一生》，载叶小沫、叶永和编：《叶至善集·传记卷》，开明出版社2014年版，第315页。
② 叶圣陶：《北游日记·可记的一年》，载叶至善、叶至美、叶至诚编：《叶圣陶集》第23卷，江苏教育出版社2004年版，第426页。本节所引叶圣陶日记，均出自该集，以下不再一一注出。

造卫星，将当日之大会实况播送到全世界。此举使举世周知，大有意义。"

此后过了两天，叶圣陶复又记道："今日上午，至善参加社中之队伍上街游行，到天安门。今日为游行庆祝之第三天，累计三日游行人数，当有四五百万矣，此亦前所未有者也。"

叶至善自己也曾回忆说："'四人帮'终于被粉碎了，我挤进群众自发的庆祝队伍，涌向天安门前。那时的欢欣，那时的激奋，我永远不可能忘怀，真个像迎接又一次解放。"①

对叶圣陶来说，"文革"开始后不久就不再担任任何公职，社会活动也全部中断，连朋友能维持交往的也只剩下不多的几位，"这长长的十年，可不是'闲愁最苦'四个字所能概括得尽的"②。如今终于熬了过去，老人家又看到了新的希望，心情自然是愉快的。对叶至善来说，一方面为父亲高兴，另一方面也已摩拳擦掌，做好了大干一场的准备。过去的十年，原本应该是叶至善职业生涯的收获期，可是他却只能眼睁睁看年华虚度，"十年多，什么事也干不了。在那样的处境中，我才真正理解了辛弃疾在《摸鱼儿》里说的那四个字：'闲愁最苦'。"③如今终于归来，却转眼已是 59 岁，面临退休的关口了。

---

① 叶至善：《家居北京五十年》，载叶小沫、叶永和编：《叶至善集·散文卷》，开明出版社 2014 年版，第 384 页。

② 叶至善：《叶圣陶集·第 23 卷编后记》，载叶至善、叶至美、叶至诚编：《叶圣陶集》第 23 卷，江苏教育出版社 2004 年版，第 455 页。

③ 叶至善：《外国科普作品的引进》，载叶小沫、叶永和编：《叶至善集·编辑卷》，开明出版社 2014 年版，第 47 页。

二、报春不为占春先^①

1978 年 2 月 24 日至 3 月 8 日，中国人民政治协商会议第五届全国委员会第一次会议在北京举行。1978 年 2 月 26 日至 3 月 5 日，五届全国人大一次会议在北京举行。在"两会"的预备会上，叶圣陶都被推举为主席团成员，随即在"两会"上当选为人大常委、政协常委。3 月 3 日，新华社的摄影记者约叶圣陶和叶至善，在人民大会堂东门内大厅拍了张照片，发给了各报社，说明是一同参加全国政协会议的叶圣陶父子俩；"好像没说父亲属民进组，儿子属新闻出版组"^②。记者的镜头捕捉下了共和国历史上和美的一页：儿子叶至善搀扶着父亲叶圣陶，父子俩都精神抖擞，满面春风，笑容中透射出对即将到来的改革开放新时代的由衷期盼。

1978 年 5 月底，中共中央统战部组织人大、政协的在京常委去四川参观，年纪大的可以带人陪同。名单上有叶圣陶，也有叶至善。那时叶至善还不是常委，这样安排分明是要他照料父亲的旅途生活。由此可见，叶至善虽已恢复工作，但还是把主要精力放在了照顾老父亲上。

这当然是出于父子情深，但部分也是因为现实的无奈。叶至善自1978 年年初已恢复全国政协委员的待遇，工作上也已恢复中少社副

<hr>

① "报春不为占春先"，引自叶至善：《咏梅》，载叶小沫、叶永和编：《叶至善集·创作卷》，开明出版社 2014 年版，第 546 页。
② 叶至善：《父亲长长的一生》，载叶小沫、叶永和编：《叶至善集·传记卷》，开明出版社 2014 年版，第 302 页。

社长的职务，但当时主管部门团中央尚未给该社委任主要领导，社里一时处于群龙无首的状态。叶至善经历了历次"运动"，对待工作虽仍葆有热情，但亦不复当年之勇了，加上需要照顾年迈的老父，也就没有主动出面去主持社里的工作。

面对百废待兴的局面，热心的叶至善虽不愿强出头，但作为社里的临时负责人，还是尽心尽力，奋发进取，团结带领同事们，做了许多很有意义的基础性工作，为中少社在改革开放初期迅速实现复兴立下了汗马功劳。

首先是叶至善心心念念的《我们爱科学》复刊了。该刊系于1966年5月出版了第14集后停刊的。"文革"结束后，叶至善回到中少社开展业务工作，主抓的第一件事就是争取该刊复刊。在他的努力之下，1977年4月，《我们爱科学》得以有条件复刊，条件就是刊名改为《少年科技》。使用这个刊名出了两期后，到1978年3月，终于得以正式复刊，刊名恢复为《我们爱科学》，版权页标注为"总17期"。这一期的封面画是几位少先队员拿着航模做实验，目光中充满对未来的向往。随后在1978年4月、7月、10月和11月，该刊接连出版了第18—21期。

《我们爱科学》复刊，是"文革"后中少社恢复正常工作的第一步。叶至善兼任该刊主编，两年里连续推出了7期。每一篇稿子他都亲自编校、审定，为此付出了大量的心血，确保了刊物质量上乘。1980年，久已不再进行科普创作的叶至善，还曾破例为该刊撰写了两篇科学相声——《尾巴的妙用》和《文学和科学》①。这两篇

---

① 这两篇科学相声，开明出版社2014年版《叶至善集》均未收入。

作品均署笔名"呼延奏",分别发表在《我们爱科学》1980年第2期和第3期上。1981年,自美国访问归来的叶至善,又为《我们爱科学》专门写了一篇《在"探索者馆"里探索》[1],介绍了他在美国旧金山参访"探索者馆"的所见所感。

1977年8月,在团中央的支持下,《儿童文学》杂志也得以复刊,出版了新的第1期。

据著名儿童文学编辑家谷斯涌回忆,在《儿童文学》复刊后不久,华国锋为《我们爱科学》和《儿童文学》题写了刊名。1978年2月21日,中少社为此召开了座谈会。[2]在叶至善的操持之下,座谈会请来了叶圣陶、茅以升、冰心、华君武、叶君健、严文井等当时国内第一流的专家。

1977年年底,中少社决定重印一批好书。1977年12月首批重印了两本书,一是叶至善当年亲手编辑的《小布头奇遇记》(第1版第7次印刷),二是《龙潭波涛》(第1版第5次印刷)。

这两本书重印后,社会反响很好。叶至善带领同事们乘胜追击,到1978年春天,开始迅速推进老书重印工作。据笔者不完全统计,4月,重印了《蛇岛的秘密》(第3版第8次印刷);5月,重印了《小马倌和"大皮靴"叔叔》(第1版第7次印刷);7月,重印了《大林和小林》(第1版第7次印刷)、《小兵张嘎》(第2版第7次印刷)和《小武工队员》(版权页标示为"1964年9月北京第1版,1978年7月北京第1次印刷");8月,重印了《五彩路》(第2版第11次印刷)

---

① 该文收入叶小沫、叶永和编:《叶至善集·科普卷》,开明出版社2014年版,第184—187页。

② 参见朱玲:《中国儿童文学的故人与故事》,《北京青年报》2013年6月14日。

和《小黑马的故事》（第 1 版第 10 次印刷）；11 月，重印了《宝葫芦的秘密》（第 2 版第 13 次印刷，一举印了 20 万册）、《小金马》（第 1 版第 9 次印刷）；12 月，重印了《"小伞兵"和"小刺猬"》（第 1 版第 5 次印刷）……

"文革"前，叶至善曾主持策划了一套《少年百科丛书》，于 1962 年 4 月推出了第一种，但只出版了 4 种就中止了。此时，叶至善决定尽快重新启动这套大书的编辑出版工作。

1978 年 3 月 20 日，新华社发表了题为《中国少年儿童出版社将陆续出版〈少年百科丛书〉》的电讯。[①] 这对广大青少年读者来说，无异于久旱逢甘霖，因此这套书推出后备受欢迎，销路非常之好。以《科学家谈数理化》一书为例，为了确保该书的权威性，叶至善亲自出面，去找了国字头的科研组织——中华人民共和国科学技术协会来牵头组编，于 1978 年 2 月顺利推出。该书出版后供不应求，各地纷纷要求加印，到当年 9 月份就租型给了辽宁人民出版社。另一种新书《中国古代四大发明》，由庄葳编写，于 1978 年 5 月推出，首印 13 万册，不到一年就销售一空，到 1979 年 3 月实现第二次印刷，这次一下子就印行了 40 万册，成了超级畅销书。

为了出好这套书，叶至善带领同事们制定了一个宏大的出版计划，最终确定了多达 360 种图书的选目。1979 年 3 月，《读书》杂志以《中国少年儿童出版社出版〈少年百科丛书〉》为题，报道了这一出版计划启动一年来的执行情况。[②]

由该报道可知，短短一年里，《少年百科丛书》即推出了 19 种图

---

① 参见《新华社新闻稿》1978 年第 2973 期。
② 参见佚名：《中国少年儿童出版社出版〈少年百科丛书〉》，《读书》1979 年第 3 期。

书，除去 4 种是老书重印，新书有 15 种之多。叶至善为这套书所付出的心血之多，可以想见。以新书《生命进行曲》为例，该书原由江乃萼写成，叶至善审稿后觉得不太满意，于是又约请了著名生物学家方宗熙进行修订。那是 1977 年秋天，当时已在山东海洋学院（现中国海洋大学）恢复工作的方宗熙到北京看望老领导叶圣陶，见到了叶至善。老友重逢，叶至善很高兴："我把编《少年百科丛书》的打算告诉了他，请他帮忙。他说他十分愿意再给孩子们写点儿什么。过了两天，我把那本讲进化论的《生命进行曲》交给他，请他修订和补充，他马上应承了，从头到尾认真修改了一遍。"①

值得注意的是，为扩大影响，一向重视图书广告的叶至善，还主持选择了与《读书》这样的影响力极大的杂志合作，在该刊发布广告。以《读书》1979 年第 3 期为例，该期不光在正文报道了《少年百科丛书》的出版情况，还在封底为中少社新推出的《奇妙的曲线》、《小迷糊阿姨》、《贺龙的故事》和重印的《布克的奇遇》做了套色广告。

1979 年 4 月，团中央任命陈模为中国青少年出版社党组副书记，兼任中少社社长、总编辑。叶至善看到中少社终于又走上了正轨，松了一口气，此后便把精力主要集中到了手头的编辑工作上。

1979 年 4 月，《蛇岛的秘密》重印，为第 10 次印刷，一次就印了 42 万册，总印数达到了惊人的 104.5 万册；同月，《"小伞兵"和"小刺猬"》实现第 6 次印刷，印数也很惊人，达 30 万册；5 月，《"铁道游击队"的小队员们》重印，为第 8 次印刷。

---

① 叶至善：《悼念方宗熙同志》，载叶小沫、叶永和编：《叶至善集·散文卷》，开明出版社 2014 年版，第 288 页。

这一年 9 月，《中学生》杂志也开始了复刊的准备工作。到 1979 年年底，《中学生》1980 年 1 月号如期出版发行，正式宣告复刊。从创刊算起，这一期已是第 362 期。复刊后的《中学生》主编由方蔚担任，分管社领导为叶至善。

据方蔚回忆，"中少社的负责人叶至善、陈模、遇衍滨同志，先后分工管《中学生》。他们领导得具体、有力，加以编辑部集体的努力，刊物的社会效益和经济效益逐渐增长，发行量从五、六十万逐步上升，到 1983 年第一季度，升达 120 多万。"① 叶至善对《中学生》有很深的感情，能够主持推动其复刊，内心定然十分欣喜，而以他总要伏案编编写写的习惯来看，所谓"领导得具体、有力"，当主要表现于对稿件的具体编校、审定方面。

"文革"前，叶至善主导策划推出的还有一套大书，那就是约请林汉达撰著的《中国历史故事集》。林汉达已于 1972 年去世，这套书的写作随之中断。"文革"结束后，1978 年，雪岗调入中少社任编辑。叶至善安排雪岗接手编辑这套书，很快就修订再版了《春秋故事》、《战国故事》、《西汉故事》，接着又加工出版了《东汉故事》。这样，林汉达写的四本书就出齐了。雪岗后来回忆："通过实践，我初步了解了图书组材的方法，掌握了林先生的语言特点和遣词造句的习惯，此后加工的《东汉故事》为叶至善称赞。"②

在叶至善的热情鼓励下，雪岗信心大增。后来他在拜访林汉达夫人谢立林的时候，看到了林汉达生前写的《三国故事新编》遗稿。该稿计 50 万字，原计划交由中华书局出版，与《东周列国故事新

---

① 方蔚：《〈中学生〉的生命力》，《编辑学刊》1990 年第 4 期。
② 雪岗：《我与〈中国历史故事集〉的不解之缘》，《光明日报》2015 年 8 月 18 日。

编》、《前后汉故事新编》合为一个系列。雪岗立刻想到，可以以此稿为基础，改写出《三国故事》，作为《中国历史故事集》前四本的续书。这个想法得到了林夫人和叶至善等人的支持。雪岗本想请林汉达的秘书贾援改写，但贾援和叶至善都认为他才是最佳人选。于是，雪岗用了3个月改写出8万字的《三国故事》，于1980年出版。这样，《中国历史故事集》就有了第五本书。接着，雪岗又把五个单行本通排，推出了精装本的《中国历史故事集》。"此后二十多年，我密切关注着历史研究的动向，搜集材料，打着腹稿，最终用几年光阴写出了《晋朝南北朝故事》、《隋唐故事》、《宋元故事》、《明朝故事》、《清朝故事》。至此，完整的《中国历史故事集》经过半个世纪之久，终于问世了。"①

2015年，雪岗的《清朝故事》出版，与林汉达的《春秋故事》问世已相隔五十多年。一套书用了半个世纪终得完成，成为出版界的一桩美谈。后来雪岗在谈到这套书的时候，曾感慨地说："我续写了这几本书，心头一阵轻松，可以以此告慰关心此书续写的叶至善、遇衍滨等老一辈编辑家，告慰林默涵先生，告慰林汉达先生了。"②

让我们还是回到1981年。这一年，叶至善被"文革"打断的几件大事——《我们爱科学》杂志、《中学生》杂志、《少年百科丛书》、《中国历史故事集》等都得以重启，焕发了新生。在这一年的春夏之交，叶至善还第一次到了美国参观访问，与美国儿童电视片制作公司

---

① 雪岗：《我与〈中国历史故事集〉的不解之缘》，《光明日报》2015年8月18日。

② 王苗：《名家接力创作，〈中国历史故事集〉告别"半截子工程"》，《中国艺术报》2017年8月2日。

《芝麻街》节目组、纽约时代出版公司、洛杉矶"魔术师先生创作室"等机构的同行进行了深入交流。回国后，叶至善连续写了三篇纪行文章。①

面对蓬勃的新气象，叶至善在倍感欣慰的同时，心中也萌生了退意。毕竟，这些大事都有了个完满的结局，算得上善始善终了；而他本人作为全国政协委员，社会活动越来越多，时间和精力都已不堪分配。于是，就在1981年年中，叶至善主动提出退至二线，转任中国青年出版社、中国少年儿童出版社编审委员会副主任。这是个顾问性的荣衔，从此，叶至善就不再到社里任事了。

三、布谷催耕声促②

在干校劳动的时候，叶至善曾写过一首《更漏子·黄湖即景》，描绘了春来催耕、"紧抓犁耙工"的情景。随着改革开放新时代的春潮鼓荡，叶至善回到了自己所熟悉的领域，在做好中少社副社长的本职工作之余，重又一头扎进了编编写写的园地，在编辑和写作两个方面都取得了骄人的成绩。

"在史无前例的十年中，我尝够了'闲愁最苦'的滋味。工作一恢复，就像久别的孩子猛扑到自己怀里来似的，当时的欣喜不是能

---

①　这三篇文章分别是《没有尽头的"芝麻街"》《让科学挤上封面——在纽约访问时代公司》《"魔术师先生"和他的创作室》，均收入叶小沫、叶永和编：《叶至善集·编辑卷》，开明出版社2014年版，第15—24页。

②　"布谷催耕声促"，引自叶至善：《更漏子·黄湖即景》，载叶小沫、叶永和编：《叶至善集·创作卷》，开明出版社2014年版，第540页。

用'欲狂'两个字形容得尽的。我想，从此我可以放手做我的编辑工作了，只要'不逾矩'就得。回想先前老怕天会塌下来似的，自己觉得有点儿可笑。我一向没有远行千里的壮志，不是那不甘心'伏枥'的'老骥'；也不是'识途'的老马，说不出成套的经验来，还只好一边干一边学。如果能再干个一二十年，编出几本自己觉着还过得去的，别人看了还有点儿益处的书来，我就心满意足，向自己交代得过去了。"①叶至善就是在这样的心态驱使之下，全身心地投入到了编辑工作中。但他没有想到，刚重新开始编辑工作不久，就领受了一个教训。

那是 1978 年 4 月，叶圣陶应邀到新华社举办的国内记者训练班上讲话。讲话记录稿后来发表在新华社的内部刊物上，有好几种语文报刊转载了。记录稿发表前主事者来征求叶圣陶的同意，当时叶圣陶患病住院了，叶至善看过稿件后就替父亲点了头。到了第二年春，有人送来印件让叶圣陶过目，说要在《中学语文教学》上发表。结果叶圣陶一看大光其火，不明白自己怎么会出这样的大错：在《写文章的人要做杂家》的小题目下，竟把现代所说的"杂家"——知识面广博的人，跟战国时代的"杂家"——混杂各家思想的那个哲学流派等同起来了。叶圣陶在讲的时候说溜了嘴，是可以肯定的，奇怪的是叶至善看记录稿的时候怎么会漏掉呢？这件事给叶至善的刺激很大。到 2004 年，他写作《父亲长长的一生》时还懊悔不已："要是我看了，怎么会看不出来呢！可悲的是我确实看过，确实没看出来。证据极其简单，就是一个多月前偶尔发现的，那个收到记录稿的日期。那个日

---

① 叶至善：《编辑瘾》，载叶小沫、叶永和编：《叶至善集·编辑卷》，开明出版社 2014 年版，第 117 页。

期像一只蜘蛛，把早已扯成断丝的记忆——连缀起来，织成了一张于事无补而徒乱吾心的破网。"①

虽然此事不久就有了一个圆满的结果，但还是给叶至善留下了极为深刻的印象。除了心中更增对父亲的敬爱之情外，此后他对待编辑工作也更加追求严谨、认真了。

1979 年，中少社决定再版 1956 年建社之初时推出的《叶圣陶童话选》。叶至善从干校才回来那阵子，就在父亲的童话中挑出他从小喜欢的几篇，陆续修改出来，交给了少年儿童刊物发表。因此，这时再编辑该书，叶至善成竹在胸。他首先把篇数增加了一倍，将书名改成了《〈稻草人〉和其他童话》，并亲笔为之写了内容提要，随后精心调配了插图：除了保留 1956 年版黄永玉的插图，又增加了许敦谷、丰子恺的旧作，还特意请华君武绘制了一些新的插画。华君武一向景仰叶圣陶，画得特别用心，这次所绘稻草人和叶圣陶的半身合影，深得叶圣陶的喜爱。叶至善遂在书中加上了一页彩色插页，专印这幅画。该书于 1979 年 8 月推出第 2 版，实现第 4 次印刷，从"文革"前的总印数 17 万册，一口气加印到了 27 万册。

"文革"结束后不久，叶至善在开明书店工作时的老同事欧阳文彬被借调到北京三联书店，负责编《闻一多全集》、《夏丏尊文集》和《宋云彬杂文集》。有一段时间，欧阳文彬与叶至善朝夕相处，深深感受到他对工作的认真负责、一丝不苟、全心投入、心无旁骛。而叶至善还以过人的智慧帮助欧阳文彬解决了不少疑难问题，为她顺利编完这三套书助了一臂之力。这令欧阳文彬时隔多年后还感念

---

① 叶至善:《父亲长长的一生》，载叶小沫、叶永和编:《叶至善集·传记卷》，开明出版社 2014 年版，第 310 页。

不已。①

对于自己所热爱的编辑工作，叶至善曾写过一首广为编辑出版界传诵的词——《贺新凉·望六书怀》：

砣砣何为者？事雕虫，咬文嚼字，灯前窗下。烟蒂盈盘茶重沏，忽忽秋冬春夏。且不悔为人作嫁。彩笔苦无回春力，敢丹黄信手胡描画。千古事，费评价。

杞人自笑忧天塌。更何须，占风卜雨，担惊受怕。红紫万千迷人眼，细辨卉真葩假。再学习延安讲话。伏枥识途都无据，意拳拳尽力添砖瓦。翻旧调，寄骚雅。

这首词作于 1977 年，叶至善已 59 岁，即将步入花甲之年，因而题目叫"望六书怀"。词的前半阕，让人们看到了一个编辑的剪影；后半阕则写出了"文革"结束后的欣喜。从中可以看出，叶至善觉得这回再也不用怕天会塌下来，可以"意拳拳尽力添砖瓦"了。就词中提到的"且不悔为人作嫁"，叶至善写过这样一段话："在这里我用了个'且'字：这个'且'不是'暂且'的意思，而是北京方言中的'且'。在北京的方言中，把'且'字用在一句否定的话的头里，语气比'终'字更斩钉截铁：不但过去没悔过，现在仍然不悔，将来也决不后悔，根本不承认有'为人作嫁'那回事儿。苦恼倒是经常有的，看出了缺陷，看出了毛病，却没有本领弥补和改正，对着稿子思来想去不敢下笔。古人说'文章千古事，得失寸心知'，文章的好坏，心

---

① 参见欧阳文彬：《文彬附言》，载叶小沫、叶永和编：《叶至善集·书信卷》，开明出版社 2014 年版，第 390 页。

中还是有点儿数的，难就难在使不上力气；而责任又那么重，一落笔就成了'千古事'。"①

对编辑是"为人作嫁"这种说法，叶至善一再申明不认同，在另一篇文章中曾详细申述："……我们当编辑的和作家一样，服务的对象当然是广大读者；成功是共同的成功，失败是共同的失败。编辑和作者必须密切协作，目的都是为了让读者得到最大的实益。有人说，文章登出来后，作者又署名，又拿稿费，可谓名利双收；而编辑辛辛苦苦为人作嫁，却一无所得。如此说来，编辑似乎成了为作家作嫁衣的'贫女'，只好'拟托良媒益自伤'了。其实，这样的看法是不对的。首先，我们编辑的工作是为读者服务的，与作者打交道也是为了读者；即使帮助作者动点儿脑筋，出点儿主意，作点儿改动，也是为了更有利于读者的阅读。……所以，我一向不太同意时下所说的当编辑是'为人作嫁'的说法。"②

世上自从有了"编辑"这一行当，也就有了"编辑学"和"编辑艺术"之说。有人怀疑过它的存在，认为编辑无非是"为人作嫁"而已，一本书的问世与传世，主要靠作者和作品的好坏，至于编辑，不过尽了一点分内的、技术性的职责罢了，有何"学"与"术"可言呢？然而从小就跟着父亲学习当编辑，一直当了半个多世纪的编辑还"老觉着没做够"的叶至善，却并不同意当编辑是"为人作嫁"这一简单的、带有轻视性的说法。他曾坦言自己之所以喜欢编辑工作，仿佛永远怀

---

① 叶至善：《编辑瘾》，载叶小沫、叶永和编：《叶至善集·编辑卷》，开明出版社 2014 年版，第 116—117 页。

② 转引自叶小沫、叶永和：《襟怀孺子牛——叶至善小传》，载叶小沫、叶永和编：《叶至善集·传记卷》，开明出版社 2014 年版，第 358 页。

有巨大的"编辑瘾"的原因，大致有两点："一是可以满足我的创造欲，跟当工程师当艺术家没有什么两样；二是可以满足我的求知欲，随时能学到杂七杂八的诸多知识。""因而我乐此不疲，从未见异思迁，尽管失败的懊恼多于成功的喜悦。"叶至善把当编辑看作跟当工程师当艺术家没有什么两样，言下之意编辑也是一种创造性的劳动，自然应讲究艺术，其中大有学问。每一本书，从提出选题到印制成书，其中任何一个环节都可以发挥编辑的创造力，取得一种只有编辑才能实现的艺术效果。

叶至善是一个善于思考，喜欢不断求新求变，喜欢不断总结提高的编辑。几十年的编辑实践，使他积累下许多非常实用的宝贵经验。叶小沫和叶永和姐弟在为父亲叶至善写小传时，曾用心从其文章中摘录了这些经验，兹转引于此以飨读者：

编辑应当比作者高明，要自己会写能写。否则怎么能理解作者的创作意图，怎么有资格修改作者的稿件。刊物上要开辟一个新栏目，编辑自己先动手写一写，才能知道自己的设想是否行得通，难点在哪里。刊物上缺少什么稿件，编辑要能马上写一篇补上去。

编辑会碰到各种各样的稿件，因此要做一个杂家，这主要靠平时的积累。编什么，学什么，边编边学，不能等学好了再编，更不能因为自己没接触过，就拒绝看，拒绝编。

编辑要有很强的记忆力，因为要凭记忆来审读稿件，但是如果发现了问题，决不能凭记忆修改稿件，记忆是靠不住的，必须找工具书来查对……

编辑身边常用的工具书必不可少，字典、辞典、地图、年表、各种手册，必要的时候还要跑资料室，碰到问题要知道在哪些书里可以查得到……

编辑不可粗心大意，粗心大意就非出错误不可。历史上的朝代年代、地理上的大洲国家、数理上的各种单位等等都要特别注意，一看到数字就要引起警觉……

编辑要锻炼看稿的本领，既要迅速又要敏锐，不要漏掉好稿子，凡是有一点儿苗头的就要把它抓住……

当编辑改文章要特别认真，为什么这里非改不可，为什么要这样改不那样改，都要说得出个道理来。即使改一个字，改一个标点，也要能说出道理来……

当少儿读物的编辑应该懂一点儿教育学、心理学，这样才能了解不同年龄的孩子会对什么样的事情感兴趣，能接受什么程度的知识，才能提出有针对性的选题，编出适合他们看的稿子。

编辑看稿时不要有名家思想，不要先去看作者是谁，只看他的稿件是不是有独创性，可不可以用。要注意发现和帮助初学者，不要等人家出了名再去约稿。这样才能繁荣创作，壮大创作队伍。[1]

叶至善写文章向来发自肺腑，他既是这么说的，那就一定也是这么做的。例如上引最后一条，"编辑看稿时不要有名家思想"，他就始终予以坚持，甚至曾婉拒了时任中共中央副秘书长胡乔木的建议。胡

① 转引自叶小沫、叶永和：《襟怀孺子牛——叶至善小传》，载叶小沫、叶永和编：《叶至善集·传记卷》，开明出版社 2014 年版，第 356—357 页。

乔木一直很是推崇赵元任翻译的《阿丽思漫游奇境记》，早在 20 世纪 50 年代中国青年出版社成立不久，就曾写信给该社总编辑顾均正推荐该书。"文革"结束后，中少社筹划重新开张，这时胡乔木派秘书送来一封信，建议重新排印《阿丽思漫游奇境记》，并附上了商务印书馆出的老版本。

作为"中国现代语言学之父"，赵元任可谓大名鼎鼎。他翻译的《阿丽思漫游奇境记》原作者为英国著名儿童文学作家刘易斯·卡罗尔，于 1922 年由商务印书馆出版。该书出版后引起了很大的反响，一时间，沈从文、陈伯吹等好几位重量级的作家纷纷模仿和改写"阿丽思"的故事。

胡乔木如此郑重地推荐该书，叶至善和他的同事们自然不敢怠慢。没想到大家轮流看了书，结果都说看不懂，不明白这本书讲的到底是什么意思。叶至善于是半开玩笑地说："看不出意思来就对了。咱们给孩子们出书，都得讲教育意义。欧美就有这么一派，讲究的是 nonsense，就是不讲道理，避免说教。儿童读物嘛，能让孩子们得到快乐就好。其实他们有他们的道理，让孩子们笑一笑，乐一乐，辨辨滋味，借此潜移默化，培养孩子们的幽默感。咱们中国人也不是不讲幽默，我的家乡苏州就有许多 nonsense 的童谣，想来别处也有。"

孰料同事们又说，他们是硬着头皮读这本书的，一点儿笑不出来。叶至善于是认真审读了此书，结果发现"一般人还是读不出滋味来，别说孩子们了"。他又结合自己少年时初读此书的感受，得出了这样的判断："我七八岁的时候，看这本书上的插图挺有趣，硬着头皮读过三四回，都没读到一半就扔下了。这样一本名著名译，原式原样印出来供专门家研究，看来很有必要；让孩子们自己读恐怕难，很难。"

叶至善认为，"文革"十年，少儿读物只剩下一本《新华字典》，当务之急是让孩子们有书可读，不是提供什么研究材料，这本"阿丽思"只好缓一步再说。经过商量，大家取得了共识。于是，叶至善硬着头皮给胡乔木写了一封信。这封信简直像审读报告，叶至善生怕不能把理由说得十分清楚，将草稿改了好几遍。

几天后，胡乔木派秘书给叶至善送来了回信，信上说既然这样，《阿丽思漫游奇境记》暂时不必考虑了；书不用归回，就送给叶至善做个纪念，或许以后还有用。信上还说他早就听说过叶至善了，很想有机会见见面。叶至善马上回信，表达了感谢。"记不清后来跟着父亲开什么会，又见着了乔木同志，我主动上前做自我介绍。乔木同志握着我的手，仔细看了看我，没说什么话。"①

应该说，这件事充分展现了叶至善"我是编辑"的风骨。这四个字所蕴含的不只是自豪和自信，又何尝不有一种自尊、自强乃至自律、自励的意味呢？

叶至善做编辑工作，自言主要是跟着父亲叶圣陶学。在父亲的影响下，他给自己立了两条最起码的规矩，一是得对得起读者，二是得对得起作者。所谓"对得起读者"，就是要设身处地为读者着想，要了解自己的读者：了解读者的知识水平、理解能力，了解读者的工作、学习、生活情况，了解读者的年龄、兴趣、爱好，了解读者需要知道哪些东西，解决哪些问题，等等。他认为身为少儿读物编辑，就应该根据少年儿童的年龄特点，尽可能编出他们喜欢看的，看了对他们的成长有点儿好处的图书，例如帮助他们增加读书的兴趣，帮助他

---

① 叶至善：《名著和名译》，载叶小沫、叶永和编：《叶至善集·编辑卷》，开明出版社2014年版，第206—209页。

们提高辨别是非善恶的能力，等等。这其实也正是当年老开明书店的优良作风：认真，朴实，谦逊，诚恳，"惟愿文教敷，遑顾心力瘁"。

而至于"对得起作者"，除了像对待孙幼军那样尽心尽力地编好其书稿外，主要体现于向作者约稿的学问。叶至善认为，编辑一定要事先对约稿对象的兴趣、写作领域、撰稿能力、文字风格等有所了解，应该让他们"有感而发"，而不是"强加于人，强人所难"。在找作者约稿方面，叶至善有不少成功经验。比如1979年时，有一阵子，他发现父亲叶圣陶对一些追悼会上的充满套话空话的悼词颇有意见，于是趁老人家参加宋云彬的追悼会回来若有所失之时，"撺掇"他写一篇关于悼词的"搭题"文章。叶圣陶对此正好有话要说，不日便写出《祭文·悼词》，发表在了《读书》上，收到了很好的反响。事后叶至善不无得意地说："这篇文章不是《读书》约的稿，约稿人是我。……我觉得这次约稿很成功，因为没有强加于人，强人所难。当编辑的跟作者约稿，最容易犯这种主观主义的毛病。"这件小事，对那些常常不问约稿对象的兴趣而简单地、一厢情愿地行事的编辑来说，不无启示意义。①

实际上，在找作者约稿方面，叶至善积累的教训也很多。他曾写过一篇《向专家约稿》，系统总结了自己在这方面"走麦城"的经历：A老先生是某门学科的创始人，叶至善请他写几则实践片段，结果稿子写出来用的是文言文，还不允许编辑给改成白话文；B专家领导着某一门尖端科学的研究工作，联系上后说实在没有时间动笔，可以口述由编辑记录，于是叶至善带着同事到他家里，将他讲的记录整理成

---

① 参见徐鲁：《"我是编辑"——叶至善编辑艺术散记》，《出版科学》2000年第1期。

稿，结果发现他对孩子只能讲些皮毛，而"这样粗浅的常识还不如请中学教员来写"；叶至善还请 C 教授写过讲电子在不同导体之间的运动方式的文章，结果 C 教授拿出的稿子非常严谨，可是通篇全都是抽象的推理，编辑建议他插进一些孩子们熟悉的比喻，他感到非常为难，这使得叶至善"觉得很对不起他。比喻虽然是写科普文章常用的方法，我们也不应该这样强加于人，粗暴地硬要他接受"；D 教授喜欢写旧体诗，叶至善曾约他写一篇稿子，给孩子们讲讲学习旧体诗的门径，结果稿子交来后，中间穿插着他自己的几句诗，要不要保留这几句诗呢？为此编辑们之间发生了争论；E 老先生是某一项建筑工程的专家，经常给孩子们写文章作报告，可是叶至善发现他讲的内容几乎都相同，就没有找他约稿，结果后来在别的报刊上看到他新给孩子们写的两篇文章，全然不同于以前所讲，这才后悔不及，"不能不佩服出题目的同行：我们为什么没想到这样好的题目呢？"在文章的最后，叶至善这样说："我们当然也有成功的例子，要说的话，也可以A，B，C，D……说上一大串。若不是有许多专家热心地支持我们，我们的刊物还怎么站得住呢？可是失败给我们的教训更加深刻。因而在出题目向专家约稿之前，我们总是战战兢兢，预先设想各种可能出现的后果。我们知道如果贸然从事，那是十之八九会失败的。"[1]

很多作者都曾有过这样不愉快的经历：稿子交到了出版社，仿佛从此就进入了一个"黑箱"之中，不知将在编辑的文件柜里度过多少暗无天日的时光，至于何时能问世，只能全凭命运的安排。叶至善是对每一位作者都极为负责、设身处地为之着想的好编辑，因而也就特

---

① 叶至善：《向专家约稿》，《出版工作》1987 年第 1 期。该文收入叶小沫、叶永和编：《叶至善集·编辑卷》，开明出版社 2014 年版，第 151—153 页。

别看不惯那种对作者傲慢的编辑。他在 1982 年年初写过一篇《等——给某出版社的信》①，辛辣地讽刺了那种长久地压着作者的稿子不作处理也不予答复的"老爷"式的编辑作风。

"编辑是读者和作者之间的桥梁。"叶至善认为，编辑去物色作者，实际上是代读者去找作者的，因此，每一个当编辑的都应该跟若干位作者做知心朋友，掌握他们的工作情况和生活情况，熟悉他们的著作，知道他们经常写的是哪一路文章，包括行文的风格，还得了解他们目前正在想些什么，做些什么，关心的是哪些问题。在这一点上，叶至善深受老开明书店那些老编辑的影响。他们不仅有丰富的编辑经验，而且有可贵的敬业精神，同时还都能自己动手写作，在社会上有一定的影响。他们在开明书店工作时，每个人都能联系一大批固定的名作家，这些作家也愿意做他们的好朋友，愿意把自己最好的稿子交给他们。由此，叶至善还引申出另外一层意思：出版社领导不应害怕编辑出名，而是要鼓励自己的编辑发表东西，鼓励他们参加有关的社会活动。他认为，一个出版社能够培养出几位在社会上有影响的编辑，是一件值得自豪的事。有了好编辑，才会招来好作者、好稿子，否则就很可能会"门前冷落车马稀"。②

叶至善始终坚守严谨、务实的编辑精神，在整个编辑、写作生涯中，无论是他负责编辑的书刊，还是他本人写成出版的作品，都凝结着他的艺术匠心，也贯穿着他那一丝不苟的敬业精神。1988 年，百花文艺出版社约请叶至善担任一套书的主编。叶至善答应了，结果

---

① 该文收入叶小沫、叶永和编：《叶至善集 · 散文卷》，开明出版社 2014 年版，第 260 页。

② 参见徐鲁：《"我是编辑"——叶至善编辑艺术散记》，《出版科学》2000 年第 1 期。

拿到书稿后大跌眼镜，最后只得写信辞任主编："承蒙贵社看得起我，邀我担任《外国文化 ABC》的主编。我不知轻重，竟答应了。现在看了小学部分的三册稿子，试改了一册半，真个'事非经过不知难'，才知道我实在担任不了这个任务。因而特地写信给您，恳请贵社另找合适的主编。并特地请谷斯涌同志代我把这封信和留在我这里的一本半稿子专程送到贵社。"一向平和的叶至善为什么会作出这样的决定呢？原来他看过稿子后，"认为这部书还远远没有达到发稿的水准，如果印出来，一对不起读者；二对不起贵社（怕有损于贵社的声誉）；三对不起那些文学艺术作品的原作者，还有那些历史人物和科学家；四对不起我死去的父亲"。话说到这里就已经非常重了，叶至善接着说："我扪心自问，实在痛苦极了，甚至吃不好饭，睡不好觉。因而只能恳请贵社让我解脱，我实在当不了这部书的主编。……我再郑重说一遍：这一本半还没有达到发稿的水准。如果照这样发，我不能负担责任，切勿署上我的名字。"最后他诚恳地表示："我的话都说尽了，都出自肺腑。您是我的同行，一定能理会当编辑的苦衷。……附带说一句，请贵社不要付给我任何报酬。由于当时草率应承，我已经很对不起贵社了，我没有脸面接受任何报酬。请贵社尽快复信同意我的恳求，好让我放下压在心上的这块大石头。如果复信中有一两句表示谅解的话，对我来说，已经是莫大的安慰了。"①

　　面对这样恳切的话语，面对这样认真负责的老编辑，相信每一个当编辑的都会为之动容，并从中悟出很多编辑之道。

　　改革开放之后，叶至善在写作上也迎来了丰水期。特别是在退居

---

　　① 叶至善：《给总编辑同志的一封信》，载叶小沫、叶永和编：《叶至善集·编辑卷》，开明出版社 2014 年版，第 156—157 页。

二线，有了较多的可自由支配的时间之后，他的创作简直可以用"爆发"二字来形容。

首先，在科普创作方面。"文革"结束后，叶至善终于有机会释放心中积累的创作热情了，遂决心重返科普创作之路。这次他尝试以另一种文体切入，给青少年介绍古今中外杰出的科学家，把他们的思想感情和内心世界发掘出来，用小说的形式来表现，从而增强对读者的感染力。原本他计划至少写二三十位，但是由于种种原因，四年间只写就了《梦魇》、《夕照》、《诀别》、《祈求》、《权利》五篇。这五篇作品每一篇都堪称精品，所传达出的科学精神发人深省、引人深思，因而收录这几篇作品的科学家传记小说集《梦魇》接连荣获全国第二届优秀科普作品奖一等奖、第二届宋庆龄儿童文学奖二等奖等大奖。

叶至善一贯强调："编辑自己能写，跟作者约稿，看作者的稿子，出的主意，提的意见可以中肯一些；跟作者打交道，商量讨论，可以有共同的语言。""给少年儿童写科普，要特别注意启发。要用自己的笔把小读者探讨问题的积极性调动起来，引导他们去观察，去实践，去发现，去思考……"而他写科学家传记小说的动机即来自于此："长期编编写写，在工作中有所感触，也积累了一些材料，于是引起了写作的动机。我写那几篇以科学家的生活为题材的小说，就属于这种情形。"①

叶至善还回忆了创作这些科学家传记小说的过程："直到经过了'史无前例'的十年，'伤痕文学'出现了，大半写知识分子的遭遇。我才渐渐明白过来：知识分子原来还是可以写的，还是可以充当小说

① 叶至善：《准备和尝试》，载叶小沫、叶永和编：《叶至善集·编辑卷》，开明出版社2014年版，第103页。

的主角的。我于是把那些扔掉的题目一一回忆起来，像重温旧梦似的重新构思。时间耽搁了二十多年，我倒并不惋惜。因为年龄增大了，阅历随着增多了，尤其在那十年中，知识分子的遭遇确实是'史无前例'的，我见所未见，闻所未闻，大大增进了对知识分子的理解；在构思和写作的时候，常常有意无意地把他们的思想感情掺进我所写的那几位科学家的思想感情中去。如果这几篇小说写在二十多年前，成绩一定不如现在，一定更加概念化。当然也不能无限期地拖延下去，我已经快七十的人了，可以由自己支配的时间又这样少，想干什么都得抓紧干。以科学家的生活为题材的小说，我动员我的两个孩子帮忙，花了不少力气才写成了五篇，编成了一个集子叫《梦魇》，可以说作过尝试了。"①

《梦魇》这个集子是中国青年出版社于 1985 年 12 月推出的。叶至善为之写了一篇很长的后记，交代了创作这五篇科学家小传的前前后后。《梦魇》写的是达尔文得知华莱士将要先于他发表进化论时的思想波动。为了写好它，叶至善想法找到了所涉人物的照片，就连达尔文的乡间住宅和书房的照片也找来了。动笔之前，他还把达尔文的日记、书信和著作都读了一遍，并根据达尔文的传记给他列了一张年表。《夕照》写的是生物学家拉马克的故事。为了找拉马克的女儿柯妮莉娅的照片，叶至善颇费了一番周折，可惜最后也没能找到。《诀别》写的是殉道者布鲁诺的一生。为了确认布鲁诺被施以火刑的鲜花广场的位置所在，叶至善请教了几位到过罗马的朋友，最后麻烦叶至美带了一张罗马地图到中国国际广播电台，代他请教意大利专家才终

---

① 叶至善：《准备和尝试》，载叶小沫、叶永和编：《叶至善集·编辑卷》，开明出版社 2014 年版，第 108—109 页。

于搞明白。《祈求》写的是微生物学家巴斯德的故事。叶至善曾拜托法国朋友倪娃尔小姐在巴黎帮忙寻访有关巴斯德的画册和照片，得到了"法国人民的友谊和支持"。最后一篇《权利》，写的是居里夫人的故事。叶至善曾回忆道："结尾讲居里夫人第一次上讲台，日期和地点都是确凿的，阿佩尔院长的介绍词这样简单，居里夫人一开口就讲课，也都有据可查。"①

由以上可见，叶至善在撰写这些科学家传记故事的过程中，同样发挥了科学精神。叶圣陶这时虽已垂垂老矣，但仍始终关注着叶至善的创作，前三篇小说他都看过一遍，并指出了需要修改的地方，第四篇是念给他听的，他也提出了修改建议，最后一篇，叶至善出于不忍，没有再拿去烦老人家。②

《梦魇》一书署名为叶至善、叶三午、叶小沫著，首印1万册。叶至善在代后记《多余的话》中开头就表示："用短篇小说的形式介绍科学家，在我是一种尝试，我好像闯进了一个陌生的领域，感受很新鲜，到处都有乐趣。"随后详细叙述了该书的创作背景和创作过程，并解释了对署名的考虑。

《梦魇》出版后，受到了科普界的广泛好评。著名科普作家陶世龙写文章评论道："蔡元培曾经指出，欧洲科学的勃兴，实得力于培根从科学史入手，有力地宣传了科学精神。在西方，各种科学史的著述、科学人物的传记，这确是值得我们借鉴的，但是我们在这方面的

---

① 叶至善：《多余的话——〈梦魇〉后记》，载叶小沫、叶永和编：《叶至善集·编辑卷》，开明出版社2014年版，第302页。

② 参见叶至善：《多余的话——〈梦魇〉后记》，载叶小沫、叶永和编：《叶至善集·编辑卷》，开明出版社2014年版，第303页。

读物很少，读起来明白易懂、引人入胜的尤其少。现在作者找到小说这种形式，以人物为中心来铺陈科学的历史，是把学术大众化的一次创造。""《梦魇》的出版不只是给科普创作、出版界吹来一股清风，注入一股清泉，而这次它能得到肯定的评价和鼓励，无疑将有利于良好的科学的学风和文风的形成。而学风与文风，首先是知识分子特别是高级知识分子中的学风与文风的好坏，实与一代兴衰相关，我还从这个角度感受到了《梦魇》的积极意义。"①

1988 年 2 月，少年儿童出版社推出了叶至善的科普作品选集《竖鸡蛋和别的故事》。叶至善为这本书以《跟同道们谈心》为题写了一篇长长的后记，内中说道："给孩子们写科普文章，我打从 1945 年开了头，40 年来约莫写了 100 来万字。我想借选编这本文集，给自己结一下账，在科普创作方面作个交代。"②

该书首印 7100 册，推出后受到小读者的欢迎，于 1992 年 3 月加印了 20500 册。此书出版后，曾先后荣获上海优秀科普读物奖一等奖、全国第三届优秀科普作品奖荣誉奖。它之所以会广受认可，是因为叶至善在科普创作中始终坚持这样的原则："咱们给孩子写东西，编东西，得给自己立三条规矩：第一条，要跟孩子们讲清楚的事儿，先问问自己是否弄清楚了；第二条，要让孩子们感兴趣的事儿，先问问自己是否感到了兴趣；第三条，要让孩子们感动的事儿，先问问自己是否被这件事感动了。近来觉得，除了这三条之外还得加一条，就是咱们要求孩子们做到的事儿，先问问自己是否也打算这

---

① 陶世龙：《喜读〈梦魇〉》，《科普创作》1987 年第 6 期。
② 该文收入叶小沫、叶永和编：《叶至善集·编辑卷》，开明出版社 2014 年版，第 308—315 页。

样做。"①"我特别注意孩子们的理解能力和阅读兴趣，尽可能写得让他们喜欢读，读得懂。我还尽可能避免采用老师讲课的方式，想方设法诱发他们跟我一起思考。任何问题经过自己思考，方能得到更多的乐趣和较深的理解。因而我尽可能用文学的笔调来写科普文章，尝试着采用孩子们喜闻乐见的种种文学形式。……我还特别注重运用插图，尽可能把插图设计得既美观，又能说明问题。跟孩子们讲科技知识，一幅精心设计的插图，效果往往胜过一大段冗长的文字。"②

1990 年，基于骄人的科普创作成就和巨大的社会影响力，叶至善被选为中国科普作家协会理事长。在他的任期内，协会各项工作稳步发展，中国的科普创作也蒸蒸日上，达到了一个新的高度。

其次，在散文创作方面。1983 年 9 月，叶至善、叶至美、叶至诚三兄妹于 20 世纪 40 年代出版的两本书《花萼》和《三叶》迎来了再版：生活·读书·新知三联书店将两本书合而为一，推出了《花萼与三叶》一书。叶至善为此写了一篇重印后记，内中说道："今年我们三个的年龄加起来恰好是一百八十岁，还能在父亲跟前练习写作，一定使许多年轻朋友感到羡慕。其实父亲教给我们的主要是两条守则：一条是写的时候要写自己的话，一条是写完之后要自己用心改。我们愿意把自以为受到好处的这两条守则，贡献给愿意学习写作的年轻朋友们。"③

---

① 叶至善：《给自己立的规矩》，载叶小沫、叶永和编：《叶至善集·编辑卷》，开明出版社 2014 年版，第 13 页。

② 叶至善：《〈科普杂拌儿〉后记》，载叶小沫、叶永和编：《叶至善集·编辑卷》，开明出版社 2014 年版，第 322—323 页。

③ 该文收入叶小沫、叶永和编：《叶至善集·编辑卷》，开明出版社 2014 年版，第 288—289 页。

　　1984 年 8 月，生活·读书·新知三联书店趁热打铁，接着推出
了叶至善、叶至美、叶至诚三兄妹的新散文集《未必佳集》。该书收
入了 1979 年以来三兄妹新写就的散文，照例由叶至善写了一篇自序：
"这是我们三个的第三本习作选集，以'未必佳'作为集子的名称是
我出的主意。""'未必佳'出于《世说新语》。孔融十岁时候能说会道，
受到司隶校尉李膺和他的宾客们的一致称赞，只有太中大夫陈韪说了
一句：'小时了了，大未必佳。'孔融的嘴真厉害，马上回他一句：'想
君小时，必当了了。'说得陈韪目瞪口呆。《世说新语》把这个故事归
在言语类内。我年幼时看了这则故事也佩服孔融的敏捷，可是觉得陈
韪的话没有错：一则'未必佳'并非'必不佳'，所以孔融的逆向推
理是犯了逻辑的错误；二则呢，任何人在小时候都受过长者的称赞，
要是因此而自以为了不起，那就肯定会把自己的一生葬送掉。所以我
宁愿记住陈韪的话，何况我'小时'实在并不'了了'。""我想，用'未
必佳'作为这本集子的名称，可以提醒我们三个永远不要自满，而且
不限于在写作这一个方面。我把这个意思向至美、至诚说了，他们都
同意。"①

　　再次，在经典改写方面。1982 年，叶至善根据清代小说家李汝
珍的《镜花缘》改写成了一册故事书，题为《海外奇游记》，于 1983
年 11 月由中少社推出。叶至善为该书写了一篇序言，题为《向少年
读者们说明六件事儿》，结尾这样说："少年朋友读完了这本《海外奇
游记》，很可能还不满足，跟我小时候那样，想把《镜花缘》找来读
一读。能找来读一读当然很好，这部小说是用口语写的，是一百五十

---

　　①　该文收入叶小沫、叶永和编：《叶至善集·编辑卷》，开明出版社 2014 年版，第
294—295 页。

年前的口语，跟现在的相差不大，语言是不难懂的。可是作者是个博学的人，精通多门旧学问；他把他的学问都穿插在故事里，成了读者的绊脚石。我可以估计得到：你们开头看觉得沉闷；看到第八回以后就来劲儿了，可是中间还有不少绊脚石，只好跳过去；看到第四十一回就会碰上一块非常大的绊脚石，简直像一座山；硬着头皮跳过去再看，看到五十回以后，大概不得不半途而废了……"[①] 这就把他改写这部古典小说的出发点都说明白了。这项工作属于中国古代儿童文学资源的发掘与整理范畴，应该说是很有意义的。中少社的领导和编辑们对这本书非常重视，特意请了著名画家赵仁年为之插图。初版首印7.6 万册，后来多次重印，直到 1996 年仍在印行。

除了改写中国古典小说，叶至善还和叶至诚合作，依据胡仲持的译本改写了美国小说家斯坦培克的代表作《愤怒的葡萄》。该书由中少社列入"世界文学名著少年文库"，于 1987 年 2 月推出，首印 0.3 万册；到 1994 年 1 月实现第 4 次印刷，印到了 2.8 万册；2000 年，该书推出了第 2 版，又印了 1.1 万册。

最后，在诗歌鉴赏方面。叶至善于 1984 年写成了《诗人的心》一书。该书署名"叶至善写"，收入 30 篇诗歌鉴赏文章，由中少社于 1986 年 4 月推出，首印 0.5 万册。

叶至善为该书写了一篇"写者自白"[②]，说明"诗人的心"原本是 1945 年他和父亲叶圣陶筹办《开明少年》时，给少年朋友介绍诗歌

---

① 该文收入叶小沫、叶永和编：《叶至善集·编辑卷》，开明出版社 2014 年版，第 290—293 页。

② 该文收入叶小沫、叶永和编：《叶至善集·编辑卷》，开明出版社 2014 年版，第 305—306 页。

作品的一个栏目名,"把介绍诗的这一栏叫作《诗人的心》,我们是有用意的。我们不相信光靠辞藻和技巧能写出什么好诗来。一首好诗,一定是诗人的感情的真实的流露,他对生活的感受实在太深刻了,因而不得不用精粹的语言把他的感受表达出来。所以我们想,把好诗介绍给少年们,除了注释和讲解,还得引导他们,跟他们一同揣摩诗人的思想感情,揣摩诗人的心,这样做才能使他们的鉴赏能力和精神境界都有所提高。"后来,"没想到过了三十多年,我重新捡起了《诗人的心》这个栏目,又向少年们介绍起诗来,只是范围缩小了,只介绍我国的新诗……新诗反映了我国的新民主主义革命时代和社会主义建设时代,反映了在这一段伟大的历史时期中,我国人民的生活、斗争、思想、感情,这些都是现代少年应该了解的……"

捧读该书,我们会发现,叶至善是想借此教会少年朋友怎样去读、怎样去欣赏一首新诗。在这些鉴赏文章中,叶至善写了他所知道的创作背景,并尝试站在作者角度去体会作者当时的心情,写出自己对诗的理解,还有诗的句式和韵脚,甚至还写了该怎样去朗读。应该说,凡是能想到的和应该提到的,叶至善都写进去了,而语气是那样亲切,态度又是那样真诚,真称得上是少年读者的良师益友了。

从该书的选目来看,叶至善收入了刘大白的《两个老鼠抬了一个梦》、俞平伯的《忆》、胡适的《人力车夫》、徐志摩的《先生!先生!》、刘半农的《面包与盐》、郑振铎的《我是少年》、闻一多的《一句话》、刘延陵的《水手》、臧克家的《老马》等名家名作,也收入了一些名不见经传的诗人诗作。叶小沫曾特别指出:"与新中国成立前的十三篇不同,除了很少几位大家熟悉的诗人,很多作者都不大为人所知。而其中《你别问这是为了什么》这首诗的作者刘倩倩,竟是一位小学生,他的这首诗是在参加《中国少年报》的一次征文比赛时的获奖作品。诗中写一个看过安徒生童话的孩子，一直惦记着那个卖火柴的小女孩，要把自己得到的蛋糕、棉衣送给她，要和她一起唱世间最好听的歌。"①叶至善还曾在 1983 年年底写过一篇《谁都牵挂的那个小女孩》②，详细解析了小诗人刘倩倩和大诗人柯岩为卖火柴的小女孩写下的诗篇。

可惜的是，这本书出版后并没有受到预料中的欢迎，随着时间流逝，渐趋湮没无闻。但它的经典性是掩盖不住的，几年前诗人红柯重新发现了它，写道："从这本书中，我看到一颗纯真的诗人的心，一个时代的良知和良心。"③

2017 年 6 月，凝结着叶至善诸多心血的这部《诗人的心》的最新版，由陕西师范大学出版总社推出。

---

① 叶小沫：《爸爸和他的〈诗人的心〉》，载叶至善：《诗人的心》，陕西师范大学出版总社 2017 年版。
② 该文收入叶小沫、叶永和编：《叶至善集·散文卷》，开明出版社 2014 年版，第 273—276 页。
③ 红柯：《文学与教育》，载叶至善：《诗人的心》，陕西师范大学出版总社 2017 年版。

第十章

爱诵新词吟梅篇①

一、"老人家睡着了"

1988 年 2 月 16 日清晨，叶圣陶在北京逝世，享年 94 岁。

叶至善对父亲去世时的情景记得清清楚楚："那是 7 时 26 分。老人家睡着了，永远离开了我们。""我只觉得突然失去了依傍，茫茫然的，想不起这一个小时是怎么滑过去的。等几位护士来收拾过后，我们一同送老人家进了太平间。"②

---

① "爱诵新词吟梅篇"，引自叶至善：《咏梅》，载叶小沫、叶永和编：《叶至善集·创作卷》，开明出版社 2014 年版，第 546 页。

② 叶至善：《父亲长长的一生》，载叶小沫、叶永和编：《叶至善集·传记卷》，开明出版社 2014 年版，第 335 页。

那一年，叶至善也是 70 岁的老人了。虽然非常冷静，但情绪这东西有时是没法控制的……

叶至善是叶圣陶晚年最得力、最信赖的助手。

在文事方面，叶至善帮助父亲先后编成了《叶圣陶散文甲集》和《叶圣陶散文乙集》。叶至善和叶至诚兄弟联袂，为这两部集子各写了一篇《编后琐记》。①

叶圣陶生前凡事讲求亲力亲为，即使晚年倚重儿女们，大事小事都还是要自行决定。而他的身后之事，则只能由长子叶至善主持处理了。1988 年 2 月 29 日下午，叶圣陶遗体告别仪式举行，新华社为此发表了电讯稿《各界人士挥泪诀别五四文学运动最后一位元老　叶圣陶遗体告别仪式在京举行　党和国家领导人送花圈或参加告别仪式》。②

1988 年 12 月 8 日，叶至善一家人把叶圣陶的骨灰送到甪直安葬，12 月 31 日，叶至善给著名藏书家姜德明写了一封信，详细述说了当日情形："当时天灰蒙蒙的，飘了几点雨。吴县和苏州市的领导同志讲话之后，按惯例由我代表家属致答词。不知怎么的忽然悲从中来，竟泣不成声。勉强讲了几句，恐怕什么也没说清楚。"③ 叶至善是个不轻易表露感情的人，幸好有这封信，让我们得以窥见他在父亲去世后那深沉之至的悲痛心情。

---

① 这两篇《编后琐记》，均收入叶小沫、叶永和编：《叶至善集·编辑卷》，开明出版社 2014 年版，第 331、343 页。

② 电文全稿见《人民日报》1988 年 3 月 1 日。

③ 此信收入叶小沫、叶永和编：《叶至善集·散文卷》，开明出版社 2014 年版，第 91—92 页。

二、意拳拳尽力添砖瓦①

1977 年，面对即将到来的新时代，59 岁的叶至善豪情满怀，吟出了《贺新凉·望六书怀》，抒发了要再为编辑出版事业"意拳拳尽力添砖瓦"的心声。从这时起一直到退休的几年里，叶至善是这样做的；从退休到送走父亲叶圣陶的几年里，叶至善还是这样做的。送走父亲那一年，叶至善年已古稀，按常理是该歇歇了，可他每天仍忙着编编写写。

1986 年秋天，叶至善应江苏教育出版社之邀，开始编《叶圣陶集》。"父亲本来不太同意编，看我忙得不亦乐乎，坐到我书桌旁边的椅子上跟我说：'不要编了吧。没有一篇像个样子的，又都是旧东西，编来编去有什么意思。'我说：'也有很不错的呢，我拣篇短的念给你听听。'我念的是《一个朋友》。父亲听完了微笑说：'这一篇倒还可以。'我说：'记不起来了吧，是六十六年前写的哩。'此后，父亲不再唠叨了。他当时的笑容，永远深深地印在我的脑海里。"②

《叶圣陶集》头四卷发稿及时，调度得当，四册精装四册平装，赶在 1987 年 10 月叶圣陶过最后一个生日之前出齐了。当时江苏教育出版社的吴为公、缪咏禾特地赶来祝寿，把新出的书捧到了叶圣陶手边。叶圣陶脱下手套，挨本抚摩了一遍，没立时翻开来看，风趣地嘀

---

① "意拳拳尽力添砖瓦"，引自叶至善：《贺新凉·望六书怀》，载叶小沫、叶永和编：《叶至善集·创作卷》，开明出版社 2014 年版，第 537 页。

② 叶至善：《为了纪念——〈叶圣陶短篇小说集〉前言》，载叶小沫、叶永和编：《叶至善集·编辑卷》，开明出版社 2014 年版，第 399 页。

咕了一句："等我死后再出也来得及嘛！"

叶圣陶去世后，叶至善把对父亲的哀思寄托在了编辑《叶圣陶集》上。叶小沫曾在文章中写道："在'文化大革命'以后的20多年里，父亲把收集、整理和编辑爷爷的著作当成了最主要的工作，编辑爷爷的各种图书多达数十种。从1986年起，父亲花了八年时间编辑了25卷本《叶圣陶集》。从2001年起，他又花了五年时间对《叶圣陶集》作了修订和再版，并撰写了第二十六卷，以及34万字的长篇传记《父亲长长的一生》。"①

《叶圣陶集》第一版共25卷，从1987年推出前四卷开始，分批出版，直到1994年10月才出齐，齐展展地陈列在叶圣陶百年诞辰纪念大会上。

但是，由于种种原因，《叶圣陶集》第一版留下了"一大堆的遗憾"，这一点，叶至善在1995年3月29日举行的《叶圣陶集》出版座谈会上就直言不讳地说过了。②据叶至善总结，其出版周期之所以长达八年之久，主要是因为卷数超出叶至善的估算，对后半部分的编辑难度也估计不足。前头的10卷为文学部分，收入小说、儿童文学作品、散文、剧本、新诗和旧体诗词、创作论、文学评论等，叶至善兄妹做计划时心中有数，因而进展比较顺利。从第11卷开始，编教育和教学文集时，他们就碰上了难题——收集到的文章大大超出了预计，结果编成了2卷；接下来关于语文方面的篇数更多，以类

① 叶小沫：《爸爸叶至善：当了一辈子编辑》，《光明日报》2019年3月27日。此处文字表述有误，《叶圣陶集》第26卷的主体部分即叶至善所撰《父亲长长的一生》。

② 参见叶至善：《一大堆的遗憾——在〈叶圣陶集〉出版座谈会上的发言》，载叶小沫、叶永和编：《叶至善集·散文卷》，开明出版社2014年版，第152—153页。

相从分编成 4 卷；再往后，关于媒体文风和语言文字改革的论说，加上序跋，合编成第 17 卷；关于编辑出版的论说和实例，合编成第 18 卷；叶圣陶日记占了五卷，自第 19 到 23 卷；最后的第 24、25 卷是书信。全书总卷数超出估算四分之一，加上后头部分计划草率，文章大半得现抄，拖延了发稿日期，使得集子比预想的计划推迟了两年才出齐。

多卷本的图书最忌分批出版，断断续续，两卷一批，三卷一批，没个准信，不知拖到哪年哪月才算完。《叶圣陶集》偏偏犯了这个忌讳，前后分作 12 批才出齐。叶至善为此感到非常自责。愧疚之余，叶至善开始想办法解决这个问题。办法倒是有一个：书库里的存货虽然七零八落，但 25 副纸型是一副不少的，出版社只要全部重印一批，就能满足读者的需求了。可是此路不通。20 世纪 90 年代，北京大学教授王选的科研成果横空出世，将印刷工业由铅与火的时代一下子带进了光与电的时代，电脑排版取代了手工铅字排版，平版胶印取代了凸版铅印，排得的版子贮存在电脑里，可以随时输出，制成供胶印用的胶片，这样一来纸型就成了废品。由于胶印的效果优于铅印，字迹更清楚更美观，版式也来得更活泼生动，先前铅印的图书这时如果要重印，也得从电子排版重新做起了。

《叶圣陶集》当然不能例外，全书近 800 万字，排校一遍是多大的工程，叶至善心中有数。考虑到江苏教育出版社为《叶圣陶集》已经付出了许多的人力物力，叶至善实在不忍提出重印建议。

这样直到 2001 年 2 月底，缪咏禾突然打来电话，说《叶圣陶集》出到第 8 卷以后，剩下的 17 卷都只印了 2000 册，他们当初就有个想法，等出齐之后再一卷不落，全部重印一次。叶至善回说那当然好，可惜晚了，即使纸型还在，铅印的机器已全被淘汰，要重印非重新电排不可，太麻烦了。缪咏禾解释说不用担心，电脑重排其实并不费事，速度也快，还可以趁此做些必要的补充和改动。叶至善一听特别兴奋，马上说他会从头读一遍，而校对得全部拜托给出版社。缪咏禾答应一定负责到底，又说不用太急，哪天排齐就哪天开印，请叶至善千万量力而行，别把身体搞垮了。叶至善再三感谢了他的关心，"可是心里想，我还能做多少年呢？放下话筒，我立刻找出第 1 卷来从头读起。"①

两个月后，出于编者的责任感，叶至善写了一篇文章，详细地向读者交代了《叶圣陶集》为什么有这么多卷，为什么前后八年才出齐，为什么书店里买不到，出版社又迟迟不重印，为什么这一回重印的会不同于原先的版本，等等。②

2004 年 12 月，为纪念叶圣陶诞辰 110 周年，江苏教育出版社隆重推出了《叶圣陶集》第二版。全书由 25 卷增为 26 卷，编者署名仍为"叶至善 叶至美 叶至诚编"，总定价为 998.00 元。第 1 卷卷首是叶至善写的《〈叶圣陶集〉两个版本的说明》，文末就新增的第 26 卷作了详细的说明："个人的多卷集一般都有作者的传略，都有集内所收作品的索引。《叶圣陶集》的第一版没有这两者，不能不说是缺憾。为了弥补缺憾，把我才写得的《父亲长长的一生》充作传略；跟缪咏禾先生特地编的前二十五卷的《集名和篇名索引》搭配，编成了第二十六卷。"第 26 卷的版权页下部，还印有叶至善写的《〈叶圣陶集〉

---

① 叶至善：《〈叶圣陶集〉的两个版本》，《出版史料》2001 年第 1 辑。

② 此文即《〈叶圣陶集〉的两个版本》，写成于 2001 年 4 月 7 日，刊于《出版史料》2001 年第 1 辑。

第二版说明》，一共 6 条。

　　由此可见，叶至善为编好这套书真可谓使出了浑身解数。当时他和责任编辑缪咏禾的许多工作交流，主要通过电话和书信。2001 年到 2005 年间，叶至善写给缪咏禾几十封信，其中多是子女代笔的，但叶至善写的亲笔信也有 15 封之多，这些信件缪咏禾都精心保存了下来，后来于 2011 年编排、发表在《出版史料》上。[①] 读这些信件，入目皆是具体的编辑工作："我老是信不过自己，只怕后两本和前二本的排版格式不一样。请特别注意替我核对一遍……""年初看到样书，一翻就发现两幅插页错了，亏得还没开始装订，急忙抽换。错字据说还不多，我还挤不出时间来通读。这些话不要跟外人说。""谁见了我都让我休息保重，我不就总是这么过吗？"从中可以想见叶至善的编辑风范。关于这一点，与他合作二十多年的江苏教育出版社编审缪咏禾最有发言权：

　　　　每一卷原稿到我手里，展示之下总使我十分惊讶和感动，因为这样的原稿是我从来没有见过的。

　　　　一部分原稿是印刷品的剪贴，那就是常说的"剪刀加糨糊"。还有很多一部分是手抄的，原文如果有繁体字、异体字，一个个都改成了规范的简体字。每一页上都用红笔密密麻麻标了字体。……

　　　　最叫人惊讶的是，原稿每一段文字的右侧，至善先生都用铅笔标上了阿拉伯数字……仔细琢磨才知道，这是这段文字排成铅

---

　　① 参见《〈叶圣陶集〉编辑书简——叶至善致缪咏禾的信（十五通）》，《出版史料》2011 年第 3 期。

字后，将占版面的行数……原稿最后一页如果写的是"450"，就表示这本书排下来是450页，结果往往一点也不差。这就是说，这部书排出来是多少页，他都计算好了。

我做了50多年编辑，编过的稿子少说也有五六百种……像这样加工仔细的，仅此一见。问了其他同行，也没有一个看见过这样的原稿。作为责任编辑，简直没有什么要做的事了。……

圣陶先生自己说，他的职业是编辑，他不单是慧眼识别了巴金、冰心这样的一代巨匠，而且他还不惮劳苦地为作者修改病句，改错字，甚至为了让排字工人看得清楚，亲自将原稿誊清缮写。在至善先生交来的原稿中透露的，正是这种处处为别人着想的精神。这样的原稿不是一二百页，而是1万5千页，一二米高。我一直想，这部原稿值得陈列在"出版工作者之家"里面，出版工作者看到了，是会有所感触的。①

这里还要说说《叶圣陶集》的稿酬。签合同时出版社提出按国家规定的标准支付，叶家人都没提出意见。1979年年底，中国出版工作者协会成立，叶圣陶写了四首七绝祝贺。后来陈翰伯提议创办"出版者之家"，叶至善听了后回家跟父亲说了，叶圣陶非常赞同，欣然为"出版者之家"题写了匾额。叶至善于是跟至美、至诚商量，把《叶圣陶集》的稿费全部送给"出版者之家"。叶圣陶知道后非常高兴，说："我们一家，连你们的母亲在内，就是个出版者之家。"后来，"出版

---

① 缪咏禾：《和至善先生编〈叶圣陶集〉》，转引自叶小沫、叶永和：《襟怀孺子牛——叶至善小传》，载叶小沫、叶永和编：《叶至善集·传记卷》，开明出版社2014年版，第389页。

者之家"拖了好几年，才在三联书店新建的大楼顶层挂牌开张。《叶圣陶集》逐年的稿费，叶至善请民进中央的财务科给保管着，一共攒了二十多万元，等到叶圣陶百年诞辰纪念大会开过后，才收齐最后一笔，一并转给了"出版者之家"。①

除了《叶圣陶集》这部大部头外，父亲去世后，叶至善还为他编了 12 部小书。②

1988 年 7 月，上海三联书店推出了《叶氏父子图书广告集》。该书由叶家的老朋友欧阳文彬担纲责编，书名题字为叶圣陶亲笔，首印 2600 册。值得一提的是，该书封面作者署名为"叶圣陶 叶子善著"，把叶至善名字中间的字搞错了。想必当了一辈子编辑的叶至善、欧阳文彬拿到样书后，都会感到哭笑不得吧。

1989 年 7 月，叶至善应开明出版社之邀，"赶在父亲的第一个忌辰之前"，编出了《叶圣陶答教师的 100 封信》。该书署名为"叶至善编"，首印 3.5 万册。叶至善为该书写了一篇前言，文末说："我借此向各位长辈各位老师各位朋友恳求，如果您手上保留着我父亲写给您的信，请复印一份或抄写一份寄给我，好让我在编《叶圣陶集》的时候选用。"③足见他当时真是无时无刻不记挂着要把《叶圣陶集》编好。

---

① 参见叶至善：《父亲长长的一生》，载叶小沫、叶永和编：《叶至善集·传记卷》，开明出版社 2014 年版，第 320 页。

② 叶圣陶去世前，叶至善已为其编辑了好几部书，如《叶圣陶论创作》（上海文艺出版社 1982 年版）、《叶圣陶序跋集》（生活·读书·新知三联书店 1983 年版）、《我与四川》（四川人民出版社 1984 年版）、《叶圣陶读本》（上海教育出版社 1987 年版）等，叶至善还亲自为《我与四川》设计了封面。

③ 叶至善：《〈叶圣陶答教师的 100 封信〉前言》，载叶小沫、叶永和编：《叶至善集·编辑卷》，开明出版社 2014 年版，第 361 页。

1989 年 11 月，叶至善应北京教育学院之邀，编成了一册《叶圣陶中小学生作文评改举例》。该书的底本是叶圣陶当年为北京市小学生评改的征文集，对语文教师很有帮助，成书后由开明出版社于 1990 年 9 月推出，署名为"叶圣陶评改、叶至善说明"，并附有一篇叶至善写的前言。①1992 年 8 月，该书第二次印刷。

1992 年 12 月，叶至善应邀编成了《名家品书·叶圣陶篇》。《名家品书》后由海天出版社于 1994 年 12 月推出，精装上下册，内分胡适、茅盾、叶圣陶、郑振铎、巴金、老舍等六篇，每篇各收录几十篇文章。叶至善在为《名家品书·叶圣陶篇》写的编后记中开头就说："编这一本我父亲的'谈书录'，是应泰昌同志的约。……我答应了，答应得不怎么爽利，因为我父亲是一向反对'炒冷饭'的。可是人家已经安排停当了，我愣不答应，不是故意拆台吗？冷饭就再炒一回吧，但愿能炒出点儿新花样来，别让读者看着就觉得腻味。"结尾则说："20 篇评介文章，7 篇序言，35 则广告词，拼凑成了这本'谈书录'。真个成了一盘什锦炒饭，祝读者胃口好。"②

1993 年 8 月，叶至善整理了叶圣陶手抄的鲁迅诗作，编成了一册《鲁翁诗抄》，当年 10 月与《叶圣陶篆刻》一并由华夏出版社推出。叶至善为该书写了一篇短跋，结尾说："明年十月廿八，是父亲的百岁诞辰。影印父亲手抄的鲁迅先生的诗，一则为了纪念父亲，二则给喜欢鲁迅先生的诗的朋友们提供一个大字的本子。我也眼睛花了，很

---

① 该文收入叶小沫、叶永和编：《叶至善集·编辑卷》，开明出版社 2014 年版，第 362—364 页。

② 该文收入叶小沫、叶永和编：《叶至善集·编辑卷》，开明出版社 2014 年版，第 365—366 页。

怕读五号字的铅印本。"①

　　1994 年夏，叶至善应上海文艺出版社之邀，选编了一册《中国现代名作家名著珍藏本——叶圣陶·教育小说》。该书于当年 12 月出版，署名为"叶至善选编"，叶至善专为此书写了一篇序言，其中说："我考虑来考虑去，结果还是袭用了人家早就用过的《教育小说》。我知道父亲如果还在，他是不会同意的。他会说：'《教育小说》，是教育读者的小说呢，还是跟读者讨论教育的小说？你没交代明白。'的确没交代明白，我只是划定个范围，告诉读者这本书选的，只限于取材于教育界的小说……不再多说什么了，父亲一向不赞成给语文课本的选文作冗长琐屑的题解。他会对我说：'我想告诉读者的都写下来了，用不着你多啰唆了。'"② 由此可知，叶至善在编选这部集子的时候，心里是时刻想着父亲叶圣陶的。

　　1995 年夏，叶至善应河北少年儿童出版社之邀，选编了一册《叶圣陶作品精选》。该书于 1996 年 8 月出版，在为该书写的序言中，叶至善详细地述说了自己对父亲的这些作品的阅读体会。

　　1996 年年底，叶至善应宁夏人民出版社之邀，编了一册《叶圣陶童话故事集》。该书于 1998 年 9 月出版，共收入 24 篇童话和 2 篇小说。叶至善为该书写了一篇编者说明，还对选入的 24 篇童话一一进行了评述。

　　1998 年年初，叶至善应湖南文艺出版社之邀，编了一册《叶圣

---

　　① 该文收入叶小沫、叶永和编：《叶至善集·编辑卷》，开明出版社 2014 年版，第 367—368 页。

　　② 该文收入叶小沫、叶永和编：《叶至善集·编辑卷》，开明出版社 2014 年版，第 371—373 页。

陶短篇小说集》。该书出版于 1998 年 4 月。叶至善在为该书撰写的前言《为了纪念》中写道："明年二月十六日，父亲去世满十周年了。为了纪念，我选编了这一本父亲的短篇小说集。"

2001 年 9 月，叶至善应文汇出版社之邀，编选了《学生阅读经典——叶圣陶》。该书于 2002 年 1 月出版，共选入 10 篇童话、14 篇小说、11 篇散文和 9 篇文艺谈，署名为"叶圣陶著、叶至善选编"。

2002 年 1 月，花山文艺出版社推出了《暮年上娱——叶圣陶、俞平伯通信集》，作者署名为"叶至善、俞润民、陈煦编"。书中收录了两位老人在 1974 年到 1985 年之间的通信，书名"暮年上娱"，即是叶、俞对这些信件的自我评述。有学者曾撰文指出，这部通信集为世人集中呈现了"暗淡岁月"中的文人传统。①

2003 年 9 月，福建人民出版社推出了《涸辙旧简——叶圣陶、贾祖璋京闽通信集》，作者署名为"叶至善、贾柏松编"。书中收录了两位老人家于 1970 年至 1982 年间的通信二百余封，具有很高的史料价值。编辑这部书时，叶至善已 84 岁高龄，仍亲笔为该书写了一篇长达七千多字的前言。这篇前言本身亦是珍贵的史料，内中提及开明书店诸多旧事，值得治出版史者重视。②

除以上编辑作品外，叶至善还为父亲的书写过大量的序跋。《叶至善集·编辑卷》专门收录了一辑这类文章，题为《写给父亲的书》，有近 30 篇之多，可以想见他为此花费了多少心血。而叶至善即便为

---

① 参见鲍良兵：《"暗淡岁月"中的文人传统——以〈暮年上娱——叶圣陶、俞平伯通信集〉为中心》，《中国现代文学研究丛刊》2015 年第 11 期。

② 该文收入叶小沫、叶永和编：《叶至善集·编辑卷》，开明出版社 2014 年版，第 403—411 页。

父亲做了这么多，却犹觉不足，又用一生中最后的时光，写成《父亲长长的一生》，以这一卷书香为父亲树起了一座永恒的纪念碑。

2003 年 1 月，在用近两年的时间完成《叶圣陶集》第一版重修工作后，叶至善随即投入《父亲长长的一生》一书的写作。接下来的一年多里，叶至善终日伏案，以致积劳成疾，书一写完就病倒了，于2006 年 3 月 4 日病逝。

能够在暮年写成此书，叶至善心里倍觉欣慰之至，曾在 2004 年10 月 18 日写给欧阳文彬的信中说："我也有可以骄傲的，《父亲长长的一生》，已于八月中旬完稿，约三十三万字。"① 据叶小沫回忆，叶至善生前说过，为父亲叶圣陶写好传记是他最大的心愿，"如果我走了，就没有人能写了"②。欧阳文彬亦曾回忆说："《叶圣陶集》二十五卷，几乎耗尽了他的心血。接下去，他又动手写叶老的传记，直到2004 年，他本人也已 86 岁高龄的时候，终于完成了 30 万字的《父亲长长的一生》。他为父亲长长的一生画上了句号，他自己也像春蚕一样把丝吐尽了。"③

叶至善之所以会不顾自己已是风烛残年，仍坚持为父亲写传记，首先因为他实在是一个重情重义的人。"文革"后，欧阳文彬被借调到北京三联书店，负责编《夏丏尊文集》。夏丏尊一生淡泊名利，写稿从不留底，发表后也不保存、不记录，连他的家人也一无所知，唯一的一本《平屋文集》还是当年在朋友们的怂恿下印行

---

① 此信收入叶小沫、叶永和编：《叶至善集·书信卷》，开明出版社 2014 年版，第388—389 页。

② 叶小沫：《爸爸叶至善：当了一辈子编辑》，《光明日报》2019 年 3 月 27 日。

③ 欧阳文彬：《文彬附言》，载叶小沫、叶永和编：《叶至善集·书信卷》，开明出版社2014 年版，第 391 页。

的。这使得欧阳文彬感到很苦恼,觉得要为夏丏尊编好文集简直无异于无米之炊。想到叶至善是夏丏尊的女婿,欧阳文彬于是跑去求助。果不其然,叶至善不但为她提供了很多线索,还建议她循着夏丏尊生前的足迹,从当地报刊上去查找他早年的旧作,并走访他当年的学生和有关人士,为夏丏尊编一个年谱。欧阳文彬非常感念叶至善当年给予的帮助,曾回忆说:"这一套《夏丏尊文集》几乎是至善兄把着我的手完成的。夏丏尊年谱也是经他反复修改、补充而定稿的。"①

对岳父的身后事尚且如此尽心,对待自己的父亲就更不必说了。更何况叶圣陶堪称完美父亲,一生中对叶至善关怀备至。这方面的例子不胜枚举,如 1982 年 5 月,叶至善已是 65 岁的老人了,父亲叶圣陶仍给他改稿子,并对他的新作大加赞赏:"至善作一文,记当年《抗战八年木刻选集》之详细经过情形,将付与《新文学史料》刊载,今晨交来,余看之改之,至午睡起来一小时后而毕。此篇言木刻选集出版之迅速,种种设计之用心用力,开明同人之协力合作,皆足为今时出版界之针砭。余戏言此篇可得八十分。"②

再如 1982 年 7 月 15 日,叶至善读了杨绛的《倒影集》后,激赏不已,提笔写了一篇《读了〈倒影集〉》③。叶圣陶读过后,非常细致地提出了修改意见。17 年后,叶至善无意中看到叶圣陶当年给他这篇

---

① 欧阳文彬:《文彬附言》,载叶小沫、叶永和编:《叶至善集·书信卷》,开明出版社 2014 年版,第 390—391 页。

② 叶圣陶:《北游日记》,载叶至善、叶至美、叶至诚编:《叶圣陶集》第 23 卷,江苏教育出版社 2004 年版,第 438 页。

③ 该文收入叶小沫、叶永和编:《叶至善集·散文卷》,开明出版社 2014 年版,第 265—267 页。

文章提意见的两张纸，感动之余，将此事记于《父亲提的修改意见》^①一文中："意见写在失了时效的旧文件背面，用的塑料软笔，字有桂圆大小，都歪歪斜斜的。真个难为了我的老父亲，都八十八了，视力又极度衰退，看稿子光戴老花镜不够用，还得左手拿个放大镜。最后两条意见写不下，翻转来写在旧文件的边缘上。"这篇文章详细记录了叶圣陶是怎样帮叶至善改稿的，堪称编辑示范之作，有兴趣的读者不妨找来参看。

说到叶圣陶、叶至善父子间的感情，还是叶小沫总结得好："人们常用父爱如山、父子情深来形容父子之间的爱，而这远远不能描摹爷爷和父亲间的情感。父亲和爷爷一起生活了 70 年，一起经历了所有的家事国事。在生活上他们俩是父子……在学习上他们俩是师生……在工作上他们俩是同事，一起编辑书刊，一同讨论工作中遇到的各种问题。平日里他们俩是朋友，喝酒聊天相知相伴。我们常常会为爷爷和父亲间的情义感动，不知道该用怎样的话来表述这对父子间的爱，现在想想还是父亲自己说得好。他说：直到父亲过世，我才突然感觉到失去了倚傍——70 年来受到的关心和教育从此中断了。"^②

叶至善本人亦曾在 1986 年写的一篇文章中，深情地总结了父亲所给予他的恩典："常有人问我：'你父亲是怎样关心你，教育你的？'我说我说不清楚。关心和教育往往是无形的，跟空气一样，大家无时无刻不在呼吸，可是谁也没有感觉到自己生活在空气的海洋中。"^③

---

① 该文收入叶小沫、叶永和编：《叶至善集·散文卷》，开明出版社 2014 年版，第 161—165 页。

② 叶小沫：《爸爸叶至善：当了一辈子编辑》，《光明日报》2019 年 3 月 27 日。

③ 叶至善：《改诗》，载叶小沫、叶永和编：《叶至善集·散文卷》，开明出版社 2014 年版，第 116 页。

我们知道，叶氏父子俩还是世间最令人羡慕的一对父子酒友。从抗战后期在成都起，叶至善就每天都陪父亲喝酒，除了"文革"中他被下放干校的那三年，父子俩在一起喝了近半个世纪的酒。2002年，84岁的叶至善回想起当年和父亲把酒论诗的情景，不觉泪眼婆娑，写了一篇《陪父亲喝酒》，结尾这样说道："真个是陪父亲喝酒的好谈资，可惜到明年二月十六日，父亲去世已满十五年了。我是个彻底的神灭论者，决不会在父亲的遗像前供上一杯白兰地；可是写到这里，竟抑不住眼泪。"①

而作为叶圣陶的长子，叶至善对自己的身份和所肩负的历史责任，都有清醒的认知。叶圣陶去世后不久，叶至善写过一篇《三则"叶老"的故事》②，回忆了自己被误认为是父亲叶圣陶的几件旧事。此文行文仍是一贯的散淡风格，但字里行间透露出了叶至善的自省，显示出他对自己身为叶老长子自应有所担当的认知。1992年，叶至诚去世，叶至善在前往南京奔丧的路上，又反思了自己作为叶老之子的人生得失："'叶圣陶的儿子'这个称谓，别人在介绍我的时候也经常用，甚至报纸上也出现过，我不免稍稍有点儿不快。父亲给我的好处是说不完的，真个是报不尽的'三春晖'，所以我尽力按父亲希望的那样做人编书作文，却不愿意把父亲的名字做幌子。我知道别人并无奚落我的意思，只是为了介绍时方便。"③

---

① 该文收入叶小沫、叶永和编：《叶至善集·散文卷》，开明出版社2014年版，第174—176页。

② 该文收入叶小沫、叶永和编：《叶至善集·散文卷》，开明出版社2014年版，第82—83页。

③ 叶至善：《至诚终于先去了》，载叶小沫、叶永和编：《叶至善集·散文卷》，开明出版社2014年版，第354页。

正是出于对父亲的怀念，和要给世间留下一部最为可信的叶圣陶传记的心愿，叶至善于 2003 年 1 月开始了《父亲长长的一生》的写作。那一年，他已经 85 岁了，身体已经相当虚弱，走路需要人搀扶，起居也需要人照顾了。但是他却鼓励自己说："时不待我，传记等着发排，我只好再贾余勇，投入对我来说肯定是规模空前，而且必然是绝后的一次大练笔了。"就这样，叶至善凭着对父亲的热爱，凭着一份不可推卸的责任，拼尽了全身的力气，以每天千字左右的速度，写完了他一生中最长也是最后的一部作品。

在写这本书的一年多里，叶至善顾不上越来越糟糕的身体，抛弃了一应琐事，全身心地沉浸其中，没日没夜地赶写。等他把写好的文章交给江苏教育出版社时，唇下那浓密、雪白的胡须竟已有一尺多长。这时候他终于可以松一口气了，可就像气球一下子泄了气，再也起不来了。他病倒了，住进了医院，从此没有离开医院一步。

2004 年年末，叶至善在北京医院的病床上看到了新出版的《父亲长长的一生》。他把书送给曾为他和父亲都动过手术的老院长吴蔚然，说："我父亲对我的关心和教育使我受益终身，我应该写一本书来纪念他。"这看似平淡实则饱含深情的话道出了他的心愿：写一本书献给亲爱的父亲。

《父亲长长的一生》除被收入《叶圣陶集》外，单行本亦由江苏教育出版社于 2004 年 12 月推出，署名"叶至善写"。

这本书共 94 章。写作过程中，叶至善用的是青少年时就已熟练的散文笔调，而且非常注意笔法，如在第 65 章写道："如今接下去写父亲的后半生，主要仍然写我的回忆。摘抄父亲日记上的片言只语是免不了的，有些还必不可少。但是我必须时刻记住，写和编毕竟是两回事，我是在写，而不是给我父亲那五年的日记编另一个节本。"①

而在整个写作过程中，叶至善还时时会想到父亲若是能看到这些文字的话会有什么反应。如全书的最后叶至善写道：

> 老人家不会回来了，我的《父亲长长的一生》该收场了。如果我父亲见到了我写的，会怎样说呢？先说我不该写。这是可以肯定的。看了千把字，老人家也许会说："用这样的笔调写父亲一生的行状，倒还没有见过。"要是真个这样说了，就倾向于认同了，等于夸奖我的想法还有点儿新意。表现在行动上，老人家就孜孜不倦地帮我修改：问我这儿要不要改，那儿该怎么改。《父亲长长的一生》长达三十多万字，够他老人家折腾的。如果最后说，"给个六十分还是可以的"，我就非常非常满足了，真个像小时候自己爬上了凳子，得到了"成功的喜悦"。已经写得够啰唆的，还添上这段可有可无的空话，实在情不自禁。请读者诸君原谅。②

《叶圣陶集》的责任编辑缪咏禾也是《父亲长长的一生》单行本的责任编辑，他称赞该书说："这本书是至善先生晚年创作的一个高峰。该书的主要价值是，它叙写了上个世纪中一个中国文化人的心路历程和道德风貌，展示了传主叶圣陶和国家、社会、事业、家庭等众多人际间的丰富关联和互动，书中叙写的种种人和事，既是对历史的

---

① 叶至善：《父亲长长的一生》，载叶小沫、叶永和编：《叶至善集·传记卷》，开明出版社 2014 年版，第 229 页。

② 叶至善：《父亲长长的一生》，载叶小沫、叶永和编：《叶至善集·传记卷》，开明出版社 2014 年版，第 336 页。

记述，又对今天精神文明建设具有极大的传承意义。……其记述的真实性当然不必说了，更重要的是，丰沛的父子深情，却纯化凝聚成淡淡的白描，不事雕琢，绝无夸饰，读来却倍觉醇厚。在传记文学中，这样的笔调最是难能可贵的，读来叫人不肯释卷。"①

出版家汪家明读了该书后赞许道："我敢说，这是最好读的传记作品，是无法模仿、无法取代的一代文人的信史，是技巧高妙、独具风格的文学杰作。……全书绝无拔高父亲之语，反之，对坊间一些想当然的赞誉，还进行了更正。""说这本书好读，首先是它的写法轻松，不正襟危坐，像拉家常。""说这是一部文学杰作，无论语言还是描写，都有独到之处。我只抄这么一段：'回到镇上已经上灯了，父亲把我带到一家菜馆，拣张靠墙的桌子坐下……走出菜馆，向东不远出了光福镇，登上一条不太高的大石拱桥，桥的左首正对太湖。那天恰好是阴历十六，一轮明月已经升起，天上没有一片云，浩浩渺渺的太湖被照得上下通明。我跟父亲坐在石栏上看了许久，直到身上觉得凉了才回旅馆休息。那石拱桥叫作虎桥，说是吴王阖闾饲养老虎的地方。'我很惊奇书中描写的五六十年前的情景，那样多细节和故事，以及诗词、挽联、书信、文章，全都历历在目一般。可见作者做了多么充分的准备。"②

综上可知，堪称叶至善晚年绝唱的《父亲长长的一生》，不光具有非常重要的史料价值，而且还确乎是一部感人至深的文学作品。

---

① 转引自叶小沫、叶永和：《襟怀孺子牛——叶至善小传》，载叶小沫、叶永和编：《叶至善集·传记卷》，开明出版社 2014 年版，第 393 页。

② 汪家明：《父子合作的一个奇迹》，《文汇报》2015 年 10 月 30 日。

三、红紫万千迷人眼①

在忙于为父亲立传的同时,叶至善也会抽空照拂一下自己的园地。在他的辛勤耕耘与精心培育下,其编辑出版、文学创作和科普写作这三个花坛都开满了鲜花,一眼望去,但见红紫万千。

首先,让我们来看看编辑出版这个芬芳馥郁的花坛。

在这个花坛里,除了栽植着《叶圣陶集》这一奇葩外,还绽放着叶至善在各种会议上所作的讲话、为各种书刊撰写的序跋和评论,以及围绕编辑出版工作所发表的信件、建议等佳卉,可谓洋洋大观。

1981年8月6日,叶至善应邀出席科普报刊编辑出版座谈会,以《继承传统和发挥创造力》为题发表谈话,提出科普编辑工作者应研究一下鲁迅先生、吴研因、陈衡哲、陈望道等老一辈作家在科普方面的贡献,在继承传统的基础上,"最大限度地发挥各自的创造力",从而"别出心裁,各自把自己编的报刊编出特色来"。②讲到鲁迅时,因时间关系,叶至善没有展开,意犹未尽之下于一个月后写了一篇《鲁迅先生论科普》。该文从鲁迅著作中摘出了四段论及科普的文字,结合个人经验谈了体会,目的在于"跟编辑科普报刊的同行一同学习"③。

---

① "红紫万千迷人眼",引自叶至善:《贺新凉·望六书怀》,载叶小沫、叶永和编:《叶至善集·创作卷》,开明出版社2014年版,第537页。

② 叶至善:《继承传统和发挥创造力——跟科普报刊编辑的谈话》,载叶小沫、叶永和编:《叶至善集·编辑卷》,开明出版社2014年版,第25—31页。

③ 叶至善:《鲁迅先生论科普》,载叶小沫、叶永和编:《叶至善集·编辑卷》,开明出版社2014年版,第37—39页。

　　1982 年 9 月，叶至善还应邀为科普报刊编辑记者学习班授课，为之撰写了一篇长达万字的讲稿。在这篇讲稿中，叶至善强调了编辑方针的重要性；指出编辑的一切工作都是为了读者，为此要到读者中间去，要认真阅读读者来信，以便加深对读者的了解；总结了向作者约稿的经验与教训；提醒编辑工作切不可粗心大意，要规避知识性、技术性、文字性错误，就要努力充实自己，并争当擅长补台的"戏抹布"；鼓励编辑在自己编的报刊上写稿子，而且要给稿费，指出如果编辑成了知名的作家，那也是报刊的光荣；还谈了编辑应树立职业自豪感，驳斥了编辑是为人作嫁的消极思想。这篇讲稿是叶至善宝贵经验的总结，已成为科普编辑界的必读文献。其中提到的一些案例，至今仍在编辑圈里广为流传："'目的论'，在讲生物的生态和习性的文章中是最容易犯的，如昆虫的'拟态'是为了欺骗敌人之类。好像昆虫不但有思想的器官，还能做出欺骗敌人这一极为复杂的思维活动；而且它们的思维竟有这样的力量，能改变自身的形态。这当然是错误的，哲学上叫作'唯意志论'吧。作者可能出于无心，或者想写得生动一些。可是从文字上看，'为了欺骗敌人'，'为了'和'欺骗'都错了。'为了'在写生物的文章中经常出现，会潜移默化地使读者造成根深蒂固的许多模糊概念，咱们怎么能不郑重对待呢？又如近来有好些报刊，突然对螳螂在交配后公的让母的吃掉这件事感到了兴趣，什么'痴情'啦，什么'情杀'啦，大做其文章。鲁迅先生早就指出来了，把人的社会道德准则硬套在动物身上是极不严肃的。从另一方面说，渲染什么'痴情''情杀'，对咱们这个社会有什么好处呢？母螳螂在交配以后把公螳螂吃了是事实，并不是不可以讲，就用鲁迅先生那样讲法：因为肚子饿了，这是生理的需要，绝非谋杀亲夫。"① 像这样的条分缕析文中还有不少，充分展现了叶至善的深厚学养和严谨态度。

1983年4月18日，叶至善应邀参加周振甫先生从事编辑工作50周年纪念会，以《编辑的光荣》为题作了发言。在发言中，叶至善由衷地说："我是一定要到会的，一则代我父亲向振甫先生当面致贺，二则我心里有说不完的高兴，想在会上表达一下。大家都知道，振甫先生对古典文学有很深的造诣，著作非常丰富，如果用木版印刷叠在一起，高度何止等身。但是现在不是祝贺他学术活动几十年，也不是祝贺他写了几百万字的著作，而是祝贺他从事编辑工作五十年，也就是为读者服务五十年。开这样一个会，我想所有的做编辑工作的同志都会感到高兴的，而我就是其中的一个。我祝愿振甫先生永远自强不息，一直干下去，再干个几十年。""是不是可以这样说，振甫先生就是'开明人'的标本之一呢！他把编辑工作当作一回事干，郑重其事地干，克勤克俭地干，并且一直这样干下去，即使没有人知道，振甫先生也老老实实地照旧干下去。""我一定要向前辈学习，向振甫先生学习，至少要做到无愧于读者。因为我想，如果能努力做到无愧于读者，也就无愧于我们可爱的祖国了。"② 这些话语都很平实，但相信对每一个心怀梦想的编辑出版从业者来说，都堪称振聋发聩。

1984年11月12日，叶至善应中华职业教育社之邀，在福建福州作了一个长篇讲话。在这篇讲话中，叶至善系统地总结概括了父亲

---

① 叶至善：《编辑科普刊物的体会——在科普报刊编辑记者学习班上的讲稿》，载叶小沫、叶永和编：《叶至善集·编辑卷》，开明出版社2014年版，第50—63页。

② 叶至善：《编辑的光荣》，载叶小沫、叶永和编：《叶至善集·编辑卷》，开明出版社2014年版，第70—71页。

叶圣陶的语文教学主张，如"教是为了达到不需要教"，"听、说、读、写要并重"，"反对'满堂灌'"，"文学作品不是'闲书'，读文学作品不是为了消遣"，"写作训练必须养成修改的习惯"等等。[①]到1986年4月，叶至善又写了一篇文章，就写作和阅读两个方面，系统总结了岳父夏丏尊的语文教学主张。[②]

1985年1月，为纪念《中学生》杂志创刊55周年，《中学生》编辑部召开了编辑、作者、读者叙谈会。老友新朋，群贤毕至，洋溢着一片节日的气氛。叶至善以全国政协副秘书长的身份参加叙谈会，并发表了热情洋溢的讲话。[③]这次的讲话稿没有记录，叶至善后来曾于1989年、1998年就《中学生》杂志写了两篇文章《我编〈中学生〉的那些年》、《〈中学生〉杂志的〈文章病院〉》，[④]系统总结了其编辑经验。

1985年10月21日，叶至善应邀参加装帧艺术研究会成立大会，以《开明书店的装帧》为题作了发言。他开头就声明说："方才大会主持人加给我的两个头衔都取消。我是个编辑。我生在一个编辑的家庭里，已经当了四十年编辑，而且还要当下去。我珍惜编辑这个头衔，而且引以自豪。"接下来就谈到了装帧设计的重要性："装帧艺术研究会成立大会的请柬，我是三天前收到的。我非来不可。因为一个编辑，他如果不重视装帧艺术，不喜爱装帧艺术，对装帧艺术的发展

① 叶至善：《关于语文教学的一席话》，载叶小沫、叶永和编：《叶至善集·编辑卷》，开明出版社2014年版，第72—91页。
② 参见叶至善：《给爆竹安上药线》，载叶小沫、叶永和编：《叶至善集·编辑卷》，开明出版社2014年版，第139—141页。
③ 参见庄之明：《〈中学生〉杂志六十年》，《编辑学刊》1990年第4期。
④ 均收入叶小沫、叶永和编：《叶至善集·编辑卷》，开明出版社2014年版，前者见第164—165页，后者见第199—202页。

漠不关心，不支持装帧艺术的研究，他就算不上一个合格的编辑。"①

　　1985 年 11 月，叶至善代表包括父亲叶圣陶在内的身在北京的开明书店的老同事，在开明书店创建 60 周年纪念会上发言。在这篇发言中，他简明扼要地总结了办好出版社的三个条件：第一要有好编辑，第二要有好作者，第三要有好书。② 这对今天的出版经营管理者来说，仍有着现实的参考意义。

　　1986 年 9 月 16 日，叶至善应邀参加科普报刊座谈会，作了题为《编辑工作的回忆》的发言。在这篇发言中，叶至善主要回顾了过往的编辑职业生涯，也提及了自己当下的编辑生活："有的同行开玩笑说：'老叶现在是投笔从政了。'我可舍不得放下手中的笔。中少社的工作，在五年前我就交了班，但是有空还得去跑跑，交流些信息，帮着出些主意，每年还审读几部稿子，写几篇序言或者评介，偶尔编发一两部稿子：我还是'中少'的人嘛，总得多少为'中少'尽点儿力。老朋友老同事要我看点儿写点儿什么，我一般也都应承。只是跟他们说，我只能帮点儿小忙，大忙实在帮不了，因为我想把我父亲的著作全部整理一下，字数估计在一千万以上，需要花很多的时间和精力。此外，我还想编一些写一些多年来想编想写的东西。就拿今年这最后四个月来说吧，我至少还要发一百万字的稿子，指标是我自己定的，已经答应了出版社。这四个月内还得参加多少天会，出多少天差，现在没法预计，总之在九月份，可以让我自己支配的时间算起来已经不

　　① 叶至善：《开明书店的装帧——在装帧艺术研究会成立大会上的发言》，载叶小沫、叶永和编：《叶至善集·编辑卷》，开明出版社 2014 年版，第 128—129 页。

　　② 参见叶至善：《办好出版社的三个条件——在开明书店创建六十周年纪念会上的发言》，载叶小沫、叶永和编：《叶至善集·编辑卷》，开明出版社 2014 年版，第 130—132 页。

到一半了。我得督促自己，抓紧一切空隙，见缝插针；趁我的心，最好看见有条缝就插进一根大棒去。"① 读毕以上自述，便觉这位老编辑孜孜矻矻、只争朝夕的精气神儿豁然立在了眼前。

1986 年 11 月 21 日，叶至善应邀参加《从小学起》智力竞赛发奖大会，并以《从小开始训练自学》为题发表了讲话："咱们举办《从小学起》智力竞赛，只想为教育改革作一次小小的尝试。咱们认为对孩子们来说，学习本来是极其有趣的事儿，爱好学习是孩子们的天性，只要引导得当，应顺他们的身心发展，他们就会自觉自愿地学，有滋有味地学，用不着督促，更用不着逼迫。竞赛的成果表明咱们的设想没有错，是行得通的。"②

1988 年 9 月 22 日，叶至善应江苏教育出版社和朱自清哲嗣朱乔森之邀，参加《朱自清全集》出版座谈会，以《祝贺〈朱自清全集〉开始出版》为题作了发言。发言中他回顾了新中国成立后叶圣陶主持编辑推出的《朱自清文集》，提及叶圣陶当年为该书写的"题记"开头就申明说："《朱自清文集》是《朱自清全集》的精简本。"这句话等于向读者作出承诺，等于说："请稍等一等，先出版'文集'是权宜之计，不久就能读到朱先生的'全集'的。"结果没想到，"这一等，竟等了 35 年，今天，《朱自清全集》终于开始出版，头三卷已经放在咱们面前了；而且赶得正巧，下个月的 22 日就是朱先生的九十诞辰纪念日。……只可惜当年参加全集编委会的先生大半已经作古，连我

---

① 叶至善：《编辑工作的回忆——在科普报刊座谈会上的发言》，载叶小沫、叶永和编：《叶至善集·编辑卷》，开明出版社 2014 年版，第 146—147 页。

② 叶至善：《从小开始训练自学——〈从小学起〉智力竞赛发奖大会上的讲话》，载叶小沫、叶永和编：《叶至善集·科普卷》，开明出版社 2014 年版，第 205—206 页。

的父亲也没能看到这部全集的出版。"①

1990 年 4 月 5 日，叶至善应邀到泰州参加《"单元合成，整体训练"初中实验课本》理论研讨会，作了题为《漫谈语文教材的编辑》的发言。这篇发言主要谈了"过去编写和修改语文教材的一些体会"，叶至善自谦说"大半还是从父亲那儿听来的"，但却提出了一个至关重要的问题："让学生学习语文是为了应考，还是为了让他们终生受用？如果说应考也是用，那么真个成了敲门砖，敲过就扔掉了，谈不上什么终生受用。"② 这个问题至今仍值得语文教师和语文教材编辑工作者深思。

1990 年 10 月 7 日，叶至善应邀参加知识读物研究会成立大会，以《知识读物的研究》为题作了发言，提出："咱们所以要研究，是为了提高知识读物的质量，为了使咱们编写出来的东西能让少年儿童看得懂，喜欢看，看了能真正得到益处。可研究的题目一定很多，我愿意跟各位同行一同努力。"③

1992 年 10 月 13 日，中国编辑学会举行成立大会，叶至善应邀出席会议，并作了简短而精彩的发言。这篇发言开门见山，题目干脆就叫《我喜欢编辑工作》④，全文惜墨如金，却字字出自肺腑。其中说：

① 该文收入叶小沫、叶永和编：《叶至善集·编辑卷》，开明出版社 2014 年版，第 158—159 页。

② 叶至善：《漫谈语文教材的编辑》，载叶小沫、叶永和编：《叶至善集·编辑卷》，开明出版社 2014 年版，第 167—171 页。

③ 叶至善：《知识读物的研究》，载叶小沫、叶永和编：《叶至善集·编辑卷》，开明出版社 2014 年版，第 172—173 页。

④ 叶至善：《我喜欢编辑工作——在中国编辑学会上的发言》，载叶小沫、叶永和编：《叶至善集·编辑卷》，开明出版社 2014 年版，第 174 页。

　　我喜欢编辑工作，这倒是真的。自己想想，大概有两个原因：一是可以满足我的创作欲，跟当工程师当艺术家没有什么两样；二是可以满足我的求知欲，随时能学到杂七杂八的诸多知识。因而我乐此不疲，从未见异思迁，尽管失败的懊恼多于成功的喜悦。

　　我想，编辑和作者一个样，服务的对象是广大读者：成功是共同的成功，失败是共同的失败。在让读者得到实益的前提下，编辑和作者只有密切协作的份儿，不存在什么谁占了便宜谁吃了亏的问题。所以我不大同意当编辑是"为人作嫁"的说法。

这篇发言在大会上引起了一片喝彩声。这分明是一位老编辑的心声，相信每一位编辑同道读来都会感动不已。

　　1996 年 5 月 31 日，《科技日报》为科技副刊编辑、科普作家赵之举办从事新闻工作 50 年座谈会，叶至善应邀出席，并以《令人羡慕的五十年》为题作了发言，提到："赵之同志……说，写作并非编辑的基本工作，而是从事编辑工作的人都必须具备的基本功。我完全同意他的主张，也一再鼓吹这个主张。"①

　　1996 年 12 月 8 日，叶至善应邀参加中国编辑学会第二次全国代表大会。在这次大会的发言中，叶至善重点谈了参加图书评奖工作的感想，对当时少年儿童读物"题目出得很有新意"，但"编辑工作做得比较潦草"，"书上写的大多是大人们说的话，这叫作语言成人化"，

_____

　　① 叶至善：《令人羡慕的五十年》，载叶小沫、叶永和编：《叶至善集·散文卷》，开明出版社 2014 年版，第 365—366 页。

"不太注意语言文字,恐怕不仅是少年儿童读物。出版界好像有一种倾向,大家把主要精力花在包装上……"等现象表达了忧虑,大声呼吁"回过头来,在语言文字方面多花一些工夫","要让少年儿童读下去,还得使他们读了能懂,有往下读的兴趣。"在这篇发言中,叶至善还点到了编辑工作中常要面对的一个问题:"少年儿童不喜欢看啰啰唆唆的长句子,喜欢鲜明活泼的短句子,最好念起来像说话一个样。"[1]就这个问题,叶至善早在1981年11月就写过一篇《分句·分段·分节》[2],指明了解决之道。

叶至善退休后,除了出席编辑出版界的各种会议,还为很多书刊写了评介文章。比如前文已提到的开明书店老版书,如顾均正的《少年化学实验手册》、宋云彬的《玄武门之变》、开明书店10周年纪念文集《十年》等,在这一时期均得以再版,叶至善为它们写了序跋性质的文字。再比如开明书店旧人新推出的作品,如《贾祖璋全集》也是请叶至善写的序。

1982年11月1日,叶至善为中少社新推出的《幼儿算术500题》写了一篇推介文章。在肯定了该书有助于开发幼儿智力之后,叶至善就语言方面提出了改进建议:"现在用的语言太呆板,除了提问式就是命令式,句子的结构太简单,太一律。我想尽可以把语言写得生动些,活泼些,优美些;字稍多几个也不妨,反正不要幼儿自己念,可是必须使他们听了能懂,能发生兴趣,能提起

---

[1] 叶至善:《参加图书评奖工作后的感想——在中国编辑学会上的发言》,载叶小沫、叶永和编:《叶至善集·编辑卷》,开明出版社2014年版,第181—182页。

[2] 该文收入叶小沫、叶永和编:《叶至善集·编辑卷》,开明出版社2014年版,第40—41页。

精神来思索。何况对幼儿来说，他们受教育并不分什么科目，在算术课上，他们同时在接受语言教育，也同时在接受思想品德教育。"① 像这样切中肯綮的讲论，对科普编辑工作者来说无异于度人金针。

1983 年 9 月 12 日，叶至善应邀为《"八十年代的中学生"征文获奖作文选评》一书作序，肯定了"把作文和做人联系在一起，可以说是这本征文选集的一个特点"。② 1986 年 5 月，叶至善又应邀为文化艺术出版社推出的《国内外中小学生获奖作文选评》一书作序。由此文我们可以知道，叶至善在那几年中为推动作文教学做了很多工作："获奖的作文，我大多早就读过，因为这本合集中的作文，有一半以上，我参加了初步的评选工作；获奖的小作者，我也见到过好几位，在为征文发奖的几次大会上。"③

1985 年 3 月，叶至善应邀为四川少年儿童出版社推出的《外国名城巡览》一书写序。开头说："《外国名城巡览》这本书真有意思。一个名城就像一个国家的窗口，让孩子们趴在窗口上向里边张望一下，有助于了解这个国家的概貌。这本小书给孩子们介绍了多少名城，打开了哪些个窗口呢？我翻开目录，忽然想起了在希腊首都雅典的一次奇遇。"在详细讲述了自己与一位希腊海员的相遇后，叶至善这样感慨道："经这位希腊朋友一提醒，我也发现到处都是日本游

---

①　叶至善：《一部开发幼儿智力的教材》，载叶小沫、叶永和编：《叶至善集·编辑卷》，开明出版社 2014 年版，第 32—33 页。

②　叶至善：《把作文和做人联系在一起——〈八十年代的中学生〉征文序》，载叶小沫、叶永和编：《叶至善集·编辑卷》，开明出版社 2014 年版，第 456—457 页。

③　叶至善：《〈国内外中小学生获奖作文选评〉序》，载叶小沫、叶永和编：《叶至善集·编辑卷》，开明出版社 2014 年版，第 471—472 页。

客……我不禁这样想：我们中国的经济力量几时能达到日本现在的地步，让我们的年轻人都能去世界各国闯一闯呢？这样的日子看来不远了……"①

1985年5月25日，叶至善为著名儿童文学作家鲁兵推出的戏剧故事集《包公赶驴》写了一篇评介文章。时隔一年多后，鲁兵接受叶至善的建议，新编成了戏曲故事集《狗洞》，于是叶至善在1986年8月7日又为该书写了一篇序。这本集子由中少社于1988年推出。叶至善在序中称赞说："小朋友读了这些故事，会忍不住时时发出笑声，甚至笑出了眼泪。鲁兵同志就是要逗小朋友发笑，让小朋友在自己的笑声中分辨是和非，分辨善和恶，分辨真正的美和真正的丑，知道爱什么，恨什么，应该同情什么样的人，厌弃什么样的人。幽默和诙谐就是有这样的渗透力，对培养品德和陶冶性情来说，作用往往胜过说理和教训。"②

1985年10月20日，叶至善应邀为《慈父·良师·益友》一书作序。用叶小沫的话来说，"这本集子非同一般：十位作者的爸爸或者爷爷，都是文化界的人士，都是我爸爸的朋友，我的伯伯和叔叔。"叶至善在序言的文末感慨道："跟这十位作者相比，我实在太幸福了。我的爸爸今年九十一了，虽然近来体弱多病，住医院的日子多，我骑上自行车就可以去看他，抚着他干枯的手，凑在他耳边谈这谈那。每

---

① 叶至善：《名城·窗口·奇遇——〈外国名城巡览〉序言》，载叶小沫、叶永和编：《叶至善集·编辑卷》，开明出版社2014年版，第463—465页。该文被作为序言收入《外国名城巡览》一书时，题目改为《眺望域外文明的窗口》。

② 叶至善：《〈狗洞〉序》，载叶小沫、叶永和编：《叶至善集·编辑卷》，开明出版社2014年版，第473—474页。

回离开医院的时候，爸爸总要关照我：'路上当心。'"①

1986年7月，叶至善应邀为中国科普创作研究所组织编绘的《母子画册》写了一篇推介文章，语重心长地指出："对学前儿童来说，什么是良好的教育呢？让他们认字？让他们背诗？让他们学加减乘除？不，不对。所有这些，进了小学都要学的，有的甚至要等到进了中学才学，用不着性急，用不着提前。"认为学前教育的内容应该由"感觉的训练，知觉的训练，观察力的训练，数概念的训练，动手能力的训练，思维能力的训练"等组成。②这样的理念，至今仍有其积极意义。

1986年7月20日，叶至善为《有趣的海洋生物》写了一篇评介文章，盛赞该书"文字是质朴而浅显的，没有难以理解的术语，也没有无法捉摸的形容词之类，篇章结构灵活，能使读者一边阅读一边思考，这正是科普读物不可或缺的重要因素"，同时也坦诚地指出了不足："感到不足的是插图：我希望看到能表现动态的色彩鲜艳的插图，可惜书上只有锌版插图，而且仅仅是说明性的。"③

1986年7月28日，叶至善又为《打开原子的大门》一书写了一篇评介文章，指出："对原子内部的探索已经持续了一百几十年了，一代又一代的科学家从老一辈的手里接过火炬，在前进的道路上留下了自己的足迹。本书的作者记录了每一位科学家的功绩，又把各人的科学构想贯串起来，理成了一条清晰的思路。有了这样一条科学的思

---

① 叶至善：《〈慈父·良师·益友〉序》，载叶小沫、叶永和编：《叶至善集·编辑卷》，开明出版社2014年版，第469—470页。

② 叶至善：《帮助娃娃们开发智力——评介〈母子画册〉》，载叶小沫、叶永和编：《叶至善集·编辑卷》，开明出版社2014年版，第142—143页。

③ 叶至善：《介绍〈有趣的海洋生物〉》，载叶小沫、叶永和编：《叶至善集·编辑卷》，开明出版社2014年版，第144页。

路，复杂而零星的历史事件变得条理分明而容易理解了；少年读者读了，还能体会科学发展的必然进程和一般规律。"①

1987年9月10日，叶至善应邀为教育科学出版社推出的《儿童科普佳作选》作序，于结尾处殷殷叮嘱小读者："本书的编辑在每篇作品后面提出了一些问题。这不是考试题，你们不一定作出答案，但是一定要好好想一想。看了书不想，就得不到好处，得不到书中的养分。"②

1989年3月12日，叶至善应《中国妇女》杂志之邀，为该刊组织的"中国小英雄评选活动"事迹选集《中国小英雄》作序。序的最后写道："……看了小英雄的材料，我又惭愧又惶恐：他们的行动，都是我做不到的；他们的品格，都是我达不到的。做不到达不到是明摆着的，我只有真心实意向小英雄们学习。读者看完了这本书，如果跟我有同感，我想一定也会真心实意向小英雄们学习的。"③其对孩子的一片真心，跃然纸上。

1989年10月16日，叶至善应邀为著名数学科普作家李毓佩的新作《数学科普学》作序，对李毓佩的工作给予了盛赞："概论性的文章最怕流于空泛，我不用替李毓佩同志担心，他绝不会犯这个毛病……为了写这本概论，李毓佩同志把他能找到的数学科普读物都浏览了一遍……李毓佩同志论数学科普十分强调趣味，

---

① 叶至善：《介绍〈打开原子的大门〉》，载叶小沫、叶永和编：《叶至善集·科普卷》，开明出版社2014年版，第202页。

② 叶至善：《〈儿童科普佳作选〉序》，载叶小沫、叶永和编：《叶至善集·编辑卷》，开明出版社2014年版，第477页。

③ 叶至善：《〈中国小英雄〉序》，载叶小沫、叶永和编：《叶至善集·编辑卷》，开明出版社2014年版，第480—481页。

是很有见地，很有针对性的，希望能引起读者的注意。"①在序的最后，叶至善还回忆了早年间与刘薰宇和王峻岑这两位数学科普名家的交谊。

1989 年年末，在中国科普作家协会会刊《科普创作》迎来创刊10 周年之际，叶至善为该刊题词："科普创作也是教育工作，值得咱们以身相许，付出毕生的精力。"②

1990 年 6 月 16 日，叶至善应邀为著名学者、作家梁衡再版的《数理化通俗演义》写序。序的开头指出："这是一部通俗的科学技术发展史，用的是章回体小说的体裁——中国特有的通俗文学的体裁。"结尾写道："科学技术的发展离不开生产和社会的发展，离不开文化和思想的发展，我建议梁衡同志扩大规模，把各方各面融合在一起，驾轻就熟，再写一部这样的通俗历史；至于形式，仍旧用演义也可以，换一种别的也可以。我不是代哪个出版社约稿，而是为广大的读者约稿。我也是读者中的一个，希望梁衡同志能考虑一个读者的建议。"③

1991 年 1 月 29 日，叶至善应邀为《二十世纪前期中国语文教育论集》写序。在这篇序中，叶至善着重指出："直到 1949 年新中国建立的前夕，在各方面除旧布新的大气候中，语文科才得以正名，中小

---

① 叶至善：《〈数学科普学〉序》，载叶小沫、叶永和编：《叶至善集·编辑卷》，开明出版社 2014 年版，第 482—483 页。《数学科普学》一书于 1990 年由四川教育出版社出版。

② 叶至善：《创作的准备》，中国科普作家网，2018 年 4 月 27 日，见 http：//www.kpcswa.org.cn/web/authorandworks/works/2018/0424/2694.html。

③ 叶至善：《〈数理化通俗演义〉再版序》，载叶小沫、叶永和编：《叶至善集·编辑卷》，开明出版社 2014 年版，第 484—485 页。《数理化通俗演义》一书于 1990 年由电子工业出版社再版。

学的课程表上才正式出现了'语文'这个词儿。""以'语文'取代先前的'国语'和'国文',应该说是一次划时代的实质性的变革,决不能看作仅仅是名称的变动或统一。"① 近年来,这一论点已引起了中小学语文教学与研究界的重视。

1991年8月10日,叶至善应新蕾出版社之邀,为《科幻大王——首届科幻小说"星座奖"获奖作品选》一书作序。这篇序的开头交代了背景:"近几年来,科学幻想小说确乎不大景气。先是争论了一阵子,按说争论应该促进创作的繁荣,可是并不,争论终于沉寂,作品却越发寥落。看来这场争论,本身就有点儿问题了。问题在哪儿,我看不必深究,目前最要紧的是鼓励创作,别让科普文艺园地的这一枝花无声无息地枯萎。"② 透过这段话,我们分明可以感受到一位老科幻小说作家对科幻小说所倾注的一片真情。

1993年4月,叶至善为《学龄前儿童的十万个为什么》一书撰写了前言。开头写道:"没有一个孩子不是好奇的,他们常常提出各种各样的问题:这是什么?那是什么?这是怎么回事?那是怎么回事?为什么会这样?为什么会那样?常常问得家长难以回答,老师也难以回答。我们想应该给家长和老师编一部书,帮助他们回答孩子们提出的各种各样的问题。这部书不是给孩子们读的,才进幼儿园的孩子还不识字哩,小学低年级的孩子识字也不多。他们提出的问题如果这部书中有,家长和老师就可以参考书中的答案来回答

---

① 叶至善:《〈二十世纪前期中国语文教育论集〉序》,载叶小沫、叶永和编:《叶至善集·编辑卷》,开明出版社2014年版,第488—491页。《二十世纪前期中国语文教育论集》一书于1991年由四川教育出版社出版。

② 叶至善:《〈科幻大王——首届科幻小说"星座奖"获奖作品选〉序》,载叶小沫、叶永和编:《叶至善集·编辑卷》,开明出版社2014年版,第492—493页。

他们。"①

1993 年 7 月，叶至善应《作文通讯》杂志社之邀，为其纪念创刊 10 周年而推出的佳作选集《英才荟萃》写序。序中说道："恰如其分的鼓励，具有针对性的指点，对于正在成长的中学生来说是必不可少的，不限于在文学方面。这样的鼓励和指点，日积月累，很可能对他们的一生产生决定性的影响，不仅在于作文，重要的在于做人。"②

1996 年 12 月，叶至善应译林出版社之邀，为该社重新推出的夏丏尊译作《爱的教育》写了一篇序。文中说："六十多年前我当小学生的时候就读这部小说，把书中的人物作为学习的榜样；四十多年前我当了中学教师，又把这部小说看作教育孩子的指南；《爱的教育》跟我的关系的确够深的了。我有责任把我知道的告诉它的新读者。"③叶至善在这篇序言中记述了夏丏尊翻译出版《爱的教育》的前前后后，并谈到了这部小说出版后所引发的巨大反响，为研究这部名著的中文版传播史提供了珍贵的史料。这篇序言写完半年后，中国工人出版社也要重印夏丏尊译《爱的教育》，叶至善便又应邀于 1997 年 7 月 9 日写了一篇《〈爱的教育〉七十年》，作为代序。在这篇文章中，叶至善补充了一些回忆细节，并由衷地表达了对"停印了 30 年的《爱的教育》

---

① 叶至善：《〈学龄前儿童的十万个为什么〉前言》，载叶小沫、叶永和编：《叶至善集·编辑卷》，开明出版社 2014 年版，第 499—500 页。《学龄前儿童的十万个为什么》一书于 1993 年由中国林业出版社出版。

② 叶至善：《〈英才荟萃〉序》，载叶小沫、叶永和编：《叶至善集·编辑卷》，开明出版社 2014 年版，第 501—502 页。《〈作文通讯〉十年英才荟萃：1980—1990》一书于 1993 年由新蕾出版社出版。

③ 叶至善：《译林版〈爱的教育〉序》，载叶小沫、叶永和编：《叶至善集·编辑卷》，开明出版社 2014 年版，第 506—508 页。

终于复活了"的高兴。①

1997 年 12 月 13 日，叶至善为《迟叔昌科普作品集》写了一篇题为《惆怅的往事》的序言。文中深情地回忆了他与迟叔昌的交往，其中提及的许多细节，对研究科普作品出版史来说都是十分难得的。②

2001 年 8 月 9 日，叶至善应邀为开明书店前辈贾祖璋的全集写了一篇序，详细回忆了当年与贾祖璋的交往。③ 写完这篇序之后，叶至善就全身心地投入到了为父亲编文集、写传记的工作中去了，此后再没有写过序跋。

出版家吴道弘指出："至善先生绝大多数的序跋文字是在编辑圣陶先生文集和单行本时写的，这部分大致占了他全部序跋文字的一半。这对于研究叶圣陶，提供了丰富的宝贵资料。除此之外，至善先生对自己编辑或写作的图书，也要写下字数不等的序跋，作为跟读者的诚恳交流。即使是寥寥几百字，也是倾注着热情，给人以亲切感。他总是想着读者，要为读者阅读时提供必要的信息。""在他凝练朴实的序跋文字里，充溢着宝贵的编辑思想，对于图书编辑如何正确认识序跋的意义和作用，大有裨益。自然，对于爱书、评书和藏书的人们，也是值得阅读的。"④

---

① 参见叶至善：《〈爱的教育〉七十年》，载叶小沫、叶永和编：《叶至善集·编辑卷》，开明出版社 2014 年版，第 509—511 页。

② 参见叶至善：《〈迟叔昌科普作品集〉序——惆怅的往事》，载叶小沫、叶永和编：《叶至善集·编辑卷》，开明出版社 2014 年版，第 512—514 页。

③ 参见叶至善：《〈贾祖璋全集〉序》，载叶小沫、叶永和编：《叶至善集·编辑卷》，开明出版社 2014 年版，第 515—518 页。

④ 吴道弘：《现代编辑的楷模叶至善先生》，《中国编辑》2007 年第 3 期。

特别讲求编辑精神的叶至善，写起序跋、评介文章来也极其认真。1987 年 9 月，他曾经记述过一个奇怪的梦①，折射出其为写作此类文章所投入的巨大心力，也从一个侧面说明了为什么这些文章都写得那么精彩。

而叶至善之所以会写下这么多的序跋和评介文章，主要是因为他认为它们对编辑出版来说非常重要。1983 年，他为父亲编辑完《叶圣陶序跋集》一书，写了一篇《编后琐记》，结尾写道："编完之后再看几遍，发现了一个有趣的现象，序跋之类的文章父亲写了不少，可是在一段时期内，就是从 50 年代到 70 年代这 30 年间，为别人的书写的，一篇也没有；为自己的书写的，也仅仅是简单的说明。这个现象反映了出版界的风气的转变。确然有一大段时期，出书不讲究撰写必要的序跋；甚至重印解放以前的书，把原有的序跋都抽出去了，剥剩一个光身子。近来又似乎过分重视序跋了，不管什么书，都得穿戴齐全了才让它出场跟读者相见。如果研究起出版史来，序跋的变迁倒也可以作为一个题目。"②

对父亲叶至善所做的这些工作，女儿叶小沫曾总结道："爸爸一生做编辑，科普编辑只是他编辑工作的一部分，或者说是重要的一部分。在他做编辑的这 60 多年里，审阅了多少稿件，编发了多少作品，数也数不清。……他还多次写文章和同道们谈心，坦诚地讲述自己在科普创作上的经验教训和成败得失，希望大家能从他的经历中有所借

① 此文题为《焚稿记》，载叶小沫、叶永和编：《叶至善集·散文卷》，开明出版社 2014 年版，第 319—320 页。

② 该文《叶至善集》未收，须参看《叶圣陶序跋集》，生活·读书·新知 三 联书店 1983 年版。

鉴和帮助……所有这一切都不会被广大的读者所知，他从不以为然，觉得这是本分，这是责任，这是他应该和必须做的。不仅如此，他以为自己从中得到了数不清的乐趣和益处，做得津津有味乐此不疲。他说过：为了孩子们的成长，各种工作都需要做，都值得花力气去做。爸爸的真诚和热心，好像真的感动了很多人，影响过很多人，在科普界受到大家的尊重和爱戴。"①

退休后的叶至善依然心系编辑事业，除了为书刊撰写序跋及评介文章外，还经常给有关方面写信、提建议。

1989 年 6 月，叶至善受全国政协教育文化委员会所托，执笔写成了《尽快解决学术专著出版难的问题》一文。文章首先指出学术专著出版难是个老问题，然后列举了种种令人忧心的现象，再然后分析了造成这种局面的原因，最后郑重提出了"建议调整出版税收政策"、"建议设立学术专著出版基金会"等八项建议。② 在叶至善等人的持续呼吁之下，过了一年多，1990 年 10 月，国家税务局印发了《关于县和县以下新华书店及农村供销社销售图书减半征收营业税的通知》，规定从 1990 年 9 月 1 日到 1991 年 12 月 31 日，对全国县及县以下新华书店和农村供销社销售图书减半征收营业税。1992 年 3 月，国家税务局以国税函发（1992）451 号文的形式再次发函，将上述减免政策延至 1993 年 12 月 31 日。③ 这是进入改革开放新时期后第一次对出版行业实行减免税收，其影响之深远，一直持续至今。今天我国新闻

---

① 叶小沫：《我的外公、爷爷和爸爸》，南京师范大学出版社 2017 年版，第 247 页。

② 叶至善：《尽快解决学术专著出版难的问题》，载叶小沫、叶永和编：《叶至善集·编辑卷》，开明出版社 2014 年版，第 160—163 页。

③ 参见范军：《我国新闻出版税收政策演化与完善》，《出版参考》2014 年第 33 期。

出版业依然享受着税收优惠政策，追溯根由，我们不应忘记叶至善为此作出的贡献。

1998 年 11 月 8 日，叶至善写下了《给孩子们编选唐诗选本的设想》一文。文章从作品的选择、编排、讲解、附录等多个角度全面系统地谈了自己的编选设想，甚至连第一首应该选用李白的《静夜思》都说得明明白白，末后说："大约在 20 年前，有位编辑同行来找我，说要给孩子们编一套丛书，选题中有一本《唐诗选》，问我怎样编好。我就给他出了这么个主意。他听我似乎胸有成竹，说定期限要让我编。我说我很想试试，可实在抽不出时间，如果谁愿意用这个编法，我可以帮忙。后来没有下文。现在把我的设想写下来，仍旧是这个用意，希望有哪一位拣了去，编出一本来试试，看我当年想的是否完全是空中楼阁……"① 这样的发心与寄意，可谓出自一片赤诚。然而至今也没有人来照着叶至善的设想编出一本《唐诗选》来，这不能不说是一个遗憾。

当然，以叶至善在编辑出版界的地位和影响力，他的大多建议还是非常受重视、很快被落实了的。比如 1995 年 2 月 8 日，叶至善被《人民日报》的一条报道勾起了"编辑瘾"，激动得夜不能寐，熬了一个通宵，给时任中国青年出版社副总编辑的程绍沛写了一封信，建议尽快出版捷克作家伏契克的《绞刑架下的报告》。②

客观地说，这封信完全可以看成是一份面面俱到的选题策划书，

---

① 叶至善：《给孩子们编选唐诗选本的设想》，载叶小沫、叶永和编：《叶至善集·编辑卷》，开明出版社 2014 年版，第 195—198 页。

② 参见叶至善：《尽快翻译出版新版本的〈绞刑架下的报告〉——给中国青年出版社的一封信》，《民主》1995 年第 3 期。

对选题的社会效益和经济效益都已进行了论证，出版社只要直接参照执行就可以了。在这样的盛情之下，中青社很快作出反应，决定接受叶至善的建议。半年后，这本书就赶在纪念世界反法西斯战争胜利五十周年前夕出版了。该书译者署名为徐耀宗、白力殳，初版于1995年8月印行，首印8000册；到1998年4月，被列入"中学生文库"重印，又印行了1万册。

《绞刑架下的报告》这本书，是叶至善直接参与策划推出的最后一部经典著作。他以自己对编辑行当的深挚热爱，和坐言起行的编辑精神，为出版史奉献了一个选题策划理当基于编辑"心头好"的生动案例。

需要特别指出的是，除了上述讲话、序跋和建议这三株佳卉，叶至善在编辑出版的花坛中还亲手栽植了一棵大树，这就是开明出版社。

1988年12月，经新闻出版总署批复，开明出版社正式成立。它是一家由中国民主促进会中央委员会主办并主管的以出版文教图书为特色的出版机构，由时任民进中央副主席、中国版协副主席的叶至善担任社务委员会主任，主持领导出版社工作，吴廷劢担任社长。

开明出版社成立之初，既没有足够的启动资金，也没有必要的办公条件和设备，当时的全部家当只有一间租来的办公室，一部与其他单位合用的电话，几张桌椅，一辆平板三轮车……然而这一切并没有难倒有着坚定信念和创业勇气的新开明人。在叶至善、江秉祥等老一辈出版家的悉心指导下，吴廷劢带领着一批朝气蓬勃的年轻人开始了艰难的跋涉。新开明人继承了"老开明"的文化理想，以"开来而继往，明道不计功"的宗旨，"开明凤有风，思不出其位"的作风，

"惟愿文教敷，遑顾心力瘁"的精神和"堂堂开明人，俯仰两无愧"的心胸，在奋斗中逐渐磨炼出了坚毅的品格，塑造了新一代的"开明风"。

在这一过程中，作为开创者的叶至善倾注了大量的心血。据开明出版社副社长沈伟回忆："民进中央副主席叶至善先生经常来到社里看望全体员工。叶老嘱咐社里的员工，交朋友要多送一些书，书是出版社唯一能拿得出的东西，要学会用书结交朋友。他还强调，一本好书，一定是买的人多，一定是经济效益好的书。一本书再好，却没人买，也就无法实现社会效益，当然也就没有经济效益，因此经济效益不好的书，社会效益也不会好，也无法称其为好书。叶老非常喜欢开明出版社的年轻人，对他们一直寄予深切的关怀和希望，几乎每个月都要来到社里看望大家，这个习惯他一直坚持着。直到后来出版社搬到外文印刷厂的四楼办公，叶老还是坚持前来看望大家，由于老楼没有电梯，为解决叶老上下楼困难的问题，开明的员工就在每一层楼梯拐角处放置一把椅子，叶老每上一层就在椅子上休息一下，接着爬楼。来到社里后，叶老习惯于把大家召集到会议室，坐下来，一杯茶，和年轻人促膝谈心，嘘寒问暖，一起回忆父亲叶圣陶先生小时候对他和弟弟妹妹们的教诲。社里的年轻人与叶老亲如一家，叶老每来社里，全社员工都兴奋异常，叶老也像对待自己的孩子一样耐心回答每个年轻人的问题。他熟记社里每位年轻人的名字。记得一次叶老来社里看望大家，发现少了一位年轻人，便关切地询问：'小沈今天怎么不在呀？'当得知小沈前一天为迎接叶老前来，打扫房间擦玻璃，不慎摔伤，便特别嘱咐大家，今后自己来社里，不要耽误手头工作，一切都要维持正常秩序。并且还强调，今后来看望大家不再提前打招呼，希望大家不要为此影响工作。直到晚年叶老生病在家，仍心系社里的出版工作。当时，焦向英、陈滨滨同志常去叶老家请教有关书稿的问题，对重点、难点问题向叶老提出来，他总是耐心细致地一一给予解答。在叶老的悉心培育下，当年的这批年轻人此后成了开明出版社的中坚力量，并且在国内出版业获得了良好的声誉和口碑。"① 这些细节充分展现了叶至善的编辑家情怀和出版家风范。

在叶至善的大力支持和热情帮助下，开明出版社成立不久便向读者献出了自己的第一本书——《叶圣陶答教师的 100 封信》。这本书是叶至善亲自动手选编的，开明出版社由此开创了开明版图书为教育服务的特色。该书于 1989 年 7 月出版，首印 3.5 万册，一年后实现重印，又印行了 5000 册，说明社会效益和经济效益都很好。叶至善在为该书写的前言提及，他当时正忙于编《叶圣陶集》。如果不是出于对开明的感情，他是不会抽时间另编这本书的。

叶至善不光亲自为开明出版社编书，还精心为它制定了"一不亏心，二不亏本"的经营方针。那是 1989 年年底，叶至善在听取了开明出版社年终工作汇报以后，针对出版社的办社宗旨以及成立一年来所遇到的实际问题，明确提出了这一经营方针。② 随着时间的推移，这一方针越来越受到出版界的认同与称许。如中国少年儿童新闻出版总社③原社长李学谦就曾多次强调过，做少儿出版最重要的就是"不亏心"：

---

① 沈伟：《在民进大家庭中成长》，《民主》2016 年第 1 期。

② 参见焦向英：《"一不亏心，二不亏本"——叶至善先生的出版理念》，《出版史料》2007 年第 3 期。

③ 2000 年，中国少年儿童出版社与中国少年报社联合，组建了中国首家少年儿童传媒集团——中国少年儿童新闻出版总社。

"中国少年儿童出版社首任社长叶至善说过，少儿出版要'一不亏心，二不亏本'。'不亏心'，就是要有利于孩子的健康成长，对得起天下父母。'不亏本'，就是要有经济效益，为做好'不亏心'的事业积累物质基础。"①

1990 年 3 月 2 日，叶至善写下《"惟愿文教敷"》②一文，系统阐述了开明出版社的经营理念，文中再次强调了开明出版社的经营方针只有两句话，叫作"一不亏心，二不亏本"。

开明出版社的创立，是叶至善在出版经营与管理方面的绝唱。他为开明出版社付出了许多许多，而开明出版社也会永远铭记他的贡献。1998 年，全国政协常委、民进中央副主席楚庄接任开明出版社社务委员会主任。叶至善卸下了担负 10 年的担子，在开明出版社全体员工的一致要求下，又出任了名誉社长，直到逝世。

2004 年，叶至善荣获中国编辑出版界的最高奖——中国韬奋出版荣誉奖。时任中国少年儿童新闻出版总社社长的出版家海飞回忆了当时的情景："在中国版协颁发中国韬奋出版荣誉奖时，原来准备由我陪着叶老去领奖，但到叶老家去请时，发现叶老因身体太弱实在无法到会场去了。……我在中国版协的颁奖大会上领来中国韬奋出版荣誉奖奖牌和鲜花后，马上和中少总社社委会办公室主任马卫东一起送到叶老家。当时在'非典'期间蓄起长长白须的叶老，虽然起身站立非常困难，但依然由保姆蹲下身来在背后支撑着照了一个怀抱中国韬奋出版荣誉奖奖牌和鲜花的相。这张相据说是叶老人生的

---

① 李学谦：《最重要的是"不亏心"》，《人民日报》2015 年 6 月 1 日。

② 叶至善：《"惟愿文教敷"》，载叶小沫、叶永和编：《叶至善集·编辑卷》，开明出版社 2014 年版，第 166 页。

最后一张相。"①叶至善获得这个奖项，当然是实至名归，而这里所描述的细节，也反映出了叶至善本人是非常看重这个奖的。个中原因不难理解：编辑出版是他热爱了一生也为之奋斗了一生的事业。

参观完叶至善的编辑出版大花坛，让我们走进他的文学创作花坛。这里同样绽放着种种奇花异卉，散发着馥郁的芬芳。

在这个花坛里，首先映入眼帘的是三篇小说——《蜘蛛呀，请赐给我力量》、《"透露"》和《情急生智》，均写成于叶至善退休后的20世纪80年代头几年，分别发表于《雨花》1982年第1期、1984年第7期和1987年第5期，署的均是笔名"呼延奏"。②三篇小说都冠有相同的副标题——"待发现的马克·吐温佚稿"，均系以美国著名作家马克·吐温的口吻写成，通过模仿其幽默风趣的笔调，对当时媒体为追访名人而无所不用其极的现象进行了辛辣的讽刺。小说中反映出的作者对文学史的熟稔和对音乐的理解，都能给读者带来很多启发。但就笔名"呼延奏"来看，叶至善这里显然是取"胡演奏"的谐音，意在指这些小说不过是戏笔，博读者一笑罢了。

对叶至善来说，小说是戏笔，散文则是主攻。在他的散文园地里，除了散文体长篇人物传记《父亲长长的一生》之外，最为艳丽的花朵当推散文集《我是编辑》一书。这本书的发稿，要从1997年年末说起。当时叶小沫去中少社办事，社长海飞见了她，便请她到他的办公室坐坐，说有事商量。坐下来叶小沫才知道，原来海社长记得叶至善就要迎来八十大寿了，想为这位老社长兼总编辑出一本书，以

---

① 海飞：《叶至善：金子般的老编辑》，《中国青年报》2006年3月20日。
② 此三篇小说中，《蜘蛛呀，请赐给我力量》和《情急生智》收入叶小沫、叶永和编：《叶至善集·科普卷》，开明出版社2014年版，第397—419页。《"透露"》未收入。

此作为祝贺。听了海社长的话，叶小沫喜出望外："一直在为别人忙碌的父亲，直到现在自己还没有一本像样的集子呢。社里要为他出本书，叫我这个做女儿的怎么能不打心眼里替他高兴呢。我谢过海社长，赶忙回家把这事儿告诉父亲。还跟他建议说：要是能借这个机会，把他这几十年有关编辑工作的文字整理成集子，该是件挺有意义的事。能借机把他散落的文章集在一起，对自己的工作是个回顾，自然就会留下编辑工作的经验。如果做编辑的同志愿意翻开这本书看看，一定也会从中得到一些启发的。我这么急着为父亲出主意，实在是知道这是他一直想做的一件事，也好对自己一辈子的编辑工作有一个交代。"①

叶至善接受了中少社和海飞的好意，在女儿叶小沫的协助下，花了一个半月，赶编了《我是编辑》这本书。书中收录了"文革"结束后20多年中他写的关于编辑出版的散文，计100篇，30万字。由于书中所收文章内容杂、形式杂，没法分门别类，就按写作或发表的先后排列。叶至善自谓："这样编排也好，正好作为我这个人一向乱七八糟的写照。"②

1998年2月25日，叶小沫赶到中少社，把书稿交给了海飞社长。海飞亲自指定黄伯诚和韩苏华担纲责任编辑，并出面请来了青年装帧艺术家吕敬人为这本书做装帧设计。这时离叶至善的生日只有两个月了，中少社的工作班子马上看稿发排，两位责编还专门登门，征求叶

---

① 叶小沫：《最好的礼物——父亲〈我是编辑〉一书诞生记》，《出版史料》2007年第4期。

② 叶至善：《〈我是编辑〉跋》，载叶小沫、叶永和编：《叶至善集·编辑卷》，开明出版社2014年版，第321页。

至善对这本书整体设计的意见。叶至善说，一切遵从社里的安排，只是再三叮嘱不要出精装本，因为一是太过奢华，二是不便于读者拿在手中翻阅。

经过一番争分夺秒的工作，《我是编辑》由中少社于1998年4月叶至善80华诞之际隆重推出了。

叶至善对这本书极为珍视。据叶小沫回忆，出版前，"父亲认认真真地用笔写下了'我是编辑'四个字，写了好几遍。跟我说：'实在写不好，也只有这样了。你看哪个好就用哪个吧。'我知道这就是他给自己选编的集子起的书名了。接着父亲又像小学生那样，一笔一笔地把他写给自己的一首《蝶恋花》抄在了一张纸上"①。叶至善把这首词放在书的环衬上，还写了"至善求正"四个字，充作前言。此外，他还为该书写了一篇短跋和一篇题解，"还认真地选了八幅生活照放在了文章前面"②。

对于为什么给集子取名为《我是编辑》，叶至善在题解中专门作了说明："说来话长，'文革'后不久，有家英文的文学刊物打电话给我父亲，说中东某个国家的一位作家要登门拜访。父亲回答说：'为礼貌起见，还是让我去为好。'于是他们开车来接，父亲由我陪同，去宾馆谈了个把小时，拍了几张照片。隔了一个来星期，这家刊物的编者打电话给我，说报道已经写得了，正要发稿；配了张照片，是那位外国作家跟我们父子俩的合影，问我什么头衔，他好写说明。我

---

① 叶小沫：《最好的礼物——父亲〈我是编辑〉一书诞生记》，《出版史料》2007年第4期。

② 叶小沫：《最好的礼物——父亲〈我是编辑〉一书诞生记》，《出版史料》2007年第4期。

说：'我是编辑，写 editor 就成。'他迟疑了一会儿又问：'你写东西吗？'我回答说：'经常写，当编辑哪有不写东西的。'他好像立刻开了窍：'那就用 writer，writer。'不由我分说，咔嚓一声，电话挂断了。Writer 就 writer 吧，反正也不伤脾胃。有位同行可比我顶真。有人在报纸上介绍他，说了句'他不但是编辑，还是一位作家'。他见了却生了气，拿着报纸特地跑来跟我说：'老叶你看看，他们真叫大方，没征得我同意，就给我提级了。'编集子的时候我忽然想起了这桩往事，提起塑料笔就写了四个大字：'我是编辑'。"①

《我是编辑》一书推出后，引发了巨大的反响。1998 年 6 月 1 日，《新闻出版报》集中刊发了出版家宋木文、刘杲、海飞对《我是编辑》一书的评论。叶至善生前好友、出版家朱正指出，叶至善是一位编辑专家，也是一位传统的知识分子，"你看他专著的名字《我是编辑》就知道了，像他这样一个亲历了中国出版风云的知名出版人却以这样朴素的四个字来作为他代表作的书名。"②

叶至善始终以自己是一个编辑为荣。这既体现在他将这本集子命名为《我是编辑》这一点上，也体现在他的第二首写编辑工作的词《蝶恋花》中。这首词第一次发表，就是在《我是编辑》这本书的环衬上，全词如下：

> 乐在其中无处躲。订史删诗，元是圣人做。神见添毫添足巨，点睛龙起点腮破。

---

① 叶至善：《〈我是编辑〉题解》，载叶小沫、叶永和编：《叶至善集·编辑卷》，开明出版社 2014 年版，第 319—320 页。

② 曹雪萍：《出版家、科普作家叶至善因病去世》，《新京报》2006 年 3 月 10 日。

信手丹黄宁复可？难得心安，怎解眉间锁。句酌字斟还未妥，案头积稿又成垛。

这首词只有短短的 60 个字，不见一句豪言壮语，却沁满了他对编辑工作的无限热爱。

1998 年春节前夕，叶至善将这首词抄在贺年卡上，寄给了曾任叶圣陶秘书的史晓风。史晓风建议他为这首词配上乐曲，并加个"编辑之歌"的副标题，以便编辑同行传唱。叶至善十分认同这一提议，但因忙于编编写写，最终没能完成配乐。叶至善逝世后，史晓风为这首词找了一支美国乐曲《梦中美人》作配，算是帮老友完成了这一遗愿。①

2000 年 1 月，中国青年出版社推出了叶至善的散文集《父亲的希望》。该书共收入 74 篇文章。在自序中，叶至善说明了成书的背景："今年年初，中青社的副总编辑程绍沛同志来看我，说去年中少社的那本《我是编辑》，主要选的是我从事编辑工作的体会，这一本可否把范围放宽些，因为好些读者想知道，我父亲是怎么关心我教育我的。他话还没说完，我就想起了十多年前发表的那篇《父亲的希望》。我说我愿意再编一本，书名就叫《父亲的希望》吧。"②

这本集子所收入的文章，以叶至善怀念父亲的琐记为主。其中《父亲的希望》一文写于 1987 年 2 月 28 日，内中说道："受了父亲的

① 参见史晓风：《为了叶圣陶长公子一个遗愿——〈梦中美人〉配〈蝶恋花〉》，《文化交流》2006 年第 5 期。

② 叶至善：《〈父亲的希望〉自序》，载叶小沫、叶永和编：《叶至善集·编辑卷》，开明出版社 2014 年版，第 324 页。

鼓励和诱导，我非常羡慕工人农人的劳动。所以念完中学之后，我学的是农产制造，用现在的话来说，就是农产品加工。……我碰了几处壁，结果走上了父亲走的路，先是当教员，后来当编辑，编编写写四十多年，跟父亲一个样，尽干笔墨的事，从未生产出一件可供别人切实有用的东西来。……只是每次重读父亲在 30 年代初写的这篇《做了父亲》，我总不免感到羞愧，这种羞愧决非'无名英雄''灵魂工程师'这类'高帽子'能掩饰得了的。真正的无名英雄是从事物质生产的工人和农民。关于'灵魂工程师'，自己也一切都在学习试验之中，哪里拿得出一张现成的图纸来呢？"①

　　这部集子出版后，同样引发了很好的社会反响。人民出版社原副总编辑吴道弘撰文评论道："在读过《我是编辑》以后，很高兴最近又读了《父亲的希望》。叶至善先生的这两本自选集，从文章内容到选编思想来说，就是姊妹篇。前书主要选的是至善先生几十年来做书刊编辑工作的体会，《父亲的希望》一书则是反映了他二十多年来的工作、生活与思想。全书 74 篇清丽的文章，大都文字不长，没有严肃的说教和枯燥的议论，无论序跋或者正规场合的讲话，一些往事的回忆或者散文随笔，充盈真诚和感情，从平凡中蕴含着一种高尚，从琐细中体悟到一种精神。这里有父子家庭间的亲情和一些生活故事……也有新闻出版史的逸闻佳话……文字写得流畅活泼而又平和舒缓，除了语言的功力，浸润着一种脉脉的情愫，我甚至觉得就是一本散文集""书的装帧十分精心，图文并茂，正像《我是编辑》一样，看得出是精心编辑印制的，即使是几十字的照片说明，也写得生动可

---

　　① 叶至善：《父亲的希望》，载叶小沫、叶永和编：《叶至善集·散文卷》，开明出版社2014 年版，第 54—55 页。

喜"，"如果读者是做编辑工作的，一定能够从中得到榜样和启发"。①

2000年7月，山东画报出版社推出了叶至善的散文集《舒适的旧梦》，封面由叶至善本人设计。该书收入的40篇文章中，多半是回忆，其中15篇回忆父亲叶圣陶，6篇回忆岳父夏丏尊，连带着还谈到了二位老人的好友冰心、俞平伯、关良、李叔同、徐调孚、陈师曾、内山完造等。其他篇目，一部分回忆儿时生活，另一部分记述了作者70岁以后的心境；其中写"梦"的就有5篇，这些梦都很有特点很真实。其实换个角度来看，全书40篇散文都有"梦"的成分——都是"舒适的旧梦"。

这本集子是叶至善应时任山东画报出版社总编辑的汪家明的邀约而编成的。据汪家明回忆，"1999年6月，我有机会见到叶至善先生，就向他约稿，他答应了。其时叶先生已81岁高龄，没想到三个月后，我就收到了书写工整、剪贴仔细的书稿，大约有20万字。我做编辑15年了，如此工整清楚的稿件，是很少见的"。当时汪家明匆匆阅读了书稿后，认为有些地方不是很理想，就怀着忐忑不安的心情，写了封信给叶至善，没想到很快就收到了回信。叶至善在回信中说："稿子没编好，您的意见提得都对，我都同意。杂感之类，时过境迁，没有多大意思；序言及书评，读者没见着所序所评的书，接不上头，也舍弃为好。书名是安上的，序也写得牛头不对马嘴。我已经觉察非改不可。至于当初为什么会搞成这样，以后如有机会再面谈。我想能不能这样办：稿子寄回给我；在目录上，请按您的看法，加上或取或舍的标记，供我重编时参考。"

---

① 吴道弘：《叶至善的新著〈父亲的希望〉》，《出版参考》2000年第12期。

　　这封信使汪家明颇感震惊。他没有想到身为编辑界前辈的叶至善，会对他的意见这般认真。两个月后，汪家明收到了叶至善寄来的定稿。翻看一过后，汪家明不由得感叹："这是一部编辑业务的范本：每幅图的版式都一清二楚，安排得天衣无缝；每一页文字的计算都精确无比。还设计了封面。"在收到稿件之前，汪家明先收到了叶至善的一封信："动了两次手术，住了40多天医院……看校样、配插图，都只好慢慢儿来……校样颇有改动，插图能不能印清楚，毫无把握……请代我郑重考虑，如果印出来实在不像样，宁可作罢。"汪家明深受感动，决定把这部校样保存起来，并亲自担任该书的责任编辑。他说："从接到第一稿到签字付印，书稿我看了四遍，最后两遍是逐字逐句看的。这些文章称得上百读不厌……"

　　这部第二次寄来的稿件，按照汪家明的建议，几乎删掉了三分之二的篇幅，仅余7万字左右。叶至善提了个要求：先排出文字样，然后由他边校对边配插图。汪家明遵嘱将文字校样寄到北京后，不久就接到了叶小沫打来的电话，说父亲叶至善住院动手术，校样和插图恐怕都要等些时日。她在电话中还说，父亲跟她谈起了汪家明，称赞说"很少见到这样负责的编辑了"。汪家明听后，很是有些受宠若惊，心想，是"很少见到这样负责的编辑"了呢，还是"很少见到这样认真、有风度的作者"？①

　　认真、有风度的作者，加上负责的编辑，最后必能捧出优秀的作品。叶至善为此颇感得意，在为该书写的自序②中说："40篇记事

---

　　① 参见汪家明：《我为叶至善先生编书》，《中华读书报》2002年11月20日。
　　② 该序收入叶小沫、叶永和编：《叶至善集·编辑卷》，开明出版社2014年版，第326—327页。

短文，多一半是回忆，编成了这本小册子。40 篇中数《舒适的旧梦》最短，我把它排在最后，借这个篇名作为小册子的结束语。用《舒适的旧梦》作为书名，是汪家明同志的主意，他说这 5 个字，可以大致概括这本小册子的内涵。编者和著者的合作是愉快的，由于双方的意见基本一致。"

2007 年 4 月，湖南教育出版社推出了叶至善的散文集《为了纪念》。此时距叶至善逝世已过去了一年多。该书是叶至善生前答应了著名出版家董宁文的邀约，却未及编好，逝世后方由叶小沫代为编成的。据叶小沫为此书写的《写在前面》一文记载，2004 年 4 月，《开卷》的蔡玉洗和董宁文登门拜访叶至善，说《开卷文丛》已经出了第一辑 10 本，希望叶至善能有一本 10 万字左右的文选，参加到第二辑的 10 本中来。当时叶至善正在加紧赶写《父亲长长的一生》，但还是应允下来，说如果有可能，把他写的有关父亲叶圣陶的文字辑成一本集子，倒是一件很有意义的事，可他腾不出手来。于是叶小沫便帮着选了一些文章，不料叶至善认为有几篇史料性过强，不宜放在文丛里。这一来就凑不够 10 万字了，父女俩就先把这件事放下了。

写完《父亲长长的一生》不久，叶至善因劳累过度住进了医院。董宁文不知道，于 2005 年 2 月 23 日又写信给叶至善催稿。叶小沫收到信后，觉得该由自己来完成父亲想做还没来得及做的事情，于是把叶至善近两年写的两篇文章——《〈叶圣陶集〉两个版本的说明》《〈涸辙旧简〉前言》收入。叶至善本人也强撑病体，为该书从《父亲长长的一生》中摘选出了几个片段。

叶小沫将这些文章与早前选好的那些加在一起，看看有十来万字了。此时叶至善病情危重，已无法过问这本书的选编。叶小沫判断，这些文章都是读者想知道的和喜欢看的，父亲应该会同意她这样做，于是将书稿寄给了董宁文。

董宁文刚刚收到书稿，就传来了叶至善逝世的噩耗。叶小沫早先决定以收入此集的一篇文章的题目《为了纪念》[①]作为书名，没想到亦复成了对父亲的一个纪念："这本集子中的 33 篇文章，我把它们大致分成三类。一类 22 篇，是回忆；一类 7 篇，是为爷爷编书写的序、前言和说明；还有一类是 4 篇有关爷爷的童话的文章，这大概是我迄今能够见到的爸爸写的有关爷爷的童话的全部文字了，所以我想把它们收在这本集子里。"[②]

本节的最后，我们来看一看叶至善的科普写作花坛。自叶圣陶去世后，叶至善就把主要精力投入到了为父亲编书写传中，没有时间从事科普写作，旧作结集也只出了一部《科普杂拌儿》。该书由湖南教育出版社列入"中国科普佳作精选"丛书，于 1999 年 8 月推出，同时出版了精装和平装两个版本。

叶至善为该书写了一篇后记[③]，开头说："给孩子们写科普文章，我是 1945 年开的头。1988 年，才出版了一本自选集——《竖鸡蛋和别的故事》；以后为了忙别的事儿，不再写科普文章了。如今这一本，基本上是那本自选集的简编，内容和形式依旧很杂，依旧是本'杂拌儿'，给孩子们读的《科普杂拌儿》。混在众多的'名家精品'中间，我感到羞愧，觉得很对不起读者诸君。"接着交代："1945 年，我开始

---

　　① 此文即《为了纪念——〈叶圣陶短篇小说集〉前言》，载叶小沫、叶永和编：《叶至善集·编辑卷》，开明出版社 2014 年版，第 394—399 页。

　　② 叶小沫：《写在前面》，参见叶至善：《为了纪念》，湖南教育出版社 2007 年版。

　　③ 该文收入叶小沫、叶永和编：《叶至善集·编辑卷》，开明出版社 2014 年版，第 322—323 页。

当编辑……因为编的是综合性刊物，我哪个方面都得写；写得最多的数科普文章，长的短的，有二三百篇。期刊不同于课本，要系统地介绍每一门科学是办不到的；只能把孩子们引到各门科学的大门口，看一眼里边的世界是多么广阔，多么壮丽；让他们留下一些儿印象，将来好自己选择跨进哪一座大门。"又说了自己的创作特点："可是我自己，哪一门科学，我都没正经学过；因而不论写什么，都得结合书本知识和生活经验，自己先弄清楚了方敢动笔。我特别注意孩子们的理解能力和阅读兴趣，尽可能写得让他们喜欢读，读得懂。我还尽可能避免采用老师讲课的方式，想方设法诱发他们跟我一同思考。任何问题经过自己思考，方能得到更多的乐趣和较深的理解。因而我尽可能用文学的笔调来写科普文章，尝试着采用孩子们喜闻乐见的种种文学形式。我还特别注重运用插图，尽可能把插图设计得既美观，又能说明问题。跟孩子们讲科技知识，一幅精心设计的插图，效果往往胜过大段冗长的文字。"接下来诚挚地表达了心中的遗憾："我在前边已经用了好几个'尽可能'。尽可能怎样怎样，只表明我在哪些方面曾着意作过探索和修炼；实践的结果，跟我所追求的目标往往差得很远很远。'眼高手低'，恐怕真个是当编辑的通病。'人生无悔'，恐怕是当编辑的永远无法达到的境界。"在文章的最后，叶至善还带着歉意解释了这个选本选入的文章与此前的选本颇多重复的原因。

这篇后记可以看作叶至善对自己一生科普创作的一个总结。细细体察个中滋味，虽多有自谦之词，亦可读出叶至善内心深处对自己的科普创作的确是怀有颇多遗憾之情的。但是，综观叶至善的科普创作之路，仍可谓一路芬芳，诚如吴道弘所评论的那样："至善先生的科普创作思想和实践，是他的编辑思想和实践的有机组成部分，也是他传承父亲圣陶先生编辑思想、教育思想和文艺思想的重要体现。"①

　　这一时期，叶至善虽没有精力投入科普创作了，但他仍热爱、关注着科普事业。1990 年 6 月，叶至善被选为中国科普作家协会理事长，直到 1999 年 12 月卸任，改任名誉理事长。在叶至善担任理事长的 9 年间，协会各项工作稳步发展，并于 1996 年荣获"全国先进科普工作集体"称号。

　　1989 年年末，在中国科普作家协会会刊《科普创作》迎来创刊 10 周年之际，叶至善为该刊题词："科普创作也是教育工作，值得咱们以身相许，付出毕生的精力。"题词朴实无华，足见叶至善对科普事业的热爱之情。

　　除了出任中国科普作家协会理事长、积极引领中国科普事业发展外，叶至善还非常注意提携后进。受到叶至善提携的科普作家很多，其中最著名的要数数学科普大家、首都师范大学数学系教授李毓佩。2018 年，已是八十高龄的李毓佩仍对当年的领路人叶至善感念不已。他曾回忆，自己之所以会从 1977 年开始科普创作，契机就来自当时中少社策划《少年百科丛书》，编辑找到他约稿，"叶至善先生还专门对我进行了半天的考察，我顺利通过。""叶至善先生跟我讲，你不要指望你写这个数学科普人人都看得懂，他能看懂一部分就行；但是你要把这个东西往后移，别上来就吊他，他够不着就不看了，原则是踮着脚尖能够得着就行。这就是科普作品的前期预热作用。不踮脚尖去够不是科普，那是教材。"② 在这样的点拨之下，李毓佩很快进入了状

---

① 吴道弘:《现代编辑的楷模叶至善先生》,《中国编辑》2007 年第 3 期。
② 张志敏、颜实:《给数学施趣味魔法——李毓佩数学科普创作专访》,《科普创作》2018 年第 3 期。

态，后来写出了上百本数学科普著作。到 1989 年 10 月，他即将推出新作《数学科普学》，为表感念，特意郑重地请了叶至善为之作序。①

四、君但扪髭笑，我亦满头霜②

1981 年退休后，叶至善"自 1982 年起就不去出版社上班了"③。莫道桑榆晚，为霞尚满天。晚年的叶至善以其热情、勤勉又在两个领域开拓了新天地，成为著名的社会活动家和古典文化学者。

在社会活动方面，叶至善早年间就曾担任中国民主青年联合会第一、二届常务理事。1953 年 10 月 4 日至 12 月 27 日，叶至善作为民主青联推选的代表，参加中国人民第三届赴朝慰问团，到朝鲜参观访问。④1957 年 6 月，叶至善参加了团中央和全国青联召开的各界青年代表人物座谈会。⑤1957 年 7 月 16 日，叶至善作为中国代表团成员，去往苏联莫斯科，参加了第六届世界青年联欢节。⑥

1963 年 12 月，叶至善加入中国民主促进会。1979 年，他被选为

---

① 参见叶小沫、叶永和编：《叶至善集·编辑卷》，开明出版社 2014 年版，第 482—483 页。
② "君但扪髭笑，我亦满头霜"，引自叶至善：《水调歌头·大酒缸——忆张志公》，载叶小沫、叶永和编：《叶至善集·创作卷》，开明出版社 2014 年版，第 544 页。
③ 叶至善：《〈编辑出版家叶圣陶〉代序——给作者的一封信》，载叶小沫、叶永和编：《叶至善集·编辑卷》，开明出版社 2014 年版，第 496 页。
④ 参见叶圣陶：《北游日记》，载叶至善、叶至美、叶至诚编：《叶圣陶集》第 23 卷，江苏教育出版社 2004 年版，第 32、37、64 页。
⑤ 参见启秀、陈野：《各界青年代表人物座谈：对团和青联工作坦率提出意见和批评》，《中国青年报》1957 年 6 月 15 日。
⑥ 参见叶至善：《〈绞刑架下的报告〉前言》，载叶小沫、叶永和编：《叶至善集·编辑卷》，开明出版社 2014 年版，第 504—505 页。

中国民主促进会第六届中央常委，后出任中国民主促进会第七届至第九届中央副主席，第十届、第十一届中央名誉副主席。1983 年 12 月 1 日至 13 日，叶至善随全国政协代表团赴埃及访问，中途曾在雅典停留了一天；[①]1984 年深秋，参加全国政协代表团，到捷克斯洛伐克访问，在布拉格瞻仰了伏契克纪念馆。[②]

1983 年 6 月 17 日，政协第六届全国委员会举行第一次会议，通过了全国政协常务委员会委员名单，叶至善成为全国政协常委，此后直至 2003 年 3 月，一直担任全国政协常委。在这次会议上，叶至善还被任命为政协全国委员会副秘书长。1988 年 4 月 10 日，政协第七届全国委员会举行第一次会议，再次任命常务委员叶至善为政协全国委员会副秘书长。

1988 年 9 月 22 日，中国和平统一促进会在北京成立，叶至善被选为常务理事。[③] 此后，叶至善连续担任了该会五届常务理事，后在第六届理事大会上改任理事，到 2004 年 9 月第七届理事大会召开时卸任。

在投身全国政协、中国民主促进会和中国和平统一促进会的工作之外，退休后的叶至善同时持续在编辑出版界发挥着重要作用，先后被选为中国出版工作者协会副主席、顾问，中国编辑学会顾问。

---

　① 　参见叶至善:《名城·窗口·奇遇——〈外国名城巡览〉序言》，载叶小沫、叶永和编:《叶至善集·编辑卷》，开明出版社 2014 年版，第 463 页。叶至善此去埃及的具体时间，系据叶圣陶于 1983 年 12 月 5 日写给俞平伯的信中所述。此信参见叶至善、叶至美、叶至诚编:《叶圣陶集》第 25 卷，江苏教育出版社 2004 年版，第 281 页。

　② 　参见叶至善:《〈绞刑架下的报告〉前言》，载叶小沫、叶永和编:《叶至善集·编辑卷》，开明出版社 2014 年版，第 505 页。

　③ 　参见《中国和平统一促进会在京成立》，《团结报》1988 年 9 月 24 日。

在科普界，叶至善晚年也持续发挥着巨大的影响。1979 年 8 月，中国科学技术普及创作协会正式成立，叶至善当选副理事长。[①]1984 年 1 月，该协会在北京召开第二次全国会员代表大会，叶至善再次被选为副理事长。1990 年 6 月，该协会在北京召开第三次全国会员代表大会，更名为"中国科普作家协会"，叶至善被选为理事长。1999 年 12 月，该协会召开第四次全国会员代表大会，叶至善改任名誉理事长。

此外，在教育界，叶至善也发挥着重要的作用。1986 年 9 月 22 日，国家教委成立了全国中小学教材审定委员会，叶至善被选为委员。虽然叶至善从未想过要成为一位教育家，但实际上他在做编辑工作和科普工作之时，都是本着一颗襄助教育的心——这或许主要受父亲叶圣陶的影响。叶至善曾多次强调：做少儿编辑工作，"目的在于为培养建设社会主义的人才打基础"；而"科普创作也是教育工作，值得咱们以身相许，付出毕生的精力"。可见他的教育情怀是一以贯之的。

综上所述，叶至善诚可谓名副其实的社会活动家。他在协商民主领域、统战领域、编辑出版领域、科普领域、教育领域都做出了有目共睹的杰出贡献。

退休前夙夜在公的叶至善，退休后总算有时间发展一下自己的个人兴趣了。他开辟了古诗词新唱和《红楼梦》鉴赏这两个崭新的花圃，把自己变成了一位古典文化学者。

1998 年 2 月 13 日，叶至善在一篇文章中写道："近两年，又沉

---

① 参见《中国科学技术普及创作协会首次代表大会在北京举行》，载王振川主编：《中国改革开放新时期年鉴·1979 年》，中国民主与法制出版社 2015 年版，第 664 页。

涵于给古诗词配上现成的曲子,说穿了仍旧是编辑工作。"① 话虽这样说,但此实属怡情之举。

叶至善一生爱好音乐,自言"我从小喜欢唱歌"②,且从小就喜欢听、唱昆曲。而他又自小就喜欢读诗,新诗、古诗都喜欢。新诗方面,他自编辑《开明少年》起就下了不少功夫,有着很高的鉴赏水平,1986年时出了一本诗歌鉴赏集《诗人的心》,2003年元旦时还写了一首新诗——《题东山魁夷先生画册》③;古诗方面,受父亲叶圣陶的影响,他在干校期间开始写诗填词,一生写了17首古诗词④。

音乐和诗词都讲究节奏、韵律,在艺术上有着共通性。叶至善对这两个领域都很熟悉,于是在20世纪90年代初,开始了"没有人约稿、是自己实在喜欢的创作——给古诗词配上外国名曲,前后配了百十来首,经过一再的筛选修订,编成了一本《古诗词新唱》"⑤。

《古诗词新唱》初版于1995年11月,由开明出版社推出,署名为"叶至善编配",共收入50首诗歌。1998年3月,开明出版社推出了《古诗词新唱》(增订本),收入的诗歌增加到了150首。

关于创作这本书的缘起,叶至善在为增订本写的前言中说:"因

---

① 叶至善:《〈我是编辑〉跋》,载叶小沫、叶永和编:《叶至善集·编辑卷》,开明出版社2014年版,第321页。

② 叶至善:《儿时唱过的歌》,载叶小沫、叶永和编:《叶至善集·散文卷》,开明出版社2014年版,第166页。

③ 此诗收入叶小沫、叶永和编:《叶至善集·散文卷》,开明出版社2014年版,第402页。

④ 17首古诗词均收入叶小沫、叶永和编:《叶至善集·创作卷》,开明出版社2014年版,第537—546页。

⑤ 叶小沫、叶永和:《襟怀孺子牛——叶至善小传》,载叶小沫、叶永和编:《叶至善集·传记卷》,开明出版社2014年版,第373页。

为喜欢唱弘一法师的作品，我很想学他的样，自己作一些歌自己来唱。我没学过作曲，又不会吟诗填词，作'自度曲'和'倚声填词'，我都无缘了。要学，只剩下一条路可以走，就是给古代的诗词配上现成的曲子，最好是经常听到的又容易上口的名曲。"

书稿写成后，在看校样时，叶至善每校一首，都会记下一些创作时的构想，集在一起以《校后琐记》为名，附在书后。

除了钟情古诗词和音乐之外，叶至善还极其喜爱中国古典小说之冠《红楼梦》。他的子女回忆说："至善先生喜爱《红楼梦》，一生不知读过多少遍。他对书中的每个段落，每个人物，每个细节都非常熟悉，每每提起《红楼梦》都津津乐道，眉飞色舞。"[1]

1985年12月，叶至善开始写作《红楼梦》相关论文，到1987年陆续写出六篇，收入《我是编辑》一书，给它们起了个总名，就叫《一个编辑读〈红楼梦〉》，并专门为之写了一篇题记[2]，其中提到："我读《红楼梦》，不过是咬文嚼字而已。咬嚼似有所得，我居然也'欣然忘食'，陪父亲喝酒的时候跟父亲说，在办公室里跟朋友们说。他们听了都怂恿我写下来，可能因为他们也是编辑吧。……自知无甚高论，不过就文字论文字，多则一节一段，少至一个词儿一个标点，总之跳不出咬文嚼字的圈子。写下来不为别的，还是为当编辑练基本功。"

这篇题记中所折射出的态度，仍是叶至善出自编辑本位的一贯

---

① 叶小沫、叶永和：《襟怀孺子牛——叶至善小传》，载叶小沫、叶永和编：《叶至善集·传记卷》，开明出版社2014年版，第376页。

② 参见叶至善：《一个编辑读〈红楼梦〉·题记》，载叶小沫、叶永和编：《叶至善集·编辑卷》，开明出版社2014年版，第239页。

的谦卑。而其实这一系列文章视角独特、颇富新见，值得红学研究界重视。

郝铭鉴曾就此评论道："至善先生不止一次说过：'编辑就是咬文嚼字。'他做案头工作，自是不放过一个文字疑点，就连读书也会流露出编辑的职业习惯，先生写的《一个编辑读〈红楼梦〉》一文，便是从文字角度切入的，在红学研究中，可谓别具一格。……如此精细入微的分析，确实有别于其他的红学研究。它反映了编辑的特殊视角。"①

有趣的是，叶至善所作红学论文中体现出的编辑特殊视角，并不只是限于咬文嚼字这一方面，还进一步拓展到了对当代编辑出版体制的反思与质疑。在《卜世仁夫妻俩》这篇文章中，叶至善就写下了以下思考：

> 我还想：假如曹雪芹那个时候已经有了出版社；假如曹雪芹把他的《红楼梦》稿本送到某一家出版社，交到了某一位编辑同行的手里；假如这位编辑同志非常热心，又坚持作品非突出主题思想、非突出主要人物不可，他很可能用我在前边说过的那些理由，力劝曹雪芹把一些他认为没甚要紧的人物和情节删去。曹雪芹呢？他一定找不出理由来反驳；为了求得《红楼梦》顺利出版，除了唯命是从，他别无他法。我一个"假如"又一个"假如"，真个是想入非非了。可是我的担心并不是没有丝毫根据的。一则，我听说确有这样的编辑同行，他能用这样那样的理由，硬

---

① 楚山孤：《叶至善：一个一生咬文嚼字的人》，《编辑学刊》2006 年第 4 期。

要作者删去某个人物或某段情节，有时候又硬要作者根据他的精心设计，添上某个人物或某段情节。二则，曹雪芹确曾接受过这种强迫性的建议。那位"脂砚斋"，他并非编辑，却以长辈的口吻"命"曹雪芹删去了"天香楼"一节，使《红楼梦》留下了一桩千古疑案，使所有的读者读到第十三回都遗憾万分。幸而"脂砚斋"没把突出什么作为他的审稿准则，要不，那些没甚要紧的可又活生生的人物，咱们一个也见不着了。

这样的反思与质疑，显然是为着批评某些编辑的托大、霸道，其实仍是出于对编辑职业的自重，出于对编辑特别是文艺作品的编辑能够真正做好作者与读者的桥梁的希望。这种自重与希望，放到今天来看，仍有其现实的意义。

第十一章

归去：单留下深邃的四边静①

一、月自盈亏江自流②

一向以"我是编辑"为荣的叶至善，生命中的最后几年仍每天都忙于编编写写。他的子女记述道：

在最后的那四年里，爸爸在修订准备再版的《叶圣陶集》25 卷本，和写第 26 卷爷爷的传记的时候，他的身体已经累垮

---

① "单留下深邃的四边静"，引自叶至善：《题东山魁夷先生画册》，载叶小沫、叶永和编：《叶至善集·散文卷》，开明出版社 2014 年版，第 402 页。四边静，元代曲牌名。

② "月自盈亏江自流"，引自叶至善：《长相思·赠阿满兼自嘲》，载叶小沫、叶永和编：《叶至善集·创作卷》，开明出版社 2014 年版，第 539 页。

了，常常是写的时候全神贯注，浑身的疼痛都忘了，连呼吸都变得舒缓而平稳。可是一放下笔，他就累得连脱鞋的劲儿都没有了，一头倒在了床上，大口地喘着气，把速效救心丸放进嘴里……

那时候只有爸爸最清楚自己的身体状况，因此老是担心这本传记写了一半自己就倒下了。不仅如此，爸爸还担心和他合作的老搭档，这部书的责任编辑缪咏禾先生也会出什么意外。他不止一次地对我说，我们两个人中间，不管谁有了麻烦，这套书都出不成了。尽管天天陪伴在爸爸身边，尽管他的苦和累我都看在眼里，尽管眼见着他一天比一天虚弱，心里也老是为他捏着一把汗，可是我总不相信爸爸会倒下，就像不相信一棵粗壮的大树会轰然倒下一样。……

爸爸把《叶圣陶集》的第26卷，他写的爷爷的34万字的传记——《父亲长长的一生》交给编辑部之后，就倒在了病床上。这次再版，又花去了他四年多的时间。新版的书他是在医院的病床上看到的，此后不到半年，父亲就过世了。[1]

2006年3月4日，一代编辑大家、科普大家叶至善在北京逝世。

叶至善的同事、好友欧阳文彬这样回忆道："至善兄真是忙死的，累死的。他给我们留下的，已经够多够多了。现在，他终于可以休息了。"[2]

---

① 叶小沫、叶永和：《襟怀孺子牛——叶至善小传》，载叶小沫、叶永和编：《叶至善集·传记卷》，开明出版社2014年版，第391—392页。

② 欧阳文彬：《文彬附言》，载叶小沫、叶永和编：《叶至善集·书信卷》，开明出版社2014年版，第390—392页。

叶至善一向惯于负重前行，虽然在人生的最后 20 年总是"极度疲倦"，但却从不叫苦叫累，只是有时会向好友吐露一番。[1] 他在于 1996 年 12 月 29 日写给欧阳文彬的信中曾说："回想十年前我写过一篇题为《疲倦》[2]的散文。那时我已经疲倦了好几年了，一年到头疲倦，一天到晚疲倦，疲倦得难以忍受。散文发表在不知哪个期刊上，别人家未必看到；又写得过于隐晦，看到的人也未必理解我是在求饶。以后这十多年您是知道的：家里接连经历了好几件大事，我只好拖着疲倦，硬撑着加倍地超负荷运转。见着的朋友劝我小心，别把弦拧得过紧给绷断了，但是都说不出一个能减轻我的负担的办法来。我只好笑着说不打紧，我把宝押在长寿的遗传因子上了。前年夏天为了赶弄那二十五卷，准备百岁纪念活动，我几乎每天只睡五六个钟头。后来实在支持不住了，腿肿气喘，可是苏州还非去不可，接着又被人'劫持'到杭州。我真个垮下来了。"[3]

由此可见，作为编辑出版战线上的一名备受尊敬的老兵，叶至善真正做到了"生命不息，战斗不止"。正如文学史学者钦鸿所评论的那样："他就像路边的一盏照明灯，永远只知道向过往者贡献光明，等到能量耗尽，也就悄悄地熄灭了。但是，他发出的那一片光辉，照亮了无数人的心，也将永远照耀在历史文化的长河中。"[4]

---

① 参见钦鸿：《极度"疲倦"的叶至善》，《出版史料》2010 年第 1 期。

② 该文收入叶小沫、叶永和编：《叶至善集·散文卷》，开明出版社 2014 年版，第 62—63 页。

③ 此信收入叶小沫、叶永和编：《叶至善集·书信卷》，开明出版社 2014 年版，第 387—388 页。

④ 钦鸿：《极度"疲倦"的叶至善》，《出版史料》2010 年第 1 期。

二、任自身融入渐渐淡去的晚霞①

别看叶至善工作起来像个拼命三郎，生活中其实是极富情趣的。

难得有闲的时候，叶至善喜欢和家人打打牌、搓搓麻将。他曾说："如果做一件事，用多少心思，结果就不同。马马虎虎做也是做，但不认真做是做不好的。要认真做，事情就能做好。就像打牌、搓麻将，用心玩也很有趣，马马虎虎打牌也没有趣。"他做事认真，玩麻将也上心，是此道高手，喜欢大和。蒋燕燕刚嫁到叶家的时候，逢年过节，家里就会玩几圈麻将。叶至善夫人夏满子也爱玩，大家都哄着她玩，赢了钱就买吃的。有一年过春节，叶至善打麻将赢了钱，给全家的女性一人买了一瓶美加净擦脸油。这一来家里的女眷们都非常高兴。其实，他可能主要还是想给夏满子买，但又不好意思冷落了女儿和儿媳们。②

在子女的眼里，叶至善干什么成什么。他种花也种得好，有几年他喜欢嫁接仙人掌，结果仙人掌年年都能开出特别好看的花。③

叶至善还喜欢亲近鸟儿，曾在一篇文章中写道："鸟儿回来了。天鹅、鹭鸶、野鸭又成群结队在各个公园的湖面上过冬。我没赶去观赏，可坐在家里也能感受到，经常有灰喜鹊飞来啄食挂在枝头的海棠和黑枣，有时多达二十来只。杨树上常有啄木鸟叩打树干的声音。春

---

① "任自身融入渐渐淡去的晚霞"，引自叶至善：《题东山魁夷先生画册》，载叶小沫、叶永和编：《叶至善集·散文卷》，开明出版社2014年版，第402页。

② 参见蒋燕燕：《病中的爸爸》，《出版史料》2006年第1期。

③ 参见蒋燕燕：《病中的爸爸》，《出版史料》2006年第1期。

秋两季，总有飞过北京的柳莺在我们家院子里歇脚，连日子都掐得准的。偶尔还能听到布谷鸟藏在不知哪儿声声呼唤。只有燕子大大减少了。"①

如果只是根据叶至善留下的文字，来推测他的家庭生活，那么很可能会得出与事实相去甚远的结论。因为叶至善的笔墨只曾详细地描绘了父亲叶圣陶和母亲胡墨林，而很少写到其他家人。遍检叶至善一生留下的六百多万字著述，极少见他于文中同时提到老伴和子女。笔者仅见的唯一一处，在他于 1998 年 2 月 13 日为《我是编辑》一书写的跋语中："谢谢支持和帮助我编辑和出版这本集子的所有的朋友，以及我的老伴和子女，更要谢谢中少社。"②

但是实际上，叶至善对夫人夏满子、对四个儿女都有着极深的感情。他绝不是只在工作中追求"至善"的境界，在生活中也有着同样的追求。

叶家到北京后，由于要照料一大家子人，身为长媳的夏满子只得放弃自己的事业，不再出去工作，留在家中做了一名家庭妇女，每天忙于侍候老奶奶、公公婆婆，照料丈夫，抚养四个子女。这一切叶至善都看在眼里，对妻子自然是心存感激的。等到他被送进干校，几个子女也都流落各地之时，又是夏满子留在家中替他为父亲叶圣陶尽孝。这一时期，叶至善与叶圣陶通信很多，但写给妻子夏满子的，则

---

① 叶至善：《家居北京五十年》，载叶小沫、叶永和编：《叶至善集·散文卷》，开明出版社 2014 年版，第 385 页。

② 叶至善：《〈我是编辑〉跋》，载叶小沫、叶永和编：《叶至善集·编辑卷》，开明出版社 2014 年版，第 321 页。

只说需要些什么，好让她帮忙采购寄递，说别的都写在给父亲的信中了，不再重复。夏满子也照此办理，看到叶圣陶给至善写信，她有话就让父亲附上两句，自己不另动笔。叶至善后来回忆说："她忙着呢，我和孩子们分散在南北东西走'五七大道'，她成了保障供应的驻京后勤部主任；逢年过节，不用说得各寄一大包糕饼糖食。寄给陕北插队青年的就有三份，一份是寄给小儿子永和的，一份寄给她二哥龙文兄的小儿子，一份寄给她表姐和祖璋先生的小儿子，一个个都是看着长大的，怎能不推己及人。她还成了父亲的联络员，常去探望一些多年不见面的老朋友。"①1986 年，叶至善曾在文章中感慨道："有人说，妇女要得到成功，得付出双倍于男子的力气。这话我相信。我要加上一句，男子得到的成功，其中至少有一半应该属于妇女。她们没署上名字，咱们可不能忘记了她们尽过的心，出过的力。"②当叶至善写下这些文字时，想必心中满是对夫人夏满子的感念之情。

2008 年 12 月 3 日，在叶至善去世两年多后，夏满子也走完了她的一生。③遵照他们的遗愿，儿女们把夫妻俩合葬在苏州甪直的叶圣陶纪念馆内。

叶至善、夏满子的合葬墓，位于叶圣陶墓右侧，没有墓碑，只是种了一丛长青草，立了一块山石，山石上面刻着三个篆体字——"善满居"。这是叶至善和夏满子当年在四川乐山结婚时的新房题额，曾先后得弘一法师、马湛翁、启功亲笔题写。这里选用的是叶圣陶题赠

① 叶至善：《父亲长长的一生》，载叶小沫、叶永和编：《叶至善集·传记卷》，开明出版社 2014 年版，第 274 页。
② 叶至善：《叫我怎能不歌颂》，载叶小沫、叶永和编：《叶至善集·散文卷》，开明出版社 2014 年版，第 291 页。
③ 参见薛明：《夏满子伯母讲我听的故事》，《江苏民进》2009 年第 4 期。

儿子儿媳的那一幅，原装在玻璃框里，挂在叶至善和夏满子的卧室。顾名思义，"善满居"之"善"取自叶至善的名字，"满"则取自夏满子的名字，合而为至善圆满。叶、夏二人伉俪情深，相濡以沫六十多年，生则同衾，死则同穴，婚姻确乎达到了至善圆满的境界。

对妻子来说，叶至善是一位好丈夫；对子女而言，叶至善也是一位好父亲。叶至善和夏满子育有四个子女：长子叶三午，次子叶大奎，女儿叶小沫，幼子叶永和。叶小沫继承父业，退休前一直在《中国少年报》任编辑，创作有科普短文、童话、儿歌、小说、散文，著有《我的外公、爷爷和爸爸》、《向爷爷爸爸学做编辑》，编有《叶至善序跋集》，和弟弟叶永和合编有《叶圣陶叶至善干校家书（1969—1972）》和6卷本的《叶至善集》。叶永和在退休后与夫人蒋燕燕一起整理、发表了祖父叶圣陶未公开的部分日记，又与夫人一起于2008年整理叶至善遗著，编成了《中了头彩的婚姻——叶圣陶与夫人胡墨林》一书。

最后说说叶至善的朋友们。

好友当中，与叶至善相识最早的是贺龄华。她的父亲贺昌群自青年时代起，就和叶圣陶是志同道合的至交。1948年，贺昌群为躲避国民党中统特务的抓捕，经叶圣陶介绍，由南京到上海开明书店工作。刚上初中的贺龄华随之寄住到了叶家。

叶至善去世后，贺龄华撰文回忆了这位"好兄长"当年对自己的照顾："至善兄和夫人满姐姐在楼上的书库里为我安排了舒适的床铺，家人般地无微不至地关心和照料我的生活和学业。这一时期，在至善兄的引导下，我得以阅读了大量的文学名著，他过问我的功课，批改我的不成样的作文和美术习作，孜孜不倦地给我方方面面的教诲。这一切对我的一生都有着至关重要的影响。"而这种深厚的情谊，一直持续了一生："近年来我在编辑父亲文集的过程中，仍不断地去请教他，不论有多忙，他总是抽出空来指教我，帮助我理顺思路。甚至连文集的每册字数、厚薄，都以一个老编辑人的经验给我指点。"①

而从通信的数量来看，叶至善交往最深的好友应是开明书店时期的旧同事欧阳文彬。他们相识于 1945 年，友情持续了一个多甲子。欧阳文彬曾感慨地说："朋友中给我写信最多的人要算至善兄了，光说'文革'以后，少算算，也有一百多封。他这么忙的人，给我写了这么多的信，真是不可想象。"② 书信之外，两位好朋友还常因为编辑业务而相往来。在欧阳文彬被借调到北京编辑《闻一多全集》、《夏丏尊文集》和《宋云彬杂文集》的日子里，叶至善给了她许多指导与帮助。后来欧阳文彬回到上海，先后编辑推出了《叶圣陶论创作》、《叶氏父子图书广告集》和《中国现代名作家名著珍藏本——叶圣陶·教育小说》。由于这些都是父亲的书，又是老友亲任责编，叶至善亦为之付出了不少时间和精力。

叶至善好饮酒，而他的知己张志公，可谓和他志趣相投，不光都热爱编辑职业，喜欢咬文嚼字，而且都爱饮酒，年轻时经常相约到开明书店附近的"大酒缸"喝上两杯，边喝边聊。

1992 年，中国民主促进会召开七大，代表们住在北京 21 世纪饭店。每天晚餐，聊到最后的往往是张志公和叶至善。两人酒到半酣，要是话头又引到了早年间关于"大酒缸"的记忆上，就更舍不得离开

---

① 贺龄华：《好兄长至善》，《出版史料》2006 年第 1 期。
② 欧阳文彬：《文彬附言》，载叶小沫、叶永和编：《叶至善集·书信卷》，开明出版社2014 年版，第 390 页。

了。有一天晚上，叶至善忽然瞥见服务员把别的桌子都收拾整齐了，站得远远的，眼睛正盯着他俩，就对张志公说："志公呀，这大酒缸一时也说不完。咱们这么办，如果将来我先去，你就以《大酒缸》为题，写篇悼念文章；如果你先去，我照此办理。你看好不好？"张志公笑着答应了："中。"两个老头儿这才依依不舍地告别。

张志公逝世后，叶至善果然遵守约定，写了一篇《大酒缸》来回忆、悼念老友。① 文中提到在张志公去世后，叶至善填了一首《水调歌头》："君但扪髭笑，我亦满头霜。"对好友的几多深情，对人生的几多感慨，叶至善都凝练在这 10 个字里了。

三、来日更相邀，画船斟酌桥②

1997 年 12 月，由中共中央宣传部出版局原局长许力以担任主编的《中国出版百科全书》出版。这部权威典册在"中外出版人物"单元收入了"叶至善"条，并给予了高度评价："他继承了父亲叶圣陶的教育思想和编辑作风，注重对少年儿童的教育效果，从培养兴趣、启发智力入手，帮助他们在德智体美劳诸方面得到全面发展。编辑工作中坚持质量第一，注重内容的正确和形式的完美，并不断有所创新。"③

① 叶至善：《大酒缸》，载叶小沫、叶永和编：《叶至善集·散文卷》，开明出版社 2014 年版，第 372—373 页。
② "来日更相邀，画船斟酌桥"，引自叶至善：《菩萨蛮·听〈春江花月夜〉》，载叶小沫、叶永和编：《叶至善集·创作卷》，开明出版社 2014 年版，第 543 页。
③ 许力以主编：《中国出版百科全书》，书海出版社 1997 年版，第 810 页。

1998 年 4 月 24 日，叶至善迎来了 80 岁诞辰，中共中央统战部专门为他举办了一场祝寿宴会。时任全国人大常委会副委员长、民进中央主席、国家语言文字工作委员会主任的许嘉璐到会祝贺并讲话。①

晚年叶至善屡获殊荣：1991 年荣获首批国务院颁发的政府特殊津贴，1992 年荣获中国福利会颁发的宋庆龄樟树奖，1996 年荣获中国出版工作者协会首届伯乐奖，2004 年荣获中国编辑出版界最高奖——中国韬奋出版荣誉奖。2008 年 11 月，经中国科学技术协会评选，已逝世两年多的叶至善以其为新中国少儿科普事业发展所作出的卓越贡献，入选"中国十大科技传播优秀人物"。

由此可见，叶至善生前就已得到极高的评价；而其身后更是赢得了世人的缅怀与尊敬。随着时间的流逝，这位一生追求至善境界的老人的光彩愈发地显现出来。叶小沫回忆道："父亲过世后，有关部门在为他写的生平中有这样一段话：叶至善同志的一生几乎都在用语言、用笔墨、用实践在编写、在解读、在传承父亲叶圣陶先生的教育思想、编辑思想和文艺创作思想，为后人研究叶圣陶留下了翔实可靠的资料。我们以为，对父亲作这样的评价是中肯的。"②

叶至善出生于民国初年，一生中经历了诸多颠沛与动荡，而能始终安守书桌，以笔墨实践编辑，以书香传递科学，不仅传承了父亲叶圣陶的教育思想，还将在编辑思想和文艺思想方面的修为融汇到出版与创作中，取得了彪炳青史的不凡业绩。他的一生是平淡而坚实的一

---

① 参见许嘉璐：《在中共中央统战部为叶老祝寿的宴会上的发言》，《民主》1998 年第 5 期。

② 叶小沫：《爸爸叶至善：当了一辈子编辑》，《光明日报》2019 年 3 月 27 日。

生，是讲求科学的一生，更是书香相随的令人羡慕的一生。

叶至善的逝世，引发了一众好友的回忆潮。他们纷纷撰文述说叶至善的温润、善良、平易、勤奋和乐于助人。2008 年春天，《出版参考》杂志刊发了一条简讯："今年 3 月 4 日和 4 月 24 日，分别是著名出版家、编辑家、作家，原全国政协委员，民进中央名誉副主席，开明出版社社务委员会主任、名誉社长叶至善先生逝世两周年暨诞辰九十周年纪念日。开明出版社在此期间隆重推出叶至善先生的纪念文集《得失塞翁马　襟怀孺子牛——怀念叶至善先生》。该书是叶老生前好友的纪念文章结集而成，该书的出版让更多的人想起这位在编辑岗位淡泊名利、默默耕耘了一生的老出版人，这在现今中国人民渴望中华美德的现实生活中尤为重要。全国人大常委会副委员长、民进中央主席许嘉璐亲自为该书题写序言，序言以'静静的追思'为题，文中怀念之情拳拳于心。"① 该书由人民出版社副总编辑吴道弘和北京大学中文系教授商金林主编，于 2008 年 3 月出版。

是书编辑颇见匠心，书前附有叶至善的多帧照片，书后附有叶至善出版年表，共收入许嘉璐、史晓风、于友先、毛启邠、海飞、陈益群、朱正、王湜华、吴道弘等人撰写的回忆文章数十篇。其中，吴道弘的文章题为《现代编辑的楷模叶至善先生》，较为系统地梳理了叶至善一生的贡献。海飞的文章题为《叶至善：金子般的老编辑》，结尾深情地写道："毫无疑问，叶至善先生以金子般的老编辑形象理所当然地成为我们共和国的国宝。现在叶至善先生走了，但这个生前奋斗了 88 个春秋的金子般的老编辑的光辉形象将永远留在中国出版业

---

① 《开明出版社出版纪念叶至善先生文集》，《出版参考》2008 年第 13 期。

的永恒史册上。"

这部纪念文集出版10年后，2018年4月23日下午，由中国民主促进会中央委员会举办的纪念叶至善同志诞辰100周年座谈会在北京召开。全国人大常委会副委员长、民进中央主席蔡达峰出席会议并讲话。他指出，叶至善同志是中国民主促进会德高望重的领导人，中国共产党的亲密朋友，我国著名的出版家、编辑家、作家。他为我国爱国统一战线事业、民进事业和文化出版事业，作出了杰出的贡献，留下了宝贵的财富。①

叶至善的朋友说："人生终有一死，可贵的是至善先生将他的不死精神永久地留给了我们。"② 这一句话里，浓缩着众多亲朋好友对叶至善的无上评价。

叶至善的编辑界后辈说："叶至善的两条编辑观对我影响至深：一是少儿读物的编辑工作也是教育工作；二是编辑不应只是剪刀加浆糊，而应参与到作者的写作之中，凭借其对市场的了解和对出版实际的要求，去引导作家。"③"叶至善说过，少儿出版要'一不亏心，二不亏本'。'不亏心'，就是要有利于孩子的健康成长，对得起天下父母。'不亏本'，就是要有经济效益，为做好'不亏心'的事业积累物质基础。"④ 时任中国少年儿童新闻出版总社社长的李学谦的这两段话，折射出了中国编辑出版界对叶至善的无比尊崇。

---

① 参见《纪念叶至善同志诞辰100周年座谈会在京召开》，2018年4月24日，https://www.mj.org.cn/news/content/2018-04/24/content_288838_2.htm。

② 贺龄华：《好兄长至善》，《出版史料》2006年第1期。

③ 吴娜：《中国少年儿童新闻出版总社：融入少年儿童的成长过程》，《光明日报》2013年9月19日。

④ 李学谦：《最重要的是"不亏心"》，《人民日报》2015年6月1日。

位列"四书五经"之首的《大学》，一向被中国读书人视为为人处世的准绳，其开篇语便是："大学之道，在明明德，在亲民，在止于至善。"叶至善名为"至善"，取笔名为"于止"，正是要勉力践行"止于至善"的理想。这四个字既是他的名字，也是他的品格，更是他一生做人、行事、为文的写照。

如今，面对这位"在编辑岗位上淡泊名利、默默耕耘了一生的老人"①，面对这位"金子般的老编辑"，作为后来者的我们，除了走进叶至善先生那旷远闳美、丰饶柔润的心灵世界，争取像他那样埋首奋蹄、坐言起行，从而发扬他所标举的编辑精神外，更应时时自省，因为"站在他面前，再远离奢华的人也会怀疑自己是不是有些浮躁了"②。

---

① 许嘉璐：《静静的追思——叶至善先生纪念集序》，《出版史料》2008 年第 1 期。该文同时收入吴道弘、商金林主编：《得失塞翁马　襟怀孺子牛——怀念叶至善先生》，开明出版社 2008 年版。

② 许嘉璐：《静静的追思——叶至善先生纪念集序》，《出版史料》2008 年第 1 期。该文同时收入吴道弘、商金林主编：《得失塞翁马　襟怀孺子牛——怀念叶至善先生》，开明出版社 2008 年版。

叶至善编辑出版大事年表

1918 年

4 月 24 日，出生于江苏苏州。

1941 年　23 岁

3 月，业余随父母编写小学字典，于一星期内作字典稿数十页。

1943 年　25 岁

8 月，与叶至美、叶至诚合著的《花萼》由桂林文光书店出版。

1945 年　27 岁

8 月 18 日，入职开明书店。

9 月 27 日，随父亲叶圣陶及家人到达重庆。

10—12 月，参与编写台湾省用国语教本。

12 月 28 日，随父亲叶圣陶及家人离开重庆赴上海。

1946 年　28 岁

8 月，与夏承法合编的《开明新编初中算术教本》由开明书店出版。

10 月 10 日，参加"开明书店创建 20 周年庆祝会"。

12 月，独立编写的《开明新编初中代数教本》由开明书店出版。

1949 年　31 岁

1 月，与叶至美、叶至诚合著的《三叶》由上海文光书店出版。

1950 年　32 岁

3 月，科普作品《黄金的悲喜剧》由开明书店出版。

4 月 16 日，偕夏满子、祖母和次子叶大奎、女儿叶小沫到达北京。

4 月，与叶至美合译的科普读物《日月星辰》由开明书店出版。

6 月 17 日至 7 月 7 日，参加开明书店全店各单位负责干部会议。此前已担任开明少年杂志社主任兼推广部主任。

1951 年　33 岁

9—10 月，帮助张志公创办《语文学习》。

12 月，所主编的《开明少年》停刊。

1952 年　34 岁

1 月，转任《中学生》主编。

3 月，改版后的《中学生》出刊。

12 月，所著《怎样用标点符号》一书由青年出版社出版。

1953 年　35 岁

10 月 4 日至 12 月 27 日，参加中国人民第三届赴朝慰问团，到朝鲜访问。

1954 年　36 岁

8 月，被团中央调去协助彭子冈创办《旅行家》杂志。

12 月 4 日，在中国人民政治协商会议第一届全国委员会常务委员会第六十二次会议上被选为第二届全国政协委员，此后一直连任至第九届。

1955 年　37 岁

年中，协助吴小武编写出版供全国初级农业生产合作社使用的语文课本和算术课本。

1956 年　38 岁

6 月 1 日，中国少年儿童出版社成立，被任命为社长兼总编辑。

1957 年　39 岁

6 月，写成《失踪的哥哥》，以《失踪的十五年》为题连载于《中学生》1957 年第 6、7、8 月号。

7 月 16 日至 8 月 22 日，到苏联莫斯科参加第六届世界青年联欢节。

12 月，所著科学小品《太阳·月亮·星》由科学普及出版社出版。

1958 年　40 岁

9 月，科幻小说《失踪的哥哥》被选入作家出版社《1957 儿童文学选》。

1959 年　41 岁

5 月，主持编辑推出中国原创儿童绘本经典之作《小蝌蚪找妈妈》。

1960 年　42 岁

3 月，创办《我们爱科学》杂志，任主编。1966 年 5 月，该杂志在出版了第 14 辑后停刊。

5 月，所主编的《中学生》出到 1960 年第 5 期后，因国家经济极为困难、纸张越来越匮乏而无奈停刊。1965 年 1 月，该刊复刊。

1961 年　43 岁

12 月，编辑推出孙幼军长篇童话《小布头奇遇记》。

1962 年　44 岁

3 月，编辑推出林汉达著《春秋故事》。

4 月，所策划的《少年百科丛书》推出第一种——刘厚明著《作文知识讲话》。"文革"前该丛书出版了 4 种。

7 月，编辑推出林汉达著《战国故事》。

1963 年　45 岁

10 月，编辑推出林汉达著《西汉故事》。

1965 年　47 岁

9 月，所著科学小品《太阳·月亮·星》由科学普及出版社推出第 2 版。

1969 年　51 岁

4 月，随团中央全体被下放到河南潢川的五七干校劳动，开始与父亲频繁通信。

1972 年　54 岁

12 月底，自干校调回北京。

1977 年　59 岁

4 月，所主编的《我们爱科学》得以有条件复刊，刊名改为《少年科技》。

1978 年　60 岁

年初，主持重新启动《少年百科丛书》，规划推出逾 300 种，3 年内出版前 100 种。

3 月，所主编的《我们爱科学》正式复刊，版权页标注为"总 17 期"。

年中，安排雪岗接手编辑林汉达著《中国历史故事集》，修订再版其《春秋故事》、《战国故事》、《西汉故事》，并加工出版《东汉故事》。

1979 年　61 岁

年中，开始以短篇小说的形式写作科学家传记，到 1983 年写成了《梦魇》、《夕照》、《诀别》、《祈求》、《权利》5 篇。

8 月，在中国科学技术普及创作协会第一次全国会员代表大会上被选为副理事长。

12 月 20 日，在中国出版工作者协会成立大会上被选为理事。

12 月，科学普及出版社推出《太阳·月亮·星》第 3 版，叶至善为之新写了后记。

1981 年　63 岁

6 月，到美国参观访问，与美国儿童电视片制作公司《芝麻街》节目组、纽约时代出版公司、洛杉矶"魔术师先生创作室"的同行深入交流。回国后写了 3 篇纪行文章：《没有尽头的"芝麻街"》、《让科学挤上封面——在纽约访问时代公司》、《"魔术师先生"和他的创作室》。

年中，转任中国青年出版社、中国少年儿童出版社编审委员会副主任。

10 月，开始创作小说"待发现的马克·吐温佚稿"系列，先后写成《蜘蛛呀，请赐给我力量》、《"透露"》和《情急生智》3篇。

1983 年　65 岁

6 月 17 日，任政协第六届全国委员会副秘书长。

9 月，与叶至美、叶至诚于 40 年代出版的两本书《花萼》与《三叶》再版：生活·读书·新知三联书店将两本书合而为一，推出了《花萼与三叶》。叶至善为此书写了一篇重印后记。

11 月，根据清代人李汝珍的小说《镜花缘》改写成的故事书《海外奇游记》由中国少年儿童出版社推出。

12 月 1 日至 13 日，随全国政协代表团赴埃及访问。

1984 年　66 岁

1 月，在中国科学技术普及创作协会第二次全国会员代表大会上再次被推选为副理事长。

8 月，与叶至美、叶至诚合著的散文集《未必佳集》由生活·读书·新知三联书店推出。

深秋，参加全国政协代表团，到捷克斯洛伐克访问，在布拉格瞻仰伏契克纪念馆。

1985 年　67 岁

12 月，科学家传记小说集《梦魇》由中国青年出版社出版。

12 月，开始写作《一个编辑读〈红楼梦〉》系列文章，到 2000 年共写出 9 篇。

1986 年　68 岁

3 月 6 日，在中国出版工作者协会第二届会员代表大会上被推选为副主席。

4月，诗歌鉴赏集《诗人的心》由中国少年儿童出版社出版。

9月22日，国家教委成立全国中小学教材审定委员会，叶至善被选为委员。

秋，开始与叶至诚、叶至美合编《叶圣陶集》。该书第一版共25卷，从1987年推出前4卷开始，分批出版，到1994年10月出齐。

1987年　69岁

2月，与叶至诚合作，依据胡仲持的译本改写了美国小说家斯坦培克的小说《愤怒的葡萄》，交由中国少年儿童出版社列入"世界文学名著少年文库"推出。

6月，被增选为第七届民进中央副主席。此后连任第八、九届民进中央副主席，第十、十一届民进中央名誉副主席。

1988年　70岁

2月，科普作品选集《竖鸡蛋和别的故事》由少年儿童出版社推出。

3月，应邀为中国少年儿童出版社出版的《林汉达中国历史故事集》写序。

4月10日，任政协第七届全国委员会副秘书长。

12月，经新闻出版总署批复，开明出版社正式成立。叶至善担任社务委员会主任，主持领导出版社工作。

1989年　71岁

年底，在开明出版社明确提出"一不亏心，二不亏本"的出版理念。

1990 年　72 岁

4 月，赴扬州参加叶圣陶中学语文教学研讨会。

6 月，中国科学技术普及创作协会在北京召开第三次全国会员代表大会，经中国科协批准，更名为"中国科普作家协会"，叶至善被选为理事长。

1991 年　73 岁

荣获国务院首批颁发的政府特殊津贴。

1992 年　74 岁

秋，荣获第六届宋庆龄樟树奖。

10 月 13 日，在中国编辑学会成立大会上被聘为顾问，并以《我喜欢编辑工作》为题作了发言。

1993 年　75 岁

8 月 24 日，在中国出版工作者协会第三届会员代表大会上被推选为顾问。

1994 年　76 岁

10 月 28 日，参加人民教育出版社举办的叶圣陶百年诞辰纪念会，并发表题为《为培养新一代建设人才编写好中小学教科书》的讲话。

1995 年　77 岁

3 月，出席中国人民政治协商会议第八届全国委员会第三次会议，与赵朴初、谢冰心、曹禺、启功、夏衍、陈荒煤、吴冷西、张志公等联袂提交第 016 号提案——《建立幼年古典学校的紧急呼吁》，提议设立中国文化古典学校和古典班，"救救中国文化"，引发巨大的社会反响。

11 月，《古诗词新唱》由开明出版社推出。

1996 年　78 岁

11 月，荣获中国出版工作者协会首届伯乐奖。

12 月 8 日，在中国编辑学会第二次会员代表大会上再次被聘为顾问。

1998 年　80 岁

3 月，《古诗词新唱》（增订本）由开明出版社推出；为增订本新写了一篇前言。

4 月，散文集《我是编辑》由中国少年儿童出版社隆重推出。

年中，卸任开明出版社社务委员会主任，出任该社名誉社长。

1999 年　81 岁

8 月，科普小品集《科普杂拌儿》由湖南教育出版社列入"中国科普佳作精选"丛书推出。

12 月，在中国科普作家协会第四次全国会员代表大会上被推选为名誉理事长。

2000 年　82 岁

1 月，在中国出版工作者协会第四届会员代表大会上再次被推举为顾问。

1 月，散文集《父亲的希望》由中国青年出版社推出。

7 月，散文集《舒适的旧梦》由山东画报出版社推出。

2001 年　83 岁

2 月底，开始投入《叶圣陶集》第二版的编辑工作。

4月3日，在中国编辑学会第三次会员代表大会上再次被聘为顾问。

2003 年　85 岁

1 月，开始写作《父亲长长的一生》。该书总计 36 万字，写了一年多。

2004 年　86 岁

2 月 24 日，荣获中国韬奋出版荣誉奖。

12 月，为纪念叶圣陶先生诞辰 110 周年，江苏教育出版社隆重推出《叶圣陶集》第二版。全书由 25 卷增为 26 卷，编者署名仍为"叶至善、叶至美、叶至诚编"。第 26 卷即叶至善新撰《父亲长长的一生》，江苏教育出版社同时出版了该书的单行本。

2006 年　88 岁

2 月 25 日，在中国编辑学会第四次全国代表大会上第四次被聘为顾问。

3 月 4 日上午 11 时 16 分，在北京医院逝世，享年 88 岁。《光明日报》、《中国青年报》、《新京报》等刊发了相关报道。

2007 年

4 月，散文集《为了纪念》由湖南教育出版社推出。

2008 年

9 月，叶至善遗著中为母亲胡墨林撰写的传记部分，由叶永和、蒋燕燕整理成《中了头彩的婚姻——叶圣陶与夫人胡墨林》一书，由同心出版社出版。

11 月，已逝世两年多的叶至善以其为新中国少儿科普事业发展所作出的卓越贡献，入选"中国十大科技传播优秀人物"。

参考文献

叶至善编写:《开明新编初中代数教本》,开明书店 1947 年版。

叶至善、夏承法合编:《开明新编初中算术教本》,开明书店 1947 年版。

叶至善:《太阳·月亮·星》,科学普及出版社 1957 年版。

叶至善改写:《海外奇游记》,中国少年儿童出版社 1983 年版。

叶至善、叶至美、叶至诚:《花萼与三叶》,生活·读书·新知三联书店 1983 年版。

叶至善、叶至美、叶至诚:《未必佳集》,生活·读书·新知三联书店 1984 年版。

叶至善、叶三午、叶小沫:《梦魇》,中国青年出版社 1985 年版。

叶至善写:《诗人的心》,中国少年儿童出版社 1986 年版。

叶至善:《竖鸡蛋和别的故事》,少年儿童出版社 1988 年版。

叶至善编:《叶圣陶答教师的 100 封信》,开明出版社 1989 年版。

叶至善编:《鲁翁诗抄·叶圣陶篆刻》,华夏出版社 1993 年版。

叶至善编配:《古诗词新唱》,开明出版社 1995 年版。

叶至善编:《叶圣陶作品精选》,河北少年儿童出版社 1996 年版。

叶至善：《我是编辑》，中国少年儿童出版社 1998 年版。

叶圣陶、叶至善：《叶氏父子图书广告集》，上海三联书店 1988 年版。

叶至善编：《叶圣陶童话故事集》，宁夏人民出版社 1998 年版。

叶至善：《科普杂拌儿》，湖南教育出版社 1999 年版。

叶至善：《父亲的希望》，中国青年出版社 2000 年版。

叶至善：《舒适的旧梦》，山东画报出版社 2000 年版。

叶至善、俞润民、陈煦编：《暮年上娱——叶圣陶、俞平伯通信集》，花山文艺出版社 2002 年版。

叶至善、贾柏松编：《涸辙旧简——叶圣陶、贾祖璋京闽通信集》，福建人民出版社 2003 年版。

叶至善：《父亲长长的一生》，江苏教育出版社 2004 年版。

叶至善、叶至美、叶至诚编：《叶圣陶集》，江苏教育出版社 2004 年版。

叶至善：《中了头彩的婚姻——叶圣陶与夫人胡墨林》，同心出版社 2008 年版。

曹雷选编：《曹聚仁书话》，北京出版社 1998 年版。

出版史料编辑部编：《章锡琛先生诞辰一百周年纪念文集》，出版史料编辑部 1990 年版。

范军编撰：《中国出版文化史研究书录（1978—2009）》，河南大学出版社 2011 年版。

范用编：《爱看书的广告》，生活·读书·新知三联书店 2015 年版。

高信：《常荫楼书话》，陕西师范大学出版社 1998 年版。

谷玉梅：《学堂乐歌之父——沈心工研究》，社会科学文献出版社 2018 年版。

顾均正编：《少年化学实验手册》，中国少年儿童出版社 1982 年版。

海飞：《童书大时代》，安徽少年儿童出版社 2016 年版。

黄洁、王泉根编著：《炫彩童年：中国百年童书精品图鉴》，人民教育出版社 2016 年版。

季羡林：《清华园日记》，青岛出版社 2015 年版。

老舍：《宝船》，中国少年儿童出版社 1961 年版。

《欧阳文彬文集》，上海三联书店 2012 年版。

商金林：《中国出版家·叶圣陶》，人民出版社 2017 年版。

商务印书馆编辑部编：《商务印书馆九十年》，商务印书馆 1987 年版。

盛璐德、方惠珍：《小蝌蚪找妈妈》，中国少年儿童出版社 1959 年版。

沈培：《孤山一片云：沈培琐忆》，天地出版社 2014 年版。

《宋云彬文集》，中华书局 2015 年版。

孙幼军：《小布头奇遇记》，中国少年儿童出版社 1961 年版。

汪家明：《难忘的书与人》，生活·读书·新知三联书店 2014 年版。

汪曾祺：《羊舍的夜晚》，中国少年儿童出版社 1963 年版。

王湜华：《王伯祥传》，中华书局 2008 年版。

王知伊：《开明书店纪事》，山西人民出版社 1991 年版。

吴道弘、商金林主编：《得失塞翁马　襟怀孺子牛——怀念叶至善先生》，开明出版社 2008 年版。

吴永贵：《民国出版史》，福建人民出版社 2011 年版。

徐德霞主编：《时光传奇：〈儿童文学〉创刊 50 周年纪念文集》，中国少年儿童出版社 2014 年版。

许力以主编：《中国出版百科全书》，书海出版社 1997 年版。

杨振宁：《杨振宁文录——一位科学大师看人与这个世界》，海南出版社 2002 年版。叶圣陶：

叶三午著、叶小沫编：《三午的诗》，武汉大学出版社 2017 年版。

《叶圣陶序跋集》，生活·读书·新知三联书店 1983 年版。

叶圣陶：《我与四川》，四川文艺出版社 2017 年版。

叶圣陶著、乐齐编：《叶圣陶日记》，山西教育出版社 1997 年版。

叶小沫、叶永和编：《叶圣陶叶至善干校家书（1969—1972）》，人民出版社 2007 年版。

叶小沫、叶永和编：《叶至善集》，开明出版社 2014 年版。

叶小沫：《我的外公、爷爷和爸爸》，南京师范大学出版社 2017 年版。

叶小沫：《向爷爷爸爸学做编辑》，首都师范大学出版社 2010 年版。

《俞平伯全集》，花山文艺出版社 1997 年版。

《张志公文集》，广东教育出版社 1991 年版。

张中行：《叶圣陶先生二三事》，江苏凤凰文艺出版社 2018 年版。

章雪峰：《中国出版家·章锡琛》，人民出版社 2016 年版。

中国出版工作者协会编：《我与开明》，中国青年出版社 1985 年版。

中国作家协会编：《1956 儿童文学选》，人民文学出版社 1957 年版。

作家出版社编：《1957 儿童文学选》，作家出版社 1958 年版。

《中学生》（1930 年创刊）

《开明少年》（1945 年创刊，1951 年停刊）

《语文学习》（1951 年创刊，1960 年停刊）

《旅行家》（1955 年创刊）

《我们爱科学》（1960 年创刊）

《中国出版》（1978 年创刊，原名《出版工作》，1991 年更用现名）

《出版史料》（1982 年创刊）

《编辑学刊》（1986 年创刊）

《民主》（1989 年创刊）

《中国编辑》（2002 年创刊）

后　记

　　2018 年 3 月 23 日 10 点半，我接到了《中国出版家·叶至善》这一写作任务。从这个时刻开始，我一头撞进了叶至善先生的世界。

　　第一步是写作样章。出于畏难与疏懒，直到半年后的 9 月 7 日，我才把样章写完，并拟出了目录，一并提交给"中国出版家丛书"编辑委员会审核。一个星期后，审核顺利通过了，我也就随之正式开启了本书的写作之旅。

　　过去的 10 年里，我业余从事儿童文学创作，写了几本小书，但从未写过这样大部头的人物传记，也从未尝试过这样"命题作文"式的写作。因此，实话说，一开始我遇到了不少困难，有一段时间感到相当痛苦。亏得于青女士及时给了我温暖的鼓励："你和叶至善先生有很多相同的地方，都做儿童出版，又都是儿童文学作家，相信你会找到引领笔路的那束光的。"

　　我曾经从事编辑出版工作 16 年，当然知道叶至善先生的大名，但此前只知道他是叶圣陶先生的长公子，再就是他是一位名编辑，写过一首道尽编辑甘苦的《蝶恋花》。及至我搜集齐了有关文献资料，开出一条走近他的道路时，我才发现，先生的世界是如此丰饶深美，而我和先生之间也竟有那么多的相似之处。别的不必说，单讲对《红楼梦》的入迷就好了：当嗜红10年的我看到先生临终前仍在读红时，我的心灵感到了极大的震颤。

由于要爬梳大量的文献，写作进展十分缓慢。到2019年6月，我才写完了前三章。6月底的一个晚上，我收到了人民出版社的信息，说是希望尽快完成初稿。这样一来，我意识到必须全身心地投入其中了。

接下来的四个月里，不夸张地说，我把所有的业余时间都用在了本书的写作上。虽尚不至于废寝忘食，焚膏继晷倒是真的，个中甘苦实不足为外人道也。而在这四个月里，本书传主叶至善先生那"止于至善"的精神与风范，也始终在指引着我、激励着我，使我在写作这部书的时候自觉不自觉地追求着"至善"的境界。因此，我不敢不认真对待笔下每一个文字，甚至标点符号；我也不敢不仔细核对所引用的每一处注释，具体到页码。

记得当年负笈燕园之时，导师齐东方教授知道我喜欢舞文弄墨，曾建议我为考古学家陈万里先生写一篇传记。虽然这篇传记后来我并没有写成，但当时是做过资料搜集工作的，印象中似乎还曾试过笔。人生就是这样奇妙，我没有想到，那时所经受的学术训练，会在20多年后惠及本书的写作。

感谢叶至善先生的女儿叶小沫老师不厌其烦地为我解疑释惑；感谢人民出版社于青大姐、贺畅女士、李京华女士、侯俊智先生的指导与鼓励；感谢青岛出版集团原董事长孟鸣飞先生，以及吴清波编审、许朝华编审、梁唯编审、张潇女士、申尧先生、李涛先生、刘坤先生、李增彩女士、楚晓琦女士、刘强先生、王龙华先生、刘克东先生、刘奎先生的支持与帮助；感谢青岛科技大学党委书记马连湘教授，校长陈克正教授，副校长吕万翔教授，传媒学院院长袁志发教授，以及王士卿先生、杨建华先生、崔建成先生、曲明先生、刘志国先生、王小环女士、章妮女士、赵坤女士、方昕女士等同事为我的写作提供种种便利；感谢我的研究生刘倩、陈国轩、李鸿香、张锦俊、唐国议、李冉帮我查找有关资料；感谢家人的包容与理解，使我得以心无旁骛地完成本书。

还要感谢知识服务领域的科技进步，感谢青岛科技大学图书馆。设若没有如今这般便捷的文献数据库检索工具，这部书不可能在如此短的时间内写成。

我所经受的考古学学术训练，要求在学术写作中尽可能地占有材料，在将所有相关文献一网打尽并吃透的基础上展开论述。在写作这部书时，我也是这样做的。但是，叶至善先生本人的著述甚夥，与他相关的文献亦颇丰硕，要想一网打尽并吃透又谈何容易。因此，书中难免会有这样那样的缺憾乃至舛误，欢迎读者朋友们批评指正，或提供有关资料。

最后要说的是，有幸走进叶至善的世界，在我，是值得永远感恩的缘分。本书愈是写到后面，我心中愈是充满后悔：若是我在调入大学任教之前、在从事儿童出版工作的那段岁月，能够这般深入接触叶至善先生，是不是也能够在编辑出版领域取得一点可资自豪的成绩呢？时光无法倒流，惟愿读到本书的编辑朋友们不必像我这样遗憾吧。

2019 年 10 月 27 日夜
写于青岛科技大学儿童文学创研中心
2020 年 6 月 1 日下午
改定于青岛科技大学中国编辑出版研究中心

统　　筹：贺　畅
责任编辑：卓　然　贺　畅
封面设计：肖　辉　姚　菲
版式设计：汪　莹

图书在版编目（CIP）数据

中国出版家.叶至善／刘耀辉　著.— 北京：人民出版社，2021.8
（中国出版家丛书／柳斌杰主编）
ISBN 978 - 7 - 01 - 021896 - 0

I.①中… II.①刘… III.①叶至善（1918~2006）-生平事迹 IV.① K825.42

中国版本图书馆 CIP 数据核字（2020）第 031513 号

中国出版家·叶至善
ZHONGGUO CHUBANJIA YE ZHISHAN

刘耀辉　著

人民出版社 出版发行
（100706　北京市东城区隆福寺街 99 号）

北京盛通印刷股份有限公司印刷　新华书店经销

2021 年 8 月第 1 版　2021 年 8 月北京第 1 次印刷
开本：710 毫米 ×1000 毫米 1/16　印张：23.25
字数：270 千字

ISBN 978 - 7 - 01 - 021896 - 0　定价：95.00 元

邮购地址 100706　北京市东城区隆福寺街 99 号
人民东方图书销售中心　电话（010）65250042　65289539